民國文化與文學研究文叢

六 編

李 怡 主編

第 18 冊

異文化夾縫中誕生的詩人
——郭沫若留日與《女神》研究（下）

武繼平 著

國家圖書館出版品預行編目資料

異文化夾縫中誕生的詩人——郭沫若留日與《女神》研究（下）
／武繼平 著 -- 初版 -- 新北市：花木蘭文化出版社，2016
〔民105〕
目 6+190 面；19×26 公分
（民國文化與文學研究文叢 六編；第18冊）
ISBN 978-986-404-692-8（精裝）
1. 郭沫若 2. 學術思想 3. 文學評論
541.26208　　105012794

ISBN-978-986-404-692-8
9789864046928

民國文化與文學研究文叢
六　編　第十八冊　ISBN：978-986-404-692-8

異文化夾縫中誕生的詩人
——郭沫若留日與《女神》研究（下）

作　　者　武繼平
主　　編　李　怡
企　　劃　四川大學現代中國文化與文學研究中心
　　　　　北京師範大學民國歷史文化與文學研究中心
總 編 輯　杜潔祥
副總編輯　楊嘉樂
編　　輯　許郁翎、王　筑　美術編輯　陳逸婷
出　　版　花木蘭文化出版社
社　　長　高小娟
聯絡地址　235 新北市中和區中安街七二號十三樓
　　　　　電話：02-2923-1455／傳真：02-2923-1452
網　　址　http://www.huamulan.tw 信箱 hml 810518@gmail.com
印　　刷　普羅文化出版廣告事業
初　　版　2016年9月
全書字數　266083字
定　　價　六編24冊（精裝）新台幣44,000元

異文化夾縫中誕生的詩人

——郭沫若留日與《女神》研究（下）

武繼平 著

目次

下　冊

第七章　郭沫若與《女神》

敘　說

五四時期最有轟動效應的中國現代文學作品，筆者認爲應當首推郭沫若的處女詩集《女神》。1982 年 10 月人民文學出版社出版發行的《郭沫若全集》文學編第一卷收錄了這部堪稱劃時代的作品集。全集版《女神》的作品收錄篇數（序詩 1，詩劇 3，詩歌 53）跟《女神》初版本相比幾乎無甚變化，但前者經過作者添削之處多多。另外，全集版只是把作品大致分成第一輯、第二輯和第三輯，而初版本則將全集版第二、第三部分再細分爲《鳳凰涅槃之什》、《泛神論者之什》、《太陽禮贊之什》、《愛神之什》、《春蠶之什》和《歸國吟》。筆者認爲，作者把某一類作品輯於同一標題之下總應該有什麼意圖。儘管如此，作者的這種分類卻在無形之中束縛了《女神》研究者們的手腳。過去有關《女神》的研究顯然存在著一種套路。基本研究資料是作者自傳。主要手法是論者個人（也許不止一個人）對《女神》這部詩集的解讀。探討的問題主要是作者的文藝思想高度以及與外國文學之間的關係，如此等等。

本書本章節主旨在於充分挖掘過去《女神》研究中的盲點，力圖從幾個較新的視角去重新解析這部中國現代文學史上不朽的名作。

所謂新的視角，即：

（一）按《女神》的創作手法對作品進行重新分群歸類；

（二）探討《女神》與五四時代精神之間的關係；

（三）探討《女神》和她的誕生的搖籃——博多灣的地域關係；

（四）從同時期的新舊體佚詩及書信的角度考察《女神》。

第一節　《女神》創作手法上的重新分類

郭沫若把他留日期間所寫的新詩收錄在兩部詩集裡。一本是《女神》，另一本是《星空》。創作時間自 1916 年留學岡山第六高等學校至 1923 年 3 月從九州帝國大學醫學部畢業為止，時間上恰好與國內五四運動的醞釀爆發至退潮後的那段時期相重疊。

如果把《女神》和《星空》這兩部詩集中的作品按創作時間年代排列，我們將會發現郭沫若留日期間大體上創作了三種類型的詩歌。下面，我們根據這三種不同類型的創作模式的變化，來把握作者作為詩人的人格成長過程及文藝觀念進化的過程。

首先讓我們來看第一種類型的作品群。它的表現主題是在俄國十月革命和中國的五四運動反映出來的「打破舊世界，創造新世界」的時代精神的感召下，對中華民族的新生和祖國現實中所沒有的理想王國（近代科學、民主主義思想、近代物質文明等等）的讚美。這也可以說是《女神》最主要的一種表現模式。這一批作品都寫於 1919 年 9 月至 1920 年 6 月期間，時代激蕩的面影和五四勃發時期高昂的民族氣運在作品中得到了充分的展現。這種類型的作品占的比例在《女神》中最大，從它們共通的「自由聯想」式創作手法上的特徵來看，和郭沫若當時提出的「詩是寫出來的，不是作出來的」（《1920.1.18 致宗白華的信》）的創作大原則吻合不悖。必須指出，這種「自由聯想」式詩歌創作手法固然以傳統的「睹物寄情」之詩法為主，但同時又不乏閱讀時的聯想甚至任思緒自由馳騁翱翔的憑空想像。

另外一點值得注意的是，儘管郭沫若在自傳中多次提到博多灣這一日本地域的美麗自然風物是怎樣地感化了他，而他又是怎樣地熱愛博多灣的大自然，可是我們在《女神》裡面卻不大容易找到比較純粹的讚美大自然的作品。待我們發現了這類作品時，同時也會注意到它們幾乎都創作於 1920 年下半年或者更以後。這種現象在我們閱讀《星空》這部詩集時給人的感受最深。它意味著留學生郭沫若在 1919 年 9 月至翌年上半年這一《女神》創作高峰期不曾寫過純粹讚美大自然的詩歌作品。只要翻開《女神》這部詩集，我們很容易發現它的創作舞臺是日本福岡的博多灣，這一點一目了然。作品中，博多灣變幻莫測的大海、日沒、白色眩目的沙灘、夜晚浩瀚的星空、海岸蔥鬱的松林、藍天悠悠的白雲等等等等，立體的、充滿生命力的博多灣的大自然頻頻登場，成為孕育郭沫若那濃鬱詩情的母胎。儘管如此，郭沫若卻沒有歌頌給予他眾多啓迪和暗示甚至創作靈感的博多灣的自然！這究竟是什麼緣故？對 1920 年上半年的郭沫若來說，紛呈在他眼前的博多灣的自然究竟意味著什麼呢？

在《心燈》、《日出》、《浴海》、《立在地球邊上放號》、《光海》、《梅花樹下醉歌》、《太陽禮贊》、《巨炮之教訓》和《新陽關三疊》等詩中，作者身處博多灣的大自然之中，思緒卻在中外古代的榮光裡馳騁，或在西洋的書本中邂逅泰戈爾，或在美國詩人惠特曼的詩歌世界裡遨遊。就這種「自由聯想」式創作手法而論，博多灣的大自然對作者郭沫若來說，僅僅是一扇通向理想王國的哆啦 A 夢之門而已。如果不通過這扇非常特殊的門扉，很難說當年的郭沫若能夠進入《女神》所勾勒的、作者心醉癡迷的夢幻世界。

而且，同樣是「自由聯想」，《女神》中既有像《蜜桑索羅普之夜歌》、《岸上》、《春之胎動》、《日暮的婚筵》那樣 1920 年夏天以後寫作的、借自然風物素描展現作者平穩心態的作品，又有像《鳳凰涅槃》、《三個泛神論者》、《電光火中》、《金字塔》、《匪徒頌》、《勝利之死》那樣通過閱讀、繪畫鑒賞等現實中存在的某種媒介、一任詩情自由馳騁的作品，以及類似《夜》、《死》和《地球，我的母親！》等詩的媒介全無而只憑空想的詩作。

儘管如此多種「自由聯想」類型的作品並沒有構成《女神》這部詩集的全部內容，但是它們充分顯示出了郭沫若的詩歌和國內五四氣運高揚時期呼吸與共的主要創作傾向。這一點毫無疑問。圍繞這個問題，過去有過大量的探討，亦不乏真知灼見。然而，相比之下，筆者對下面將提到的問題更感興趣。

筆者想說的是，我們通過對《女神》創作時期散見於當時的報刊雜誌而後來由於各種原因沒有收入某部詩集或全集的佚詩，可以看到與當時郭沫若所主張的新浪慢主義風格迥異的另一種創作手法，即近乎寫實的手法。筆者個人認為，這一部分新詩和郭沫若的舊體詩一樣記錄了留學時期的生活。這一類屬於後來被作者排斥在各種詩集之外的詩作情緒低落頹靡。不知道是不是由於這種過分的低落頹靡正好與同一時期創作的《天狗》、《晨安》、《爐中煤》、《地球，我的母親！》以及《鳳凰涅槃》那樣一大批謳歌中華民族蘇醒更生的氣勢磅礡而又富有獨創性的詩歌主流形成鮮明對照的緣故，過去幾十年的《女神》研究似乎都無意涉足這塊荒蕪之地。

第二節　《女神》與時代精神的銜接點——問題的提出

眞正具有中國現代詩誕生意義的詩集《女神》和時代精神之間的關係，可以說是過去幾十年《女神》研究者們最爲關注的熱點論題。這樣說絕不過分。《女神》自 1921 年初版問世以來，漫長的歲月已經過去，然而筆者認爲這個問題依然沒有找到眞正具有說服力的答案。像《女神》這樣一部不過由一介學醫的中國留學生於異鄉東洋留學期間創作的詩歌集，爲什麼會有能激勵中國民眾站立起來救亡以及自救的強大凝聚力？這的確是一個值得深入研究的課題。過去對《女神》的研究，總體說來爲擬想讀者所作的論說較多而缺少足以下結論的事實根據，而這種論說往往表現爲論者意念先行。從嚴格的意義上講，《女神》眞正的本文研究（如立足於史實考證的本文分析等）不過才剛剛開始。再說《女神》絕對不是像隕石一樣偶然從天外飛降而來。與郭沫若同時代的詩人還有許多，他們也同樣在思索人生，同樣在寫詩。筆者認爲，有一句話說得稍微絕對一些也無傷大體，那就是切不可割斷《女神》和外部世界的事實聯繫去論什麼五四運動的反叛開拓精神與《女神》表現主題的直接因果關係。

中國國內的《女神》研究始於愛國詩人聞一多褒貶參半的評論文章《「女神」之時代精神》和《「女神」之地方色彩》。即便我們撇開 80 年代以前占主流的具有強烈排他性的實用主義研究方法論不談，那以後同一課題的研究也很難說已經徹底走出了聞一多這兩篇極富靈性的論文的巨大影子。總而言之，從前過於側重或突出對《女神》顯示出的那種群體的粗放、豪快、激越、革命以及富有破壞性、煽動性、和戰鬥性性格的「特寫」，而忽視甚至排除了同一本文中流露出來的個人的感傷和哀愁等纖細的感性。

在這裡，順便提一下日本的《女神》研究給國內同行一個參考。日本的《女神》研究可以說自 1954 年陣內宜男的論文《關於郭沫若的「女神」》〔註 1〕始，隨後又出現了 60 年代的秋吉久紀夫和 70 年代的鈴木義昭兩位對同一課題表示出濃厚興趣的學者〔註 2〕。然而非常遺憾的是，文革初期郭沫若那具有

〔註 1〕早稻田大學《東洋文學研究》2。櫻楓社，1976 年 6 月出版《中國近代詩論考》收錄。

〔註 2〕秋吉久紀夫：〈郭沫若詩集《女神》的成立過程〉，《目加田誠博士還曆紀念中國學論集》所收。東京大安 1964 年 11 月；鈴木義昭：〈郭沫若《女神》——

衝擊性的發言事實上導致了日本學者對《女神》以及與郭沫若有關的文史研究的放棄。不管這種放棄出自感情上的激怒還是深思熟慮的選擇，結果就擺在眼前：70 年代以後有關郭沫若的研究無人問津。

何爲五四的時代精神？

那麼，《女神》和五四時代精神之間究竟有著什麼樣的內在聯繫呢？要想搞清楚這個問題，首先必須對五四時代精神這一概念擁有清晰的認識。我們所說的五四，除了具體指 1919 年爲了抗議日本政府強加於中國政府的二十一條不平等條約而於北京爆發的五四愛國民眾運動之外，同時還指早在五四愛國民眾運動發生的前幾年開始的、以《新青年》雜誌爲舞臺廣泛展開的新文化運動。我們所指的五四時代精神其實更多是後者，即五四新文化思想運動之精神。過去一直認爲有兩項要素能夠標誌這種精神的主要內涵。其一謂之科學；其二謂之民主。兩項都是從西方文藝復興或近代資本主義成長時期學來的。筆者認爲，作爲五四的時代精神，除了完全從西方「拿來」的「科學」與「民主」之外，應該再加上一項中西融合的精神要素，即「自我的覺醒」。所謂中西融合，是指這種「自我」裡面，不僅有產生自西方文藝復興的人文主義（humanism）的「自我」，也有與西方市民社會同胞而生的、與集團相對抗的、主張個性的無限解放的個人主義的「自我」，還有一種與這種西洋自我意識相重合的「天生我才必有用」、「修身、齊家、治國、平天下」的中國傳統儒學提倡的「自我」。

新文化運動的倡導者陳獨秀於 1915 年作過以下歸納。

> 近代文明之特徵，最足以變古之道，而使人心社會劃然一新者，厥有三事。一曰人權說。一曰生物進化論。一曰社會主義，是也。(《法蘭西人與近世文明》，《新青年》1-1）

所謂「人權說」，即十八世紀法國啓蒙思想家盧梭（Jean-Jacques Rousseau）倡導的「民約論」和「天賦人權論」。所謂「科學」，除了包括西方古典力學和十九世紀後半以後在物理學、化學、生物學、數學等諸方面的新發現以外，主要指達爾文（Charles Robert Darwin）首倡的進化論。然而，如果對我們所理解的五四精神（上述「科學」、「民主」和「自我的覺醒」三大要素）作進一步闡述，那麼它至少應該包括以下幾項具體內容。

摸索和到達點〉、《早稻田實業學校研究紀要》9，1974 年 12 月；〈郭沫若《女神》和惠特曼——以有島武郎爲軸心〉，《中國古典研究》20，1975 年 1 月。

（一）與中國封建專制主義相對立的民主主義精神

（二）與封建權威和迷信愚昧相對立的科學精神

（三）愛國主義精神

尤其是第三項愛國主義精神，它反映了反對帝國主義列強對中國的侵略掠奪和希望富國強兵民族獨立的民眾之願望，可以說是五四時期最具中國特色的時代精神要素。

第三節　新詩壇的動向與《女神》的定位

中國現代詩是二十世紀初中國文化大轉型時期爲取代幾千年的舊體詩應運而生的新生事物。然而，既然它誕生於五四時期文化的「狂飆突擊運動」之中，就必然帶有反外來侵略和反封建主義的雙重歷史使命。從近現代中國社會進化史的角度上看，這可以說純屬歷史的必然。那麼，在五四新文化運動發生後迅速發展成爲事關中華民族生存的興邦救國的反帝反封建文化運動的同時，中國詩壇又作出了什麼樣的反應呢？

《女神》儘管是留日中國學生郭沫若於博多灣寫成的一部詩集，但其中收錄的大量作品在結集初版以前都分別在當時國內的知名報刊《時事新報》上登載過，加上《女神》的正式出版也是在當時國內文化人會聚的文化大都會上海，所以若想探明它與時代的關係，就更有必要首先摸清同時期國內詩壇的大致狀況。

在思考這個問題的時候，首當其衝擺在我們面前的疑問就是，當時活躍於國內詩壇的具有代表性的詩人們在郭沫若創作《女神》的同時又寫了一些什麼樣的新詩呢？

以下，試從《女神》和在國內同時期創作的新詩的橫向比較的角度探來討這部詩集與時代精神的關係。

首先，筆者從當時活躍於國內詩壇的詩人群里精選出頗具代表性的 7 人，試分析他們當時創作的主要傾向和特色。

以下引用的作品，基本上選自《中國新文學大系》第 8 卷（詩集，朱自清編，1925 年 8 月香港文學研究社）。在胡適、劉半農、魯迅、周作人、朱自清、康白情、俞平伯這些人物裡面，也有像魯迅這樣未見得被視爲著名詩人的人物，在此筆者僅將他作爲五四時期新詩探索方面的先驅。

先從創作傾向這一視角把上述 7 人劃分爲三組。第一組有三人。他們是最早有《白話新詩》（1917 年《新青年》4-1）問世、出版了中國第一本現代詩集《嘗試集》（1920 年 3 月）的胡適，密切關注新詩的發展並直接參與探索的魯迅，和不拘泥於詩歌形式並積極提倡寫「小詩」的周作人。第二組是五四時期尤其關注現實的劉半農和朱自清。第三組是注重詩歌藝術形態的康白情和俞平伯。

讓我們先看胡適和周氏兄弟當時寫下的新詩。由於本章考察的對象是《女神》初版的 1921 年爲時間下限的作品，故選引胡適的新詩止於《嘗試集》。

一、口語新詩始祖《嘗試集》

眾所週知，胡適的《嘗試集》是 1920 年 3 月由上海亞東書局出版的中國現代新詩的第一部詩集。但是收錄於其中的 1916 年至 1917 年的作品大半是五言或七言舊體詩。1918 年以後的作品都是用白話寫成的，其中可見作者完全不拘泥於詩句的長短和平仄押韻等舊體詩形態的故意反抗意識和創造性。這裡說的所謂創造性，胡適本人自謙地僅以「嘗試」二字概括，其實也就是出自胡適提倡的「用白話代替古文」，「用活的工具代替死的工具」（《逼上梁山》，《中國新文學大系・建設理論集》）的試驗主義文學觀。不過，儘管《嘗試集》起到了拋磚引玉的作用，但從現代口語新詩的形態上看，除了「尚未完全洗落詞曲的味道和聲調」（《嘗試集》再版自序），還有「總還帶著纏腳時代的血腥氣」（《嘗試集》四版自序）的那些個作者自己也感覺得到的遺憾之外，既看不到五四時期救國興邦的民族渴望，也讀不出五四時期中國知識者特有的危機感。說得更具體一點，即詩中不見對現實對時代跫音的感應和對理想的憧憬。換言之，即五四時期最具有代表性的「黑暗光明二項對立」的文學構想模式〔註 3〕在《嘗試集》中並沒有反映。

在下面引用的作品中，筆者認爲胡適不僅在試驗口語究竟能否寫詩，同時也強調了五四時期時代精神的一個非常重要的側面。一個世紀即將過去，回顧中國近現代文化史上嬗變的宇宙觀、價值觀和文化意識，像胡適這樣不

〔註 3〕岩佐昌暲《關於中國現當代文學的創作模式》，第九次日韓中國學國際學術交流會議發表論文集所收。1996 年 8 月漢城。該論文指出，在黑暗與光明二項對立的現實中，戰勝黑暗獲取光明的認識是現代中國知識者的「占支配地位的思維模式」。

僅具有一付敏銳的哲學頭腦，而且還善於冷靜地思考的文化人儘管爲數不多，但借文學的手段表現其哲學思想，畢竟也屬於五四新文化運動的一個部分，故我們不能無視它的存在。

以下引用的作品是收入《嘗試集》中的現代口語詩《老鴉》。

（一）
我大清早起，
站在人家屋角上啞啞的啼。
人家討厭我，說我不吉利；
我不能呢呢喃喃討人家喜歡！

（二）
天寒風緊，無枝可棲。
我整日裡飛去飛回，整日裏又寒又饑。
我不能帶著鞘兒，翁翁央央的替人家飛；
不能叫人家繫在竹干頭，賺一把黃小米！

這首詩只需讀一遍，就能夠感受到比詩歌形式試驗更重要的是詩人對啓蒙者所做的悲劇性人格比喻。然而，在此筆者更感興趣的是，在這首詩中先後六次出現的第一人稱「我」究竟意味著什麼。筆者個人理解，這個「我」是一種與集團完全獨立並具有健全人格的個體的「我」的存在。胡適所表現的由於不被人理解的寂寞感和悲哀感正是對這種「我」的認同。這和五四時期將「自我」這種個人意識積極地溶入民族、國家等集團意識的新文學主要流向完全相悖。應該指出，儘管胡適注意並很早就在強調這種與國家等集團觀念並無甚聯帶關係的個人主義的「自我」，但它還是最終還是由於那個時代反帝救亡的愛國主義主題意識的極端高揚被淹沒覆蓋掉了。

二、啓蒙主義者魯迅新詩「載道」的嘗試

接下來看魯迅的作品。

魯迅從一開始就對白話新詩給予高度的評價，並著手過嘗試。然而人們提起魯迅的詩歌，往往只論及他的舊體詩而不大注意他早期創作過的一部分口語新詩。下面出於橫向比較的需要，我們要談到當時署名唐佚、原作分別在 1918 年北京《新青年》第 4 卷第 5 號、第 5 卷第 1 號和第 6 卷第 4 號上初次載出的幾首作品。這批作品有《夢》、《愛之神》、《桃花》、《他們的花園》、

《人與時》和《他》共 6 首。創作時間上大致與《女神》同期。由於篇幅的關係，讓我們只選看其中的《人與時》和《夢》這兩首。

（一）

一人說，將來勝過現在。
一人說，將來遠不及從前。
一人說，什麼？
時道，你們都侮辱我的現在。
　從前好的，自己回去。
　將來好的，跟我前去。
　這說什麼的，
　我不和你說什麼。

——《人與時》

（二）

很多的夢，趁黃昏起哄。
前夢才擠卻大前夢時，後夢又趕走了前夢。
　去的前夢黑如墨，在後的夢墨一般黑；
　去的在的彷彿都說，「看我真好顏色。」
顏色許好，暗裏不知；
而且不知道，說話的是誰？

暗裏不知，身熱頭痛。
你來你來！明白的夢。

——《夢》

以上兩首詩都是用白話寫成的。從創作手法上講，明顯注重語言的象徵性和暗示性。雖然不見胡適所提倡的那種「具體的表現」，但仍然屬於從傳統的「詩言志」觀念中剝離出來的「在詩中說理（道理哲理）」的最早的一種新詩形態。在前一首《人與時》中，魯迅把世上的人分爲懷古派、未來派和蒙昧派三種人。「時」以哲學家的姿態出現向宣佈：光陰只會流逝而絕不會倒轉。如果認爲過去好，那就請回。時光能夠帶走的只有憧憬未來的人，而永遠不會對懵懵懂懂無可適從的人伸手！字裏行間滲透出進化論的思想。在魯迅看來，人世間本來就是弱肉強食，唯有強者才能生存和得以進化。與此相對，無可救藥的終究無可救藥。毫無疑問這正是 1918 年時魯迅的思想。

然而，對於這首詩如果我們改變視角，即從接受美學的角度上看，會發現另外一個問題。那就是，就當時魯迅那樣以銳利的目光去觀察社會，專門致力於剜除國民性中惡的部分的「改造人」之救國方法而論，固然在暴露黑暗、針砭時弊方面顯得極強有力並且有益於社會改造，但是二十世紀第一個十年那樣思想壓抑而且精神萎靡的封建倫理社會，自然容易引起不少人對人生前景產生悲觀甚至絕望的負連鎖反應。與黑暗和邪惡搏鬥更需要勇氣和自信心。而勇氣和自信心往往來自對光明和善美的渴望和期待。我們盡可在郭沫若的《女神》裡感受到戰取光明的勇氣和熱情，而不大容易在魯迅的詩歌裏尋求到這種來自正面的情緒感染。另一首作品《夢》亦如此。儘管讀者在結尾處通過「你來你來！明白的夢」的詩句也可以感受到作者對對未來以及對希望的呼喚，但與這首詩整體傳遞給讀者的帶有濃厚懷疑論氛圍的沉重感想比，顯得十分微弱。

如果說魯迅的新詩具有專門剜除封建國民性之腫瘤的特色的話，那麼周作人創作的新詩特色又在哪裏呢？

三、純粹派詩人們的視野

一條小河，穩穩地向前流動。經過的地方，兩面全是烏黑的土，生滿了紅的花，碧綠的葉，黄的果實。

……

我喜歡水來潤澤我，
卻怕他在我身上流過。

……

——《小河》

《小河》這首詩總共 58 行，初出同年《新青年》6 卷 2 期。在此只選引筆者認爲最能說明問題、同時也是最具周作人特色的部分詩句。

我們從這首詩中感受到的，毋寧說主要是一種詩人情緒及詩歌語言自身的極其自然的流動美感。我想它之所以在當時贏得了胡適的讚賞並給予了詩壇以相當大的影響，也正是由於這首詩給新生不久而語言尚生硬的中國現代口語新詩帶來了流動感的緣故。《小河》中借用水、稻、堰象徵民眾、知識者和統治者，描繪了一幅理想的社會關係圖。作者認爲，無水稻不能生，水泛濫稻亦死，而水是流動的，不能夠強行挽留。只有水「穩穩地流動，潤澤萬物」才是作者的理想。

周作人可謂五四前後中國新文學界最活躍的散文作家兼詩人。由於他有意識地向國內介紹日本的俳句和短歌，在 1921 年至 1923 年這段時間，中國新詩壇上出現了被稱爲「小詩運動」的崇尚口語詩形式精悍短小化的創作傾向。然而，周作人大量翻譯日本和歌俳句並且不惜屈尊模仿其形式，難道果眞是僅僅因爲對和歌俳句的體裁短小感興趣嗎？

綠盆裡種下幾顆慈姑，
長出青青的小葉，
秋寒來了，葉都枯了，
只剩下一盆的水。
清冷的水裡，蕩漾著兩三根，
飄帶似地暗綠的水草。
時常有可愛的黃雀，
在落日裡飛來，
蘸水悄悄地洗澡。

——《慈姑的盆》

深爲眾多文學青年所喜愛的這首風景詩，製造出一種在晚秋的靜謐之中執著於生的柔和氛圍。讓人讀後收不回隨之遠走的思緒。至於筆者，不禁聯想到日本江戶時代著名詩人松尾芭蕉的名句，久久留連於那種充滿禪意的古樸空靈的境界。

靜けさや　岩に滲み入る　蟬の聲
（萬籟俱寂，蟬聲透岩石——筆者譯）

古池や　蛙飛び込む　水の音
（古潭蛙躍入，止水起清音——周作人譯）

就算這首《慈姑的盆》寫於因病療養期間而不能完全代表周作人的平常心態，那麼像前面提到過的《小河》，還有《過去的生命》中詠歎：

這過去的我的三個月的生命，那裡去了？
沒有了，永遠的走過去了！
親自聽見他沉沉的緩緩的一步一步的，
在我床頭走過去了。
我坐起來，拿了一枝筆，在紙上亂點，
想將他按在紙上，留下一點痕跡——

但是一行也不能寫，
一行也不能寫。
我仍是睡在床上，
親自聽見他沉沉的他緩緩的，一步一步的，
在我床頭走過去了。

從以上這些詩作看，周作人的確表現出迴避現實、崇尚淡泊古樸、或日以出世的目光凝視自我靈魂的創作傾向。在他精心製作的藝術品裡，聽不到時代的足音。周作人不可能生活在一個眞空的世界裡，他厭世是因爲他認爲一切都不會有任何改變。於是，他只有逃避。滲透他整個人生的所謂「閒適文學」觀，實際上不外乎是他最後的選擇。從這個意義上講，周作人和郭沫若他們只是早期破壞舊文學時期的同路人，而在創建什麼樣的新文學的問題上，他們的立場和世界觀是有著本質區別的。

類似周作人這樣不太把目光投向眼前的社會現實，而在日常的平凡生活的細節中去發現生命的感動的，還可例舉出康白情和俞平伯等講究寫「純詩」的詩人。

一
燕子，／回來了？／你還是去年底那一個麼？
二
花瓣兒在潭微；／人在鏡微；／她在我心微。／只愁我不在她底心微？
三
滴滴琴泉，／聽聽他滴的是什麼調子？
四
這麼黄的菜花！／這麼快活的蝴蝶！／欲爲什麼我總這麼一說不出？
五
綠油油的韭畦中，／鋤著幾個藍褂兒的莊稼漢。
知道他們是否也有了這些個疑問？

——《疑問》

遍江北底野色都綠了。
柳也綠了。

麥子也綠了。
細草也綠了。
水也綠了。
鴨尾巴也綠了。
茅屋蓋上也綠了。
窮人的餓眼兒也綠了。
和平的春微遠燃著幾團野火。

——《和平的春微》

以上是從《新文學大系》第 8 卷所收錄的康白情的作品群中不經意選出來的兩首。同類詩作在他最有名的詩集《草兒》（1922 年亞東圖書館初版）裡可以說俯拾皆是。康白情早在郭沫若發表新詩以前就是《少年中國》學會的活躍分子。作爲著名詩人，他對當時的新詩壇有著相當大的影響力。我們甚至不妨將他視爲 1918 年至五四時期最具有代表性的寫「純詩」的詩人。他所屬的《少年中國》學會先後於 1920 年 2 月 15 日和 3 月 15 日兩次發行的機關雜誌《少年中國》1-8、1-9 期上組織展開有關新詩的討論。在這被命名爲「詩學研究專號」的雜誌上，康白情發表了題爲《新詩底我見》的論文。以下略微提及該文要旨，藉以觀察作者的文學觀。

筆者將《新詩底我見》這篇文章提出的觀點歸納爲以下 4 點。

（一）新詩取代舊詩是「必然趨勢」。「舊詩拘泥於形式，不能應我們底要求，只得革命」。

（二）對於文學，在「當代人用當代語」底原則裡，我主張做詩的散文和散文的詩。至於詩體列成行不列成行，是沒有什麼關係的。

（三）新詩不必講什麼主義。新詩是一種載體，可以載任何主義，故不必專講一種主義。

（四）許多人提倡「平民的詩」，這只是一種理想，一種主義。「詩是貴族的」。

前面兩點看法我們在新詩萌芽期的先覺者，例如胡適或者周氏兄弟那裡也能找到。一言以蔽之，即新詩創作必須站在與傳統徹底決裂的立場，這對本世紀初的那一批主張新文學的文化人來說，可謂早已成爲共識。傳統詩歌的形式美的構成憑靠的是平仄、押韻、節奏等音樂性要素和語言表現的模糊曖昧性，它與主張詩歌散文化（表達的精確化、詩歌語言的簡樸化及無音韻化）的口語新詩水火不容。魯迅雖然並沒有明言新詩要散文化，但他的試驗新詩裡散文化傾向顯而易見。宗白華、田漢、郭沫若等人雖說當時也在破壞傳統舊體詩形態的基礎之上探索新詩的形式，但他們同時也注重新詩的「美的文字、音律的繪畫的文字」，並認爲，「詩的形就是詩中的音節和詞句的構造；詩的質就是詩人的感想情緒」〔註 4〕。

以上《新詩底我見》四大要點中，最具康白情特色的是第 3 條和第 4 條。在 20 年代初移植西洋各種主義甚爲流行之際，康白情等「純詩」派詩人逆而行之呼籲創作的自由。他那種視新詩「可以載任何主義，故不必專講一種主義」的觀點，不外乎是回到詩是什麼這一問題的出發點，對「詩言志」和「文以載道」等傳統的實用主義文藝觀的顛覆。此外，康白情持「貴族」詩觀實際上是認爲所謂「平民的詩」只不過是「代表某種主義的理想」罷了，畢竟不可能實現。儘管文學的大眾化問題後來在文壇鬧得很大，但康白情卻一直固執地堅守著詩歌這塊「貴族」的聖地不退讓半步。在這個問題上，郭沫若的態度跟康白情很不一樣。在詩歌創作上，他在 1920 年《三葉集》初版時還在堅持天才論和靈感論，可是到了 1923 年，卻來了一個一百八十度的大轉彎，開始積極地向文學界呼籲「我們要把藝術救回，交還民眾！」「我們的目的是把民眾提高到藝術的水平」（《中華全國藝術協會宣言》，初出 1923 年 10 月《創造週報》22）。

下面請看倡導「詩的平民化」，主張「收回詩的共和國」的俞平伯於 1921 年寫下的名篇《願你》。

願你不再愛我，
願你學著自愛罷。
自愛方是愛我了，
自愛更勝於愛我了！
我願去躲著你，
碎了我底心，
但卻不願意你心爲我碎啊！
好不寬恕的我，
你能寬恕我嗎？
我可以請求你底寬恕嗎？

〔註 4〕宗白華：〈新詩略談〉，《少年中國》1-8，第 61～62 頁。

你心微如有我，
你心微如有我心微的你；
不應把我怎樣待你的心待我，
應把我願意你怎樣待我的心去待我。

筆者認爲，這首收錄在俞平伯最有名的詩集《冬夜》（1922 年亞東圖書館初版）中的作品足以包容作者 1921 年以前創作的新詩的特色。《冬夜》出版後，其中的作品，包括這首《願你》在內，遭到了聞一多的嚴厲批評。當然，聞一多的鋒芒所針對的不僅僅是俞平伯的《冬夜》，同時也針對新詩壇的一般現象。聞一多不但批評了國內詩人封閉自守，還特意給新詩壇注入新鮮空氣，介紹了留日大學生郭沫若的新詩。聞一多在著名詩評《冬夜評論》（《聞一多全集》第 3 卷，生活、讀書、知新三聯書店出版）中一方面肯定俞平伯詩「凝練，綿密，細婉」的音節是「對新詩的一個貢獻」（第 308 頁），但同時又指出他和其它許多詩人一樣「都有一種極沉屙的通病」。他批評「他們詩中很少濃麗繁密而且具體的意象」。所以「弱於或竟完全缺乏幻想力」（第 315 頁）。聞一多認爲，「幻象在中國文學裡素來似乎很薄弱。新文學——新詩裡尤其缺乏這種素質，所以讀起來總是淡而寡味，而且有時俗不可堪。《草兒》《冬夜》兩詩集同有此病」（第 327 頁）。

四、新詩群中的寫實風格

實際上，五四時期新詩壇上除了上述一批執著地探求詩歌藝術眞諦的「純詩」派詩人以外，另外還有一些詩人把目光投向了他們所生存的現實。在這一批詩人當中，最早用新詩寫庶民窮苦生活的是劉半農。

屋子裏攏著爐火，
老爺吩咐開窗買水果，
說天氣不冷火太熱，
別任它烤壞了我。

屋子外躺著一個叫花子，
咬緊了牙齒對著北風喊要死！
可憐屋外與屋裡，
相隔只有一層薄紙？

這是劉半農 1917 年 10 月在北京寫下的有名詩作《相隔一層紙》（初出

1918 年 1 月《新青年》4-1），可以說是當時中國半封建、半殖民地社會的縮圖。詩人從人道主義立場向讀者控訴現實中不合理的懸殊貧富差別，在立足於喚起社會對弱小者的同情這一點上，讓我們想起唐代詩人杜甫「朱門酒肉臭，路有凍死骨」（《自京赴奉先詠懷五百字》）的名句。然而，新詩的探索者劉半農儘管關注著社會現實，但他的作品充其量止於對時弊的暴露，而並未能起到社會批判的作用。他與其它詩人的不同之處是，哀歎現實的黑暗但自己不陷入虛無主義或悲觀主義的泥潭。筆者認爲，最能證明劉半農這一性格的就是長詩《敲冰》（初出 1920 年 3 月《新青年》7-5）。他在這篇長達 249 行的作品中向讀者呼籲：

結著七十里路的堅冰，
待我打破了你，
便有我一條愉快的歸路！

不知道是不是由於這首詩結構上的冗長煩雜，發表後並未能引起多少讀者的興趣，倒是他後來在倫敦寫的一首情詩《叫我怎樣不想他》（1920 年 9 月 4 日作）發表出來竟成了傳世之作。

應該指出，在具有寫實性格而注視著社會現實的這一群詩人當中，朱自清是走得比較遠的一位。他那首寫於 1919 年 11 月的《光明》，可以說到達了超越一般意義上的厭世和基於人道主義同情的社會認識高度。在過去的研究中，並不是沒有人把郭沫若放在當時國內五四歷史大語境中去思考，但似乎不大有人將朱自清置入郭詩研究的視野。朱自清活躍於新詩壇雖然略晚於郭沫若，但我們不妨考察他那一部分在創作時間上早於《女神》，或與《女神》同一時期的作品。

風雨沉沉的夜裏，
前面一片荒郊。
走盡荒郊，
便是人們的道。
呀！黑暗裡歧路萬千，
叫我怎樣走好？
上帝！快給我些光明罷，
讓我好向前跑！
上帝慌著說，光明？

我沒處給你找！
你要光明，
你自己去造！

——《光明》

在此我們可以看到，朱自清提出了五四時期新文學的兩大命題。第一是於黑暗中追求光明的命題；第二是現代社會中人的自我迷失的命題。前者反映了在黑暗與光明的二項對立中積極開拓人生的行動主義和身處黑暗現實之中的人們對光明的期待憧憬。

雖然郭沫若在朱自清的這首《光明》寫成的兩個月前就寫出了《浴海》（1919 年 9 月作）及《立在地球邊上放號》（1919 年 9 月）等謳歌破壞加創造和光明崇拜的作品，但正式在《女神之再生》中喊出「諸君，您們要望新生的太陽出現嗎？還是請去自行創造來！」那已是 1921 年 1 月 31 日的事情。僅從時間上看，在作品中提出「自己去找光明」的命題這一點上，國內的朱自清略早於留日學生郭沫若。

朱自清的新詩（如《光明》《蹤跡》《新年》等）除了客觀上表現了五四時期國內青年的精神迷惘以外，其深層處還隱約閃露出作者主觀上的啓蒙動機。當時像他那樣關注現實社會，同情庶民生活甚至大膽暴露社會黑暗的詩人，還有劉大白和聞一多等等。特別是劉大白的《賣布謠》和《金錢》這兩首作品揭露了封建地主和軍閥欺壓農民的卑劣行徑，在當時給讀者留下的印象很深。

五、《女神》在中國現代詩歌發展史上的地位

然而，儘管如此，待我們將前面提到的這一類詩歌作品置入五四時期、這一呼喚國民拯救中華民族於亡國危機的極爲特殊的文化語境之中去加以考察，我們就會發現它們是多麼軟弱無力。從總體上看，由於創作這類作品的動機並沒有超越正義感加傳統人道主義的低次元意識，故作者不能與動蕩時代共呼吸。事實上，五四時期新文學提出來的黑暗光明二項對立思維模式有一個逐漸定型的過程。文學表現什麼，觀念的轉換並不是一瞬間的事情。通過以上比較，我們可以看出，與《女神》同一時期創作的國內新詩，儘管也有不少暴露現實的黑暗，但卻從根本上缺乏讚頌光明、呼喚光明的力量。中國處在內憂外患之中，生活在如此有危機感和精神上極爲壓抑的歷史文化語

境裡，用文學來表達作者個人、或者整個民族企盼祖國得以新生得以富強的強烈願望，照理說應該有更多的英雄主義崇拜、與自然拼博、戰爭與和平、愛情與死亡這樣氣勢宏大情感激越、能夠給人以勇氣和力量的作品湧現。然而，在《女神》誕生以前，國內新詩壇上卻一直沒有這類強有力的詩歌出現。可以說，這就是時代造成的對《女神》一類作品的嚴重稀缺性。

那麼，我們應該思考一下，處在五四那樣一個以劇烈動蕩的時代爲背景的文化轉型期，新詩究竟缺少什麼？只要我們沒有忘卻瀕臨亡國這一五四時期極爲特殊的中國現實，自然會意識到五四時期中國人的「小我」從一開始就是和國家這個集團的「大我」背靠背一起成長起來的這一特殊國情。

1915 年陳獨秀在《新青年》上發表文章論東西方民族思想的不同。他指出，「西洋民族以個人爲本位。東洋民族以家族爲本位。西洋民族自古迄今徹頭徹尾個人主義民族也」，「一切倫理道德政治法律社會之所嚮往國家之所祈求擁護個人之自由權利與幸福而已」。陳獨秀的觀點是：要想使中國擺脫宗法制的封建社會從而進化成像西洋那樣的近代社會，就必須「以個人本位主義易家族本位主義」(《東西民族根本思想之差異》，《新青年》1-4)。然而，二十世紀初由於統治者的腐敗無能加上西方列強的巧取豪奪，中國人的思想意識還沒有從幾千年的封建奴役中解放出來，又面臨著做亡國奴的危機。反侵略、反掠奪、反賣國的愛國民眾運動熱潮一浪高過一浪。個人的自身價值認定只有在向集團依附或者歸靠後才能得到實現。這樣的文化環境裡不可能存在與集團意識相對立意義上的個人主義意識得以生存成長的社會基盤。中國並沒有像啓蒙思想家陳獨秀所說的那樣發展進化。個人的「自我」是在愛國主義（狹義指國家主義）的土壤中培植起來的，說思想自由和個性解放，那也不會是與國家相對立的個人的思想自由和個性解放。這一點與西方的概念有著根本上的區別。

換言之，即在五四時期的中國，個人的「自我」和民族國家的「大我」有著不可分割性。五四時期的啓蒙思想家借西洋具有獨立人格的個體自我，反抗的是傳統的封建家族觀念和君臣觀念，像胡適和魯迅那樣眞正強調個人的獨立人格的先覺者並沒有幾位。所以五四時期流行的反封建倫理的個人的自我，即便有，它的發育也是非常不健全的。在這種意義上「自我覺醒」了的作家詩人，沉浸於自己個人的小圈子的多，而不大可能寫出反映時代氣息的大作品。筆者認爲或許這就是當時國內新詩所缺少的最重要的因素。除此之外，正如郭沫若 1923 年所指出的，當時的新文學還缺少一種重要因素，即只有「對美的欣賞」，而無「對醜的憎恨」（《批評－欣賞－檢察》）。更多的只是哀歎或不敢正視現實的黑暗把自己封閉在個人情感的小圈子中。

1923 年聞一多在論及五四時期國內青年的精神狀態時說，「五四後之中國青年，他們的煩惱悲哀眞像火一樣燒著，潮一樣湧著，他們覺得這「冷酷如鐵」，「黑暗如漆」，「腥穢如血」的宇宙眞一秒鐘也羈留不得了。他們厭這世界，也厭他們自己。於是急躁者歸於自殺，忍耐者力圖革新，（中略）他們的心裡塞滿了叫不出的苦，喊不盡的哀」〔註 5〕。

也就是說，五四時期的中國人，尤其是青年們精神已經壓抑到渴望有什麼精神食糧能使他們一吐胸中的積鬱的地步，而這種被渴望被期待的精神食糧必須帶有一往無前勢不可當的磅礴氣勢和搗毀一切的力量。然而，這種具有強大招喚力的精神食糧終於沒有能夠在國內的新詩壇誕生。也正是在這種時候，「忽地一個人」站在東鄰日本的博多灣，眺望著一海相隔的祖國「用海濤底音調，雷霆底聲響替他們全盤唱了出來。這個人便是郭沫若，它所唱的就是《女神》」（出處同注（5））。

置身日本博多灣的中國留學生郭沫若正是舉著新浪慢主義的旗幟，雙手捧著奉獻給祖國的《女神》於新詩壇嶄露頭角的。《女神》這部詩集裡面，除了有《鳳凰涅槃》《爐中煤》《太陽禮贊》《浴海》《立在地球邊上放號》等高歌讚頌中國這頭「東方的睡獅」覺醒和更生的作品以外，還有眾多像《晨安》《筆立山頭展望》《新生》等直接反映動的時代精神的、和像《匪徒頌》《勝利之死》等詛咒黑暗謳歌自由民主精神的、和《天狗》《金字塔》《梅花樹下醉歌》這樣反映近代物質文明和科學精神的詩作。郭沫若曾經吐露過：在日本留學期間「讀的是西洋的書、受的是東洋人的氣」（《1920.3.24 致宗白華的信》）。他生活在日本人對中國人普遍蔑視的大正時代，受的是日本帝國大學的愛國教育，就愛國這個詞，自然有著特殊的感受。另一方面，在日本讀西洋書，使他接觸到了西方近代以自由民主主義和科學爲核心的社會進化論的眞髓。

說郭沫若和同時代其它詩人不同，既不是說他們對祖國沒有熱情的期待，也並非指他們不相信正義的力量和光明的未來。因爲他們生活在國內，對黑暗的現實有著親身的直接體驗，所以人生挫折、蹉跌帶來的失望和絕望

〔註 5〕聞一多：〈「女神」之時代精神〉，初出 1923 年 6 月 3 日《創造週報》第 4 號。

往往多得多。郭沫若與他們最大的區別在於他五四時期一直生活在只有一海相隔的東鄰日本。可以說直至 1921 年中途回國爲止，郭沫若對祖國始終保持著某種近在咫尺又相對隔離的狀態。置身日本不同於歐洲，中日一衣帶水，大海反而給予海外學子太多的想像。然而想像不等於現實，物理距離不等於心理距離。從這層意義上講，五四時期郭沫若與祖國的感情紐帶，可以說一直是多靠想像來維繫的。正是由於這個原因，他才有可能通過對理想王國的美化和讚頌來表達自己對祖國的感情並獲得成功。

第四節　五四時期的「時代主題」——光明與黑暗的衝突——詛咒黑暗歌贊光明的《女神》

先看作品。

茫茫的宇宙，冷酷如鐵！
茫茫的宇宙，黑暗如漆！
茫茫的宇宙，腥穢如血！

——《鳳凰涅槃》(《女神》)

宇宙呀，宇宙，
我要努力地把你詛咒：
你膿血污穢著的屠場呀！
你悲哀充塞著的囚牢呀！
你群鬼叫號著的墳墓呀！
你群魔跳梁著的地獄呀！

——《鳳凰涅槃》(《女神》)

遊閒的屍，／淫囂的肉，／長的男袍，／短的女袖，
滿目都是骷髏，／滿街都是靈柩，／亂闖，／亂走。
我的眼兒淚流，／我的心兒作嘔。

——《上海印象》(《女神》)

以上引用的是《女神》中有關黑暗的描寫。也是當時郭沫若親眼目睹的當時國內的現實。在這一點上，《鳳凰涅槃》和《上海印象》大不相同。前者以意象爲主，抽象的描寫加上渲染累疊，而後者是根據作者 1921 年 4 月 3 日與成仿吾一同回國到達上海時親眼所見的街頭風景，以印象爲主，具象描寫

加上渲染累疊。從時間上講，正好集中反映了隨五四運動高潮過去而至的沉悶低迷的氛圍。類似這樣的對黑暗的描寫，我們還可以在詩劇《女神之再生》和《棠棣之花》中讀到。從《女神》收錄作品的比例上看這類詩歌雖然算不上太多，但卻不失爲構成反映五四時代精神的「呼喚光明」之主題的一個不可欠缺的重要因素。也就是說，郭沫若筆下的光明讚美來自他對黑暗的深切憎惡。這是一種內部壓抑達到極限時產生的、相互矛盾的二元要素發生衝突的典型思維模式。

就郭沫若而言，在創作《女神》時達到極限的精神壓抑來自多方面的淤積。首先是留學時帶到日本的對國內封建軍閥統治下的社會現實不滿。其次是個人對此無能爲力的頹喪。此外還有對自己向包辦婚姻妥協的無比悔恨等等。當這種來自多方面的精神壓抑接觸到日本大正時期民主主義的自由空氣這一巨大的外來刺激的時候，就引起了突發性的膨脹以至爆炸噴發。應該指出，郭沫若五四時期的這種爆炸噴發最大的特色在於它以詛咒包括自己內心世界在內的所有黑暗和呼喚光明爲主要內容。筆者認爲，這也是《女神》中讚美光明這一正向思維傾向的深層結構。

初版《女神》中《太陽禮贊之什》題下收錄的歌頌光明的作品除了《太陽禮贊》、《沙灘的腳印》、《新陽關三疊》之外，還有《浴海》、《光海》和《日出》等多篇爲讀者所熟悉的詩作。寫作時間恰好是 1919 年 9 月至 1921 年 2 月前後。如果說《女神》的問世就像萬鈞雷霆擊破了當時國內詩壇的沉寂，那麼它必然給新詩壇注入了什麼新鮮的東西。這種新鮮的東西究竟是什麼呢？下面讓我們從作品中找答案。

首先看《日出》和《太陽禮贊》這兩首作品。

哦哦，光的雄勁！
瑪瑙一樣的晨鳥在我眼前飛騰。
明與暗，刀切斷了一樣地分明！
這正是生命和死亡的鬥爭！

哦哦，明與暗，同是一樣的浮雲。
我守看著那一切的暗雲……
被亞坡羅的雄光驅除乾淨！
……

——《日出》

青沉沉的大海，波濤洶湧著，潮向東方。
光芒萬丈地，將要出現了哟——新生的太陽！
……
太陽哟！你請永遠照在我的面前，不使退轉！
太陽哟！我眼光背開你時，四面都是黑暗！

——《太陽禮贊》

前面已經提到，《女神》中收錄的幾乎全部是郭沫若留學九州帝國大學時期寫作的作品。郭沫若在創作中既從博多灣的大自然中得到了許多的啓示和靈感，同時有時候也受到博多灣的特殊地理環境的制約。例如他儘管寫過大量讚頌光明和太陽崇拜的作品，但往往只有落日或正午當頂的太陽而幾乎沒有旭日冉冉東升的宏大場面。《日出》和《太陽禮贊》是《女神》時期讚美日出的莊嚴和壯麗的僅有的兩首作品。寫作當時他住在福岡市外箱崎海岸的白濱網屋漁村一漁民家的二樓上。寬闊的博多灣海面雖然就近在眼前，但是海的方位卻是在海岸的西面。換言之，即郭沫若在箱崎海岸觀日出必須背朝大海。東面是福岡和博多，除了山還有建築物。所以我們在《女神》中讀不到太陽從東方海面劃破黑暗噴薄而出那驚心動魄的瞬間。即便是偶而有關於日出的描寫，那也是多出自於作者的憑空想像。

那麼，郭沫若在《日出》和《太陽禮贊》這樣的作品中究竟想對讀者傾訴什麼呢？

同時代國內的新詩裡面也有像聞一多的《太陽吟》這樣描寫「新升的太陽」的作品。然而，聞一多的「新升的太陽」是不是和郭沫若的「新生的太陽」具有相同的意義呢？筆者認爲，找到這個問題的答案不僅對正確讀解郭沫若的太陽禮贊詩群，而且對把握《女神》的眞義都會有幫助。與其說此類作品的眞正意義在於提出黑暗光明二元對立的命題，毋寧說在於「生命與死亡的鬥爭」中，「那一切的暗雲被亞坡羅的雄光驅除乾淨」，即光明必定戰勝黑暗這一斗爭的必然結果。當時的郭沫若已經告別了「在地獄做鬼」的「過去的生活」，發誓以後要「在光明的世界做人」（《1920.2.16 致宗白華的信》）。作品中那種對光明的憧憬和不懈的追求，正是否定自己的過去寄希望於現在和將來的作者心態的表露。聞一多的《太陽吟》中出現的「新升的太陽」，是與「我家鄉來的太陽」、「奔波不息的太陽」同義，是聞一多藉以表現遊子的飄零和濃鬱的鄉愁情懷，而郭沫若的「新生的太陽」和《鳳凰涅槃》中在自焚的熊熊烈火中脫胎換骨得以更生的不死鳥鳳凰具有相同的含意。新生的太陽必定戰勝黑暗，更生後的鳳凰將不會再死去（所謂涅槃亦有永恒不滅之含意）。因爲有勝利的希望，故與邪惡拼博的勇氣油然而生。

到這裡，對五四愛國主義民眾運動遭受鎮壓、在眾多的知識者對自由和中國的未來深感絕望的 1921 年，郭沫若的《女神》對詩壇甚至文壇爲什麼會有那麼大的衝擊力這一問題，我們已經得到了答案。

下面，讓我們來看光明禮贊詩群裏的另外一首重要作品。

太陽當頂了！
無限的太平洋鼓奏著男性的音調！
萬象森羅，一個圓型舞蹈！
我在這舞蹈場中戲弄波濤！
我的血和海浪同潮，
我的心和日火同燒，
我有生以來的塵垢，粃康
早已被全盤洗掉！
我如今變了個脫了殼的蟬蟲，
正在這烈日中放聲叫：

太陽的光威
要把這全宇宙來熔化了！
弟兄們！快快！
快也來戲弄波濤！
趁著我們的血浪還在潮，
趁著我們的心火還在燒，
快把那陳腐了的舊皮囊
全盤洗掉！
新社會的改造
全賴吾曹！

——《浴海》

以上是郭沫若光明禮贊詩群中的第一首《浴海》。初版本上標明的創作日期爲 1919 年 9 月。這個日期除了標明此乃郭沫若「新詩噴發期」作品以外，還讓人想起日本博多灣每年同一時間必定要發生的、自古以來被稱爲「二百十日」的自然現象。指的是每年立春後第二百一十天（大致 9 月初）前後必有颱風襲來。所謂「光明禮贊詩群」中的第一首，是指類似主題作品中創作時間最早的意思。通觀《女神》，不難發現大海和太陽，這是兩個登場次數最頻繁的自然意象。無論從其氣勢和力量的強度，還是給人視覺聽覺上的刺激上講，都給予了有著喜好湖川超過大海、喜好日落超過日出傳統審美觀念的中國詩壇以從未有過的巨大衝擊。只有發現郭沫若創作的這兩大意象與同時代其它詩人眼中所見的大海和太陽之間的不同，我們才能眞正認識到它們的神奇。

例如，在沈尹默看來，太陽是「中午時候……沒法去遮攔」的「火一樣的太陽」，是「直曬著長街上」的太陽（《三弦》），它渲染出的是一種百無聊賴的倦怠感；而在聞一多看來，太陽是「刺得我心痛的太陽」，是「火一樣燒著的太陽」，看見它從東方升起就不禁想起自己的故鄉；李金髮往往從夕陽、落日、晚霞以及「含羞在山後」的日光裡尋找某種官能的享受（《故鄉》），而汪靜之卻時而把情人的眸子比做「溫柔的太陽」（《伊底眼》），時而怨歎「太陽是旋轉的鐵輪」，「碾碎了我的青春」（《風的箭不停地射放》）。

然而，只要將《女神》中的「太陽意向」跟他們的做個比較，就能看出某種本質上的不同。

《女神》中的太陽意象既然作爲光明的象徵出現，那麼它就不僅僅是擊退黑暗並給人類在內的宇宙萬物帶來溫暖和希望，同時它本身就是永不衰竭的生命和力的源泉。筆者認爲，《女神》這部作品所帶有的搗毀力量和創造力量正是來自太陽和大海這兩大具有永恒意義的自然。

如前所述，五四時期中國新詩壇所缺少的是明朗樂觀型思維傾向，而支撐這種思維的正是勇於跟黑暗勢力搏鬥並戰勝它的力量和希望。

此外，我們通過對《三葉集》的細讀和史實驗證得知，《浴海》中郭沫若唱道：

> 我有生以來的塵垢，粃康
> 早已被全盤洗掉！
> 我如今變了個脫了殼的蟬蟲，
> 正在這烈日中放聲叫

力圖表現的是他自婚後出走至 1919 年秋在九州帝國大學深造的那段時期終於戰勝精神和肉體兩方面的苦痛，經過深切的懺悔好容易擺脫過去「罪孽深重的自我」得以新生的喜悅。如果這種情感和後面的弟兄們！快快！
快也來戲弄波濤！
趁著我們的血浪還在潮，
趁著我們的心火還在燒，
快把那陳腐了的舊皮囊
全盤洗掉！
新社會的改造
全賴吾曹！

沒有某種必然的聯繫，那充其量也就是一種個人的情感罷了。然而郭沫若畢竟不是心胸窄小之人。他是在通過《浴海》這首詩以自己的景遇向與自己「振動數相同」和「燃燒點相等」的「青年的兄弟姊妹」們呼籲必須動手改造這個世界。我們在此可以看到郭沫若的個人意識與改造現實這一集團意識的合流。這種合流，換句話說即小我與大我的融合。《女神》研究上最值得注目的地方就在這裡。

如果在思考郭沫若的光明禮贊詩群時擁有更為廣闊的視野，我們興許會獲得這樣的認識：郭沫若自 1921 年《女神》出版起一直向中國社會呼籲的，不正是這種個人意識與集團意識的融合嗎？如果要論《女神》對五四時期國內新詩壇的影響，恐怕非這種個人意識與集團意識的融合莫屬了。

筆者之所以覺得郭沫若的光明禮贊詩群比起《女神》中其它部分作品顯得更為重要有兩個理由。其一是由於認為它們以新詩這種當時引人注目的文學形式向國內知識者們、特別是青年們提供了以下思維範式。其二是由於認識到郭沫若提供的這種思維範式在內憂外患的現代中國這塊土壤得以迅速紮根和流行。這種思維範式即：

個人的場合：有訣別舊我獲得新生的強烈願望（前提）──→與舊我搏鬥（伴隨著痛苦的實踐）──→新我的誕生（必然結果）

國家的場合：不滿於生存現狀，有改善之願望（前提）──→（希望的設定）──→團結一致經過搏鬥獲得新的生存環境（只要堅信人的能力、堅信勝利，定會達到目的。儘管達到目的難免要付出一定的代價。）──→國家的更生（必然結果）

需要略加說明的是，當個人意識與集團意識合流的時候，要喚起群體的鬥志首先必須要讓集團裏的個人滿懷希望和必勝信心。以上思維範式圖解中的「希望的設定」是先覺著（進步知識者）們的天職。所謂設定，也就是啓蒙。

值得注意的是，我們在郭沫若的這種使命感裡還感受不到明顯的階級對抗意識。我們瞭解了他的留日生活以後會知道，郭沫若階級意識的覺醒有個過程。由於他留學時期個人生活的極端窮困，郭沫若到日本後對資本主義可以說有著一種非理性的憎惡。儘管他在同一時期的作品中讚頌過資本主義的近代物質文明（如《筆立山頭展望》1920 年 6 月作），生活的體驗和對馬克思主義的接觸卻使他對資本主義的憎惡有增無減，甚至上升發展爲仇恨。另外還有一個問題，即洪爲法 1934 年 2 月 22 日在題爲《評郭沫若女神之後的詩》的詩評中提出的，「女神中的詩，只告訴我們破壞，女神以後的詩，則進而告訴我們破壞的目標，怎樣的破壞；女神中的詩，只告訴我們創造，女神以後的詩，則進而告訴我們創造的目標，怎樣的創造」〔註 6〕。這個問題至少說從某一個方面提到了《女神》這部作品的歷史局限性。

第五節　對「自我」的讚頌，對博大的崇尚

1919 年 12 月，時任《時事新報》學燈副刊編輯的宗白華致函給在日本福岡留學的郭沫若，委託他創作幾篇「說明詩人與泛神論關係」的詩（《三葉集》第 5 頁）。郭沫若受到理解者宗白華的勉勵，加上在惠特曼的詩歌裡找到了自己的感情噴發口正欲一吐而快，在短時期內便創作出了《立在地球邊上放號》《地球，我的母親！》《匪徒頌》《晨安》《鳳凰涅槃》《天狗》《心燈》《爐中煤》《巨炮的教訓》等詩作（郭沫若《我的作詩的經過》《質文》2-2，1936.11.10）。我們在閱讀郭沫若所列舉的這些作品時，會感受到某種難以抗拒的力量的存在。尤其是《立在地球邊上放號》《晨安》《鳳凰涅槃》《天狗》那樣「雄渾的大詩」（宗白華《三葉集》第 27 頁），以它們密集型的磅礴氣勢強烈地震撼了國內新詩壇。

倘若可以把郭沫若的《女神》比做中國現代詩史上兀現的巨人，那麼他的骨格是靠這種「雄渾的大詩」創造出來的解放了的自我形象，他的筋肉就

〔註 6〕黃人影編：《郭沫若論》，大充書局，第 4 版 1936 年 1 月，第 126 頁。

是詛咒黑暗追求光明的樂觀主義加反抗精神，而他體內奔騰的血液就是作爲作者思想砥柱的、貫通《女神》全篇的愛國主義精神。就這一部分詩歌，以下僅選幾首最具代表性的進行考察。

先看《天狗》。

> 我是一條天狗呀！／我把月來吞了，／我把日來吞了，／我把一切的星球來吞了，我把全宇宙來吞了。／我便是我了！
>
> 我是月底光，／我是日底光，／我是一切星球底光，／我是 X 光線底光，／我是全宇宙底 Energy 底總量！
>
> 我飛奔，／我狂叫，／我燃燒。／我如烈火一樣地燃燒！／我如大海一樣地狂叫！／我如電氣一樣地飛跑！／我飛跑，／我飛跑，／我飛跑，／我剝我的皮，／我食我的肉，／我吸我的血，／我齧我的心肝，／我在我神經上飛跑，／我在我脊髓上飛跑，／我在我腦筋上飛跑。
>
> 我便是我呀！／我的我要爆了！
>
> ——《天狗》

《天狗》這首詩可以說是《女神》這部詩集裡的名篇中的上乘之作。郭沫若曾經在自敘體小說《月蝕》（中國現代散文名家名作原版庫《山中雜記》所收，1931 年光華書局出版）裡面也描寫過天狗。《女神》中的天狗與小說中的天狗在形象上有著本質上的區別。小說中的天狗是四川民間傳說中呑食日月的凶神，因爲它看不見摸不著，所以尤其恐怖。而詩裡出現的天狗，毋寧說是一種超越了善與惡的生命力的意象。這個意象完全有可能來自四川民間傳說，但卻是經過郭沫若加工打磨再創造出來的嶄新意象。此外有人猜測郭沫若是不是吸取了日本民間傳說中有關天狗的傳說。其實這種猜測屬於無稽之談。首先日本民間傳說中的天狗棲居深山，身體呈人形，皮諾丘似的長鼻子（但不能伸縮自如），屬於有雙翼善飛翔神通無比的具象怪物，日本傳說中的天狗兇殘無比，吃人畜，但無呑食日月之行爲。

筆者認爲，《天狗》無論從哪個角度上看都應該是最能代表《女神》主要風格的作品。或許至今仍有不少研究者把《鳳凰涅槃》視爲《女神》唯一的代表作。筆者的看法卻不同。《鳳凰涅槃》這首近三百行的長詩，作爲兼有敘事功能的抒情詩不僅包容了泛神論思想、有較多具有象徵意義的意象以及關於中外古代神話傳說的淵博知識等等要素，而且「做」出來的痕跡比較明顯。

如果能夠感受到《女神》的創作方式近似於火山的噴發，那麼也就等於承認它是詩人才華的直瀉，也就是說屬於天成之作。既然如此，符合這種不加修飾的粗曠性格的，應該是《天狗》而不是其它。《天狗》這首詩純屬一氣呵成，這種創作上的特徵無疑最能代表《女神》時期郭沫若的新詩創作風格。另一方面，我們完全可以用《天狗》來破譯郭沫若說「詩不是做出來的，只是寫出來的」這句話的眞意。

1920 年前後，郭沫若對詩歌這一文藝形式並沒有很深的認識。他認爲，所謂詩歌，即：

（直覺＋情調＋想像）＋（適當的文字）。

而且，（直覺＋情調＋想像）＝Inhalt（內容），（適當的文字）＝Form（形式）（《1920.1.18 致宗白華的信》）。若再往下細分，「詩的原始細胞只是些單純的直覺，渾然的情緒」而「直覺是詩胞的 Kern，情緒是 Protoplasma，想像是 Zentrosomum。至於詩的形式只是 Zellenmembran，這是從細胞質中分泌出來的東西」（《三葉集》第 49 頁）。

現在看來儘管未免太不成熟，可在當時卻如實地反映了郭沫若的詩歌觀乃至文藝觀。他所說的「情調」，指的是某種氛圍或者情趣，加上詩人的直覺和想像，再用適當的文字將它們表現出來，就成了詩。構成詩歌最重要的因素是直覺和想像，這可以說是郭沫若詩歌觀念的核心。郭沫若當時崇拜歌德和尼采，篤信天才的存在。他認爲有了神（自然）賜予的靈感加上詩人感受這種啓示的敏銳直覺這兩項條件，如果再加上以文藝的形式表達自己思想時所必需的想像力，就構成了詩歌三位一體的全部。

筆者認爲，《天狗》這首詩就是受古代民間傳說啓發而噴發出來的、長期以來壓抑在郭沫若這個人物胸中的青春意識的積鬱。我們不但可以從作品中情緒的流動中感受到某種巨大的力量（能量）存在，還能通過這首詩特有的速度感感覺到頑強的生命躍動。那種猶如血液在軀體中迅速而猛烈地奔騰、全身的血管馬上就要崩裂炸開的感覺，讓我們感覺到生命力擺脫長年的束縛獲得自由時的奔放和歡愉。在此，我們還能觀察到郭沫若的自我成長過程中伴隨的焦躁感以及不斷充實自己直到眞正獲得健全人格的深層創作意識。

> 泛神便是無神。一切的自然只是神的表現，自我也是神的表現。我即是神，一切自然都是自我的表現。

這是郭沫若 1922 年 1 月大學三年級時在《「少年維特之煩惱」序引》中寫下的一段話。對他來說，「自我的表現（表達——筆者）」意味著全部。但是，如果這個「自我」處於被封閉狀態，或被壓抑狀態，那麼不要說與自然融合了，就連自由表達也沒有可能性。所以，人首先必須把壓抑封閉或受到束縛的自我解放出來。然而，人的「自我」一旦從禁錮中被解放了出來，它又會怎麼樣呢？這可以說是五四時期中國青年共通的煩惱。而《天狗》這首詩，正是郭沫若對此問題作出的答案。「我把月來吞了，／我把日來吞了，／我把一切的星球來吞了，我把全宇宙來吞了。／我便是我了！」完全可以看做郭沫若展現在讀者面前的獲得解放後的「自我」的成長過程。那是一條自由自在的天狗，生命力橫溢的天狗，敢於毀壞一切的天狗，和吸收一切能量而且人格越來越健全的天狗！難怪郭沫若對它的存在不惜讚美之辭，那是因爲它象徵了人的解放了的自我。自從陳獨秀 1915 年在《新青年》創刊號上發表《敬告青年》，向社會呼籲要「完其自主自由之人格」以來，許多人逐漸開始意識到自己身上的「自我」的存在。正如郁達夫所說，「五四運動的最大的成功，第一要算，個人，的發現。從前的人，是爲君而存在，爲道而存在，爲父母而存在的，現在的人才曉得爲自我而存在了」（《中國文學大系・散文二集》《導言》，上海良友圖書印刷公司 1935 年 8 月 30 日初版印行）。然而，當時的人們並不瞭解把「自我」從束縛中解放出來後它會呈現什麼樣的形態。應該指出，郭沫若的《天狗》所創造出來的具有「獨立自主的人格」的人的自我形象，實際上還是一個相當模糊不清的概念。

除了《天狗》這首詩以外，類似作品還有《立在地球邊上放號》和《晨安》等。《晨安》長 38 行而不便引用，下面來看《立在地球邊上放號》這首比較短的詩歌。

> 無數的白雲正在空中怒湧，
> 啊啊！好幅壯麗的北冰洋的情景喲！
> 無限的太平洋提起他全身的力量來要把地球推倒。
> 啊啊！我眼前來了的滾滾的洪濤喲！
> 啊啊！不斷的毀壞，不斷的創造，不斷的努力喲！
> 啊啊！力喲！力喲！
> 力的繪畫，力的舞蹈，力的音樂，力的詩歌，力的 Rhythm 喲！
> ——《立在地球邊上放號》

如果誰要是想在這首詩（1919 年 9 月作）中看到某種戲劇性的，富有細節性的內容展開，那麼想必他只會失望。同樣，如果以這種閱讀期待作爲判斷作品價值的標準，那麼可以說就連《女神》也無甚價值可言。《晨安》亦如此。38 行的作品中竟然有 27 處「晨安」這種過於單調無味的反覆表達。

當郭沫若這些詩歌在《時事新報》上發表的時候，胡適曾在《週刊評論》上撰文批評郭沫若的新詩寫法。「現在報刊所載的許多新詩讓人不滿。我研究起來，發現它們患有同樣的毛病。那就是用抽象的題目和進行抽象的寫作」（《談新詩》，1919.10《週刊評論》）。

從《立在地球邊上放號》和《晨安》這兩首詩歌的寫法上看，的確與胡適所提倡的「越具體越有詩趣」（出處同前）的寫法形成對比。在，《立在地球邊上放號》裡，立秋二百十日前後的颱風、兇暴無比的太平洋、鋪天而來的巨浪、地球等等沒有一樣不是氣勢規模磅礴宏大的意象。而在《晨安》中，四大海（大西洋、太平洋、印度洋和紅海）、兩大山脈（帕米爾、喜馬拉雅）、五條大江（揚子江、黃河、尼羅河、蘇黎士運河、恒河），此外還有金字塔、萬里長城、五大偉人的名字（華盛頓、林肯、達爾文、惠特曼、泰戈爾）和五個國家的國名（俄羅斯、愛爾蘭、比利時、日本、中國）等等大型意象羅列在 38 行詩中。

然而，這種既沒有情節上的起承轉結、又不見感情表達的緩衝地帶和高潮的詩歌，在當時爲什麼會緊緊地抓住青年讀者們的心呢？郭沫若的詩很長一段時間甚至被稱爲「青年的聖經」〔註 7〕，那些詩群裡究竟隱藏著什麼樣的信息密碼呢？

與郭沫若同時代的詩人朱湘曾經這樣論述過《女神》。他指出：「我們看郭君詩的時候，覺得很緊張。構成這種緊張之特質，有三個重要份子：單色的想像，單調的結構，對一切『大』的崇拜。崇拜『大』的人自然成了泛神論者。我便是自然，自然便是我。泛神論和自我主義並存於郭君的詩中」〔註 8〕。

毋庸置疑，朱湘所說的「緊張感」是對《女神》的褒義性評價，或曰一種藝術性評價。朱湘將這種閱讀緊張產生的原因歸咎於作者郭沫若對大的東

〔註 7〕 佐藤富子：〈回歸支那以後的郭沫若〉，日本 1938 年《新女苑》第 4 號。

〔註 8〕 朱湘：《詩話》，上海良友圖書印刷公司，1935 年 8 月 30 日初版《中國新文學大系 8・詩集》，第 24 頁。

西的憧憬。實際上，郭沫若的這種對大的東西的憧憬，是當時中國人的共通心態。

對於這種具有時代特徵的「國民心理」，詩人兼散文大家朱自清作出的解釋頗有說服力。他說：「辛亥革命傳播了近代的國家意念，五四運動加強了這意念。可是我們跑得太快了，超越了國家，跨上了世界主義的路。詩人是領著大家走的，當然更是如此。這是發現個人、發現自我的時代。自我力求擴大，一面向著大自然，一面向著全人類」〔註9〕。

朱自清的這段話至少從側面證實了郭沫若創作《女神》時期顯露出來的對博大的崇尚是五四時代的產物。在「白話的傳統太貧乏，舊詩的傳統太頑固」的國內詩壇，「自由詩派的語言大抵熟套多而創作少，境界也只是男女和愁歎，差不多千篇一律」(《新詩的進步》)。有什麼才能塡補劇變的時代步伐和國民心理之間的距離呢？總體意義上的自我的擴張既然已經超越國家民族的概念而「跨上世界主義的路」並向著無限發展，那麼，一種崇尚博大的志向必然與這種特殊環境下產生的群體意識相吻合。筆者認爲，這就是郭沫若的「雄渾的大詩」當時得以風靡五四時期中國新詩壇的社會基盤。

第六節　愛國主義精神是《女神》中奔騰的血液

其實，《女神》中流露出來的作者對祖國的一腔深情並非赴日留學以後才產生的。作者從四川的樂山，出夔門下長江，經天津到北京，出山海關繞道朝鮮再東渡日本，不遠路遙到海外留學本身，選擇的就是一條「學一點醫，來作爲對於國家社會的切實貢獻」(《我的學生時代》) 的救國之路。「富國強兵」以及實用主義作爲五四以來的流行思想影響了幾乎所有的中國青年，使他們中間的許多人作出赴日本，去歐洲或去美國學習科學技術的重大人生選擇。

那麼，創作《女神》時期郭沫若的愛國主義思想與留學日本又有什麼聯繫呢？過去的研究多把郭沫若在 1920 年 3 月 30 日致宗白華的信中說的「我們在日本留學，讀的是西洋書，受的是東洋氣」(《三葉集》第 165 頁) 這段話用來解釋上述關係。其實，郭沫若在 1955 年 12 月率中國科學代表團訪日時所做的一段談話中對此有所提及。這段話乍看與文學作品的文本研究別無

〔註 9〕朱自清：《新詩雜話》，1965 年 3 月香港太平書局印行。

關係，但筆者認爲它牽涉到貫穿《女神》這部詩集的濃厚的愛國思想是在怎樣的環境中培育起來的這一極爲重要的問題，故介紹如下。

1955 年 12 月，郭沫若以中華人民共和國科學院院長的身份率領中國科學代表團重訪了 18 年前秘密逃離的日本。在歷時 25 天的訪問中，他於 12 月 27 日這天訪問了他的母校九州大學，並在醫學部的中央禮堂面對自己的恩師和 3 千名大學生講了這樣一段話：

> 「我雖然對醫學是學而無成，在老師和同學面前感到非常慚愧，但是，我從我的母校，從母校的老師們那裏學到了很多很重要的東西。」「首先我學到的，就是愛國主義的精神。」「我們當時的老師們雖然主要的是向我們進行醫學的教育，可是在進行醫學教育當中，不知不覺就讓我們體會到了——深切地體會到愛國主義的精神的教育。我體會到了崇高的愛國主義的精神，因此我也就學會了愛我的祖國。爲了我的祖國能夠從以前的悲慘的命運中解放出來，就是貢獻我自己的生命，我也是心甘情願的」。〔註 10〕

講演詞雖然聽上去有點空洞，但當時的郭沫若除了政治家的立場以外，他同時還以九州大學畢業生的身份面對昔日恩重如山的師長。我們可以將他在日本各地的巡迴演說看成是新中國交給他的一項政治任務，但絕沒有任何根據和理由來懷疑他對待自己母校感情的純真。他說從日本的大學教育學到了很多東西。這「很多東西」實際上除了用科學的方法觀察自然、觀察社會現狀的客觀態度和尊重科學眞理、熱愛和平的精神之外，還應該包括廣義的醫學道義在內的愛國主義精神。郭沫若在校期間由於嚴重的耳疾而顯得比別人更加敏感。當時日本的帝國大學裡普遍進行的「愛國主義教育」〔註 11〕對留學生的他來說無疑會成爲一種刺激。

〔註 10〕劉德有：《隨郭沫若戰後訪日》，遼寧人民出版社，1988 年出版。

〔註 11〕郭沫若大學入學的 1918 年 10 月 4 日，九州帝國大學大正七年度新生入學宣誓儀式在校内圖書館舉行。文部大臣直接任命的九州帝大總長致了告辭，現將有關内容摘要譯出。「本校毋庸置疑爲帝國最高學府，以爲社會各行各業培養領導人材，故學子不以學術技藝的鑽研一項爲足。於德操人格方面必嚴於己，爲國民之儀表。新入本學府醫科或工科，猶如兵士響應動員令赴戰場。國家期待諸學子各自在自己所屬專業立殊勳建功名，希冀諸君在學問之道發奮圖強，日夜兼程，不以一名醫生、一名技師或者某一家庭爲足，而時刻以國家觀念爲懷約束自己，身體力行，先嚴於己而後嚴於人，加強組織能力最後大成於將來（九州大學《大學史料叢書》第 2 輯，第 50 頁）」。

生活在蔑視和歧視中國人的日本社會，郭沫若的自尊心經常受到傷害。爲了達到學成歸國的目的，他將這一切都深深地埋藏在心底。然而，一旦到了忍無可忍的時候，再加上外部環境的影響，他也會一反常態而參加排日或反日的行動。這樣的情況在他身上發生過好幾次。第一次是在 1914 年到日本留學後的頭一個夏天，他在房州北條的海岸目睹日本軍艦時禁不住在腦子裡描繪出甲午海戰的情形，曾吟詩表達過自己憂國之心：

飛來何處峰？海上布艨艟。
地形同渤海，心事繫遼東。

——《自然的追懷》

第二次是 1915 年 5 月從日本報刊上獲知日本政府強迫中國政府接受喪權辱國的對華二十一條並發出最後通牒一事後迅速做出的反應。參加留學生集體歸國請願的反日學潮之時曾做過這樣一首詩：

哀的美頓書已西，衝冠有怒與天齊。
問誰牧馬浸長塞，我欲屠蛟上大堤。
此日九天成醉夢，當頭一棒破癡迷。
男兒投筆尋常事，歸作沙場一片泥。

——初出《創造十年》

可以看出，郭沫若在這首詩中表達的是一種男兒投筆從戎，爲保衛祖國誓與侵略者拼死的決心。這對置身海外的一介留學生來說，有如此深厚的愛國之情，堪稱難能可貴。

郭沫若在日本留學期間第三次將自己的愛國熱情化爲具體的行動，是在五四愛國運動爆發的 1919 年的夏天。五四愛國學生運動迅速波及全國，並發展成爲全國性大規模工人和市民反日、排斥日貨的示威運動。五四運動高漲的反日熱潮很快就影響到了海外的留學生。他們又一次掀起了集體歸國聲援的大學潮。郭沫若雖然這次並沒有加入留學生歸國的行列，但他卻有著自己想幹一番轟轟烈烈大事業的計劃。

據《創造十年》和《覓進文藝的新潮》（初出《文哨》1-2，1945 年），在國內五四運動爆發的一個月後，以郭沫若爲首的日本九州帝國大學醫學部的數名中國留學生聚集在一個名叫夏鼎禹的同學家中商議國家大事。他們根據郭沫若的提議，正式成立了當時西日本第一個愛國留學生組織，並命名爲「夏社」。他們湊錢買油印機，從日本各大報刊雜誌收集有關侵略中國的言論和資料並把他們譯成中文，或者親自撰文寄往國內學府及新聞傳媒機構（《創造十年》）。爲了及時瞭解國內排日反日民眾運動的發展動向，他們還以「夏社」的名義向國內定購了一份當時國內十分有名的《時事新報》。而「夏社」的中心人物郭沫若，就是在當時的《時事新報》副刊《學燈》上第一次讀到中國現代口語新詩的。躍躍欲試的好奇心促使他將原來並無發表之意的嘗試之作投寄給《學燈》，並使他日後獲得了在新詩壇成功的機會。可以說郭沫若這個詩人的名字，是在 1919 年 9 月以後很短一段時間內頻繁地出現在《學燈》上而迅速爲人所知的。有了《學燈》編輯宗白華這樣的理解者，使得郭沫若獲得了他一生中第一次將自己對祖國的一腔熱情以詩歌的形式噴發的良好機會。

作品中流露出來的愛國主義激情，就像血液一樣流遍《女神》全身。我們可以通過《鳳凰涅槃》《地球，我的母親！》《爐中煤》《匪徒頌》《巨砲之教訓》《黃浦江口》等詩作，特別是通過《女神三部曲》（《棠棣之花》《湘累》《女神之再生》）讀出這種明顯的思想傾向。《女神三部曲》這三部早期劇作足以顯示出郭沫若的史劇創作上的特徵。這種雖然題材取自歷史，但登場人物不拘泥於史實儘管說自己想說的話。這種郭沫若式史劇寫法的藝術價值究竟如何暫且不論，我們不得不承認它們是把握《女神》創作時期作者創作思想的非常有價值的材料。因爲在這幾部早期創作的劇作（包括詩劇和史劇）中，我們可以讀到作者郭沫若留日期間寄予祖國的深切思念之情。

下面讓我們來看被稱爲郭沫若早期劇作三部曲的《棠棣之花》《湘累》《女神之再生》。由於篇幅的關係，儘量迴避大段原文的引用。

郭沫若早期劇作三部曲的第一部《棠棣之花》脫稿於 1920 年 9 月 23 日，是一部取材於戰國時代故事的獨幕劇。雖然故事情節只有聶政因痛恨韓相俠累無道而受命行刺和臨行前與姐姐聶嫈在母親墓前告別的場面，但作品借女主人公之口唱出「蒼生久塗炭，十室無一完。既遭屠戮苦，又有飢饉患」的現實黑暗，其原因是由於「富者餘糧肉，強者鬥私兵」。

第二部劇作《湘累》（1920 年 12 月 27 日脫稿）雖然寫的是古代遭貶謫的愛國詩人屈原，但按作者自己透露，「實際上就是夫子自道。那裡面的屈原所說的話，完全是自己的實感」（《創造十年》）。也就是說，是作者借屈原之口，在表達自己對「混沌之世」的不滿和憤懣。

第三部劇作《女神之再生》（1921 年 1 月 30 日脫稿）以中國古代神話中的女媧煉五色石補天的故事爲內容，寫共工與顓頊爭奪王位，共工告敗而「怒觸不周山，天柱折，地維絕」，而女媧則以五色石補天。

如果這部劇作不僅僅止於古代神話的改寫，那麼郭沫若又想藉此說些什麼呢？在《創造十年》第四章裡，郭沫若這樣寫道：

> 《女神之再生》是象徵著當時中國的南北戰爭。共工是象徵南方，顓頊是象徵北方，想在這兩者之外建設一個第三中國——美的中國。

毫無疑問，劇中有關共工和顓頊之間的權力紛爭是作者對當時國內軍閥混戰的非難。軍閥們只知道爲地盤爲權力你爭我奪，內戰使得中國變得遍體鱗傷。要想期待軍閥們停止打仗是不可能的。既然如此，還不如另建一個人間。筆者認爲，這就是郭沫若在《女神之再生》中提出來的思想。然而，儘管作者在作品中疾聲呼籲再創造一個美的中國，但他卻沒有對應該創造一個什麼樣的中國和新建的中國將美在何處等等進行進一步的描繪。

《女神之再生》這部劇作的開頭引用的是歌德寫在《浮士德》中的著名詩句，其中有一句郭沫若譯爲「永恒之女性，領導我們走（das Ewigweibliche／zieht uns hinan）」這句詩究竟是什麼意思？筆者認爲，郭沫若本人對此問題的認識正好說明 1920 年創作《女神之再生》這部劇作時的思想狀況。對「永恒之女性，領導我們走」這句話，郭沫若作出如下解釋：

> 大體上男性的象徵可以認爲是獨立自主，其流弊是專制獨裁；女性的象徵是慈愛寬恕，其極致是民主和平。以男性從屬於女性，即是以慈愛寬恕爲存心的獨立自主，反專制獨裁的民主和平。這應該是人類幸福的可靠保障吧〔註 12〕。

郭沫若的話，無疑爲我們解開了爲什麼他要將歌德的名言「永恒之女性，領導我們走」裝飾在《女神之再生》這部詩劇扉頁這個謎。我們從這段話裡知道，郭沫若所說的「領導我們走」的，實際上是「慈愛寬恕」和「民主和平」而不是其它。可以說這顯示出 1920 年前後郭沫若認識發展的階段性。那時，在他的腦子裡，階級意識並沒有占上風。左右他的思想的往往是孰善孰惡的判斷，有時甚至顯示出相當濃厚的無政府主義傾向。

那麼，愛國主義思想又是以怎樣的姿態出現在郭沫若的新詩裡的呢？

〔註 12〕郭沫若：〈「浮士德」簡論〉，《中國作家》月刊創刊號 1947 年 10 月。

下面請看幾首表現了這種主題的代表作。

啊，我年青的女郎！
我不辜負你的殷勤，
你也不要辜負了我的思量。
我爲我心愛的人兒
燃到了這般模樣！

啊，我年青的女郎！
你該知道了我的前身？
你該不嫌我黑奴鹵莽？
要我這黑奴的胸中，
才有火一樣的心腸。

啊，我年青的女郎！
我想我的前身
原本是有用的棟樑，
我活埋在地底多年，
到今朝總得重見天光。

啊，我年青的女郎！
我自從重建天光，
我常常思念我的故鄉，
我爲我心愛的人兒
燃到了這般模樣！

——《爐中煤》

郭沫若在《創造十年》第四章中這樣寫道：「五四以後的中國，在我的心目中就像一位很蔥俊的有進取氣象的姑娘，她簡直就和我的愛人一樣……眷念祖國的情緒的《爐中煤》便是我對於她的戀歌」。

《爐中煤》這首詩可以說是一首純愛情詩。但是，這首作品因爲自初次發表就帶有「眷念祖國的情緒」這一副標題，故被喻爲「很蔥俊的有進取氣象的姑娘」的應該指作者的祖國。詩中，郭沫若同時把自己比喻作「埋在地底多年」的有用之材，就像地底的煤一樣一直未能爲祖國所派上用場。然而，自從五四以後，這樣的「我」得以「重見天光」，現在終於到了該爲祖國發揮作用的時候了，所以「我」要爲我所愛的祖國拼命燃燒。

《鳳凰涅槃》是郭沫若 1920 年 1 月寫下的帶有史詩風格的宏偉之作。其中除《序曲》外，還包括《鳳歌》《凰歌》《鳳凰同歌》《群鳥歌》和《鳳凰更生歌》五篇。1920 年 1 月 30 日和 31 日兩天第一次連載發表在《時事新報》副刊《學燈》上時是一首 246 行的長詩。說它帶有史詩風格，是根據它通篇以敘事爲主這一重要特徵所下的結論。這首長詩不但有序詩，有故事的展開，而且還有情節的高潮。準確地說，作品中的主人公鳳凰是古代阿拉伯半島神話中的不死鳥菲尼克司（phoenix）和古代中國民間傳說中的鳳凰之混合體。這種作爲中外文化的融合體的鳳凰自然帶有中外異文化的性格。它不但具有「非梧桐不棲，非竹實不食」(《詩經》《大雅・生民篇》)，「非醴泉不飲」(《莊子》《秋水》) 的孤傲，又有五百年以後集香木自焚，並在烈火中獲得新生的膽量和勇氣。郭沫若在詩歌中借用鳳凰自焚於死的灰燼中並獲得永生的古代神話，我們將它理解爲象徵了五四時期中國封建社會的崩潰和民主中國的新生。

啊啊！
火光熊熊了。
香氣蓬蓬了。
時期已到了。
死期已到了。
身外的一切！
身內的一切！
一切的一切！
請了！請了！

——《鳳凰同歌》

這是象徵高貴的香木熊熊燃燒，鳳凰投身烈火之前的歌，如同唱出了即將奔赴疆場的勇士無比悲壯的心情。鳳凰既在烈火中死，也在烈火中蘇生。烈火會焚毀過去的一切，因爲它是摧毀力的象徵。因爲一度自焚而死的鳳凰必定會在烈火中再生，所以烈火同時又是新的生命誕生的必要條件。在此，作者似乎在傳遞給讀者某種暗示，即社會必將發生脫胎換骨性質的變革。

昕潮漲了，
昕潮漲了，

死了的光明更生了。

春潮漲了，
春潮漲了，
死了的宇宙更生了。

生潮漲了，
生潮漲了，
死了的鳳凰更生了。

我們更生了。
我們更生了。
一切的一，更生了。
一的一切，更生了。
我們便是他，他們便是我。
我中也有你，你中也有我。
我便是你。你便是我。

——《鳳凰更生歌》

鳳凰再生的時間，被設定在滿潮的黎明。漲來的潮水、從地平線冉冉升起的紅日、春潮攜來的生命氣息，在這無以數計的新生命誕生之際，鳳凰也獲得了新生。《鳳凰涅槃》的展開到了《鳳凰更生歌》便迎來了整首作品的最高潮。到此，詩人不再僅僅爲鳳凰而歌唱，而開始說他眞正想說的話。

我們更生了。
我們更生了。
一切的一，更生了。
一的一切，更生了。
我們便是他，他們便是我。
我中也有你，你中也有我。
我便是你。你便是我」。

應該指出，郭沫若在此所說的「一切」這個概念，超越了一般個人意義上的你我他（她）。它變成了一個既包括你們，也包括我們和他們的群體概念。關於這一點，周揚 1941 年在延安時指出過：「自我的歌頌，民族的歌頌，大眾的歌頌，這三者融合爲一，構成了他（郭沫若——筆者）的詩的內容」

〔註 13〕。郭沫若在《鳳凰涅槃》中設定的生存環境，在鳳凰自焚之前和獲得新生之後發生了巨大的變化。從這種明顯的變化，我們可以看到作者是如何地憎恨現世和如何地寄希望於未來。

在此不妨整理一下有關鳳凰自焚之前生存環境的 15 個意象：

死期　黑暗　枯槁　陰穢　腥穢　衰敗　煩惱　寂寥　冷酷　活動著的死屍　屠場　囚牢　墳墓　地獄　哀哭

接下來再整理一下有關鳳凰獲得新生之後生存環境的 15 個意象：

更生　光明　新鮮　華美　芬芳　和諧　歡樂　生動　熱忱　雄渾　自由　恍惚　神秘　悠久　歡唱

對比的結果一目了然。前 15 個意象象徵著黑暗，而後 15 個意象則代表著光明。前後總體上所指基本相對。前者如果說是郭沫若對當時中國社會的素描，那麼後者則是他在頭腦中勾勒的理想王國的輪廓。所以，郭沫若在《鳳凰涅槃》中描寫的鳳凰更生的過程，小而言之，可謂作者對舊我進行否定和對即將誕生的新我進行肯定的過程。大而言之，則可視爲在舊社會的徹底崩潰之中迎接新社會誕生這一社會進化的過程。

下面再看《匪徒頌》。

提起敢於和善於寫翻案文章，郭沫若無論是作爲史學家還是作爲文學家，在中國現代史上都享有盛名。根據《創造十年》文中所述，1919 年 5 月以後，日本的幾家主要報刊開始在對中國的排日民眾運動的頻繁報導中誹謗北京大學生的示威抗議遊行，並漫罵參加學潮的中國學生爲「學匪」。留學生郭沫若在讀到日本報刊的歪曲報導後，出於義憤於 1919 年年底寫下了《匪徒頌》這首著名的詩歌。

筆者查閱了 1919 年郭沫若在福岡可能讀到的日本全國發行和各地方發行的報刊（《朝日新聞》《每日新聞》《福岡日日新聞》《九州新聞》等等），證實了郭沫若所言不假。當時的日本報刊的確曾經對中國發生的五四運動、學潮、以及北京上海等地市民掀起的抵制日貨運動進行了連日跟蹤報導。當時的報刊現在大多以微縮膠片的保存下來，這類報導的內容主要是中國的大學生在全國範圍內舉行大規模的示威遊行和罷課上街砸毀日貨。文中「學匪」這個刺目的詞可謂俯拾皆是。當時郭沫若等人在位於福岡的九州帝國大學醫學部

〔註 13〕周揚：〈郭沫若和他的「女神」〉，1941 年 11 月 16 日延安《解放日報》第 4 版。

結成留學生愛國組織「夏社」，正在爲配合國內的排日反日民眾運動而大量收集有用的報刊資料。在這樣的情況下，郭沫若看到了日本新聞媒介對國內學生運動的誹謗當然不會等閒視之。

下面，爲了進一步證明郭沫若創作《匪徒頌》這一作品的背景的眞實性，筆者特意將當時日本三大報紙之一的《每日新聞》（大阪版是總社印刷的全國版，故在此專引大阪版）1919 年 12 月 21 日刊載的題爲《支那「學匪」之取締——對支那「學匪」之放縱必將危及日支國交》的有關報導摘要譯出。

> 支那之排日運動，除去「愚狂」二字則無可形容。儘管吾輩屢屢嚴正警告之，然其風潮日盛，學生之排日運動，以至帶有兇惡性質……（中略）學生們行動之兇惡殘暴程度與日俱增，或視日本爲敵國欲與交戰，嚎叫與日本國斷絕經濟之交往，抵制日貨做好宣戰之準備云云。學生們還叫囂欲抵制日本國，第一不接受日幣，第二不對日出口糧食，第三不供給日本資源不購買日貨，……如此這般，侮友邦，毀條約，對本帝國挑戰之行徑，非攪亂和平之「學匪」暴動何也？
>
> 對其冠以「學匪」之名，是等不應有所不服。對內不遵章守法，擾亂秩序，危害治安，傷人性命毀其家財，對外叫嚷斷絕國交，企圖挑起戰爭。如此企圖不靠正當機關而玩國家命運於股掌之間之行徑，非匪賊之行徑何也？是等乃學生，稱之爲「學匪」又有何不可？既然是等學生團體出沒施暴於全中國各地，謂之「學匪之暴動」，又有何不可！
>
> ——《每日新聞》（大阪版）1919.12.21

完全可以想像郭沫若在讀到如上被賦有特殊含意的「學匪」二字的時候受到了多大程度的刺激。他的思路十分清晰，如果爲了爭取祖國的獨立和民眾的自由而掀起學潮的大學生們眞的是「學匪」的話，那麼迄今爲止促進人類社會進步的「匪賊」豈不是大有人在？所以，只要是維護正義的、於社會進化有益有貢獻的人物，即便他們被敵人漫罵成「匪賊」也應該給予高度的評價。筆者認爲，這就是郭沫若創作《匪徒頌》這首詩歌時的心態和思路。

《匪徒頌》這首詩正如聞一多所說，由「單色的想像」和「單調的結構」

構成。這種讀後無不使人感到過於單調的詩，似乎 6 小節共 37 行詩裡，除了列出的 18 名古往今來的偉人和他們的「罪名」以外，就只剩下 18 個「萬歲」加上 18 個驚歎號。

筆者針對郭沫若的這首著名的詩歌略有不同見解。當然這主要是針對它的形式而言。筆者認為，與其將《匪徒頌》視為一首完整的詩歌藝術品，還不如說它是一篇假借自由體詩歌縱排形式的檄文更恰當。既然如此，那麼郭沫若在《匪徒頌》中究竟想論說些什麼呢？

由於這首作品 6 小節採取完全相同的形式，故我們在此只須考察第一小節便可管中窺豹。

> 反抗王政的罪魁，敢行稱亂的克倫威爾呀！
> 私行割據的草寇，抗糧拒稅的華盛頓呀！
> 圖謀恢復的頑民，死有餘辜的黎塞爾呀！
> 　　西北南東去來今，
> 　　　　一切政治革命的匪徒們呀！
> 萬歲！萬歲！萬歲！
>
> ——《匪徒頌》

第一小節裡讚頌了三名「匪賊」。他們是英國 17 世紀資產階級革命的領袖人物奧利弗・克倫威爾、美利堅合眾國的建國之父喬治・華盛頓、和彈劾西班牙殖民政治推進菲律賓獨立運動的愛國詩人 J・黎薩爾。接下來在以後的五小節裏從「倡導社會改造的狂生」羅素、「妖言或眾的」弗郎西斯・戈爾棟和「亙古大盜」列寧到「倡導涅槃邪說的釋迦牟尼」、「禽獸一樣的墨家巨子」、「開創邪宗的馬丁・路德」、「離經叛道」的哥白尼、「毀宗謗祖」的達爾文、「欺神滅像」的尼采、「醜態百出」的羅丹、「饕餮粗笨」的惠特曼、「不得善終」的托爾斯泰、「不安本分」的盧梭、「無賴漢」裴斯泰洛齊和「亡國奴」泰戈爾，對他們這些被世人視為偉人的人物進行了羅列。郭沫若是以嘲弄和嗤笑的口吻寫這首詩的。不是嗎？在這些世界偉人活著的時代，他們不也是被人漫罵誹謗為「匪賊」嗎？結果怎麼樣呢？人類社會的進化不正是靠他們才得以實現嗎？這首詩是用中文創作、并且發表在國內報刊上的。它的讀者只能是作者的同胞而不會是日本人。留學生郭沫若通過這首詩想要傳達給國內青年讀者的是一種理解和支持。它彷彿在對青年學生們呼籲：不要為漫罵所嚇倒，人類社會發展要靠你們去推動！

以上，爲了尋找《女神》與五四時代精神之間的某種內在的關聯，通過對五四時期中國新詩壇的發展動向以及代表詩人的作品（創作時間大致與《女神》相同）比較，從「光明禮贊詩群」、「解放了的自我意象」和「愛國主義精神」這三個層面對郭沫若的《女神》進行了分析。由於橫向涉及事例較多而篇幅較大。現將其主要意旨簡單歸納如下。

1、《女神》所表現的，五四時期包括個人和群體在內的中國人的自我覺醒、和對自由及個性解放的渴望。在五四時期的中國，個人的自由和思想解放與民眾強烈要求的中華民族的獨立和解放緊密相聯。此乃五四時代精神的核心，同時也是郭沫若在《女神》中對民眾呼籲的最重要的思想。

2、《女神》中所流露的厭世情緒和郭沫若個人的精神苦悶，反映了五四時期國內青年在自由民主運動發展過程中遭受軍閥政府鎮壓後精神上受到的挫折和心靈苦悶，而《女神》中對光明的追求和讚美卻是五四運動退潮時期國內青年在黑暗中對未來的憧憬和對光明的企盼的直接表現。正如詩人何其芳所指出的，《女神》「強烈地表現了當時中國人民、尤其是青年知識分子對祖國新生的熱望、表現了他們的革命精神和樂觀主義精神」（《詩歌欣賞》、《何其芳文集》第 5 卷，第 442～443 頁）。

3、《女神》中對權威的反抗叛逆和對摧毀力的誇示表現了五四時期已經覺醒並具有獨立人格的人的「自我」、和欲擺脫殖民地命運的中華民族的力量和渴望獲得新生的頑強生命力。它對國內五四運動低潮時期在精神上受到挫折、在人生道路上躑躅彷徨、失落了在黑暗中奪取光明之信心的眾多青年從精神上給予了極大地鼓舞，並給他們指引了一條「先破壞後創造」的振救祖國同時振救自己的道路。

第七節　千姿百態的博多灣是《女神》誕生的搖籃

郭沫若正式進入九州帝國大學醫科分科大學留學的日子是 1918 年 9 月 10 日。至於從岡山六高畢業時爲什麼選中了九州帝國大學，他本人在 1942 年談到「是因爲有元時戰跡而選入九大的」（《追懷博多》）。此外，1955 年訪日期間在母校九州大學講演時也提到了這一段往事。他說：「我沒去東京大學和京都大學而來九州大學是有原因的。博多自古是日本的港口。從奈良、平安時代起，日本人去中國就是從博多出發的。博多與中國淵源甚深。這就是我爲什麼選擇九州大學的原因」〔註 14〕。

前面已經提到，郭沫若將他寫於博多灣的新詩幾乎全部收進了《女神》和《星空》這兩部詩集。在筆者看來，博多灣這一郭沫若詩歌創作的舞臺或博多灣的自然風物，與郭沫若的詩歌作品大體上構成以下兩種關係。

首先，作爲謳歌的對象之一在作品中直接登場。其次是構成詩人進行自由聯想時的媒介。前者如《抱和兒浴博多灣中》《霽月》《晚步》和《晴朝》，此類雖然在《女神》中所佔比例甚小，但卻大量出現於《星空》。類似《浴海》《立在地球邊上放號》《梅花樹下醉歌》《太陽禮贊》《新陽關三疊》和《巨砲之教訓》等後一類作品構成《女神》的主流。博多灣春天和夏天的大海、悠悠的白雲和湛藍的天空投射到詩人郭沫若的視網膜上，孕育出了一大批以太陽崇拜和太陽禮贊爲主題的光明讚歌。「二百十日」期間博多灣洶湧澎湃的滔天海浪，讓郭沫若獲得了一種強大的、從未有過的生命力感受，並使他寫出了《立在地球邊上放號》這樣氣勢磅礴的「大詩」，爲當時的中國新詩壇同時注入了「破壞」和「創造」這兩種精神。可以說郭沫若就是在這種四季變幻無常的博多灣的大自然中不斷地汲取養分（獲得創作素材），而且不斷地受到外部世界的刺激所帶來的暗示和啓迪（創作熱情和靈感）的。郭沫若身在博多，感覺卻在中國古代的偉人英雄的世界，在泰戈爾、雪萊、惠特曼的世界遨遊。儘管郭沫若的專業是醫學，但他有著少年維特般纖細敏銳的感受性。他崇敬中國古代偉人孔子、老子、莊子和王陽明、西洋的拿破侖、斯賓諾塞和歌德並在想像的世界和他們對話勾通。他總是在生與死、黑暗與光明、正義與僞善、愛與恨這些人生重大命題上煩惱和苦悶。爲此，他不停地向眼前博多灣的自然尋求答案。他甚至有感於博多自然風物之一的太宰府天滿宮的梅花，寫出：

假使春天沒有花，
人生沒有愛，
到底成了個什麼世界？
……

——《梅花樹下醉歌》〔註 15〕

〔註 14〕同注 10。
〔註 15〕陳永志：《論郭沫若的詩歌創作》，上海外語教育出版社，1994 年 6 月出版，第 50 頁。

那樣通往理想世界的愛的不朽之作。

通過作品本體論及《女神》的創作過程這兩個視角的研究，我們已經瞭解到郭沫若在創作《女神》的高峰時期（1919 年秋至翌年初夏）精神上處於極不穩定的狀態。五四運動爆發後，他除了在九州帝國大學醫學部內組織「醫學同志會」（《1920 年 1 月 18 日致宗白華的信》）以外，還結成愛國留學生團體「夏社」，收集能夠揭露日本侵華狼子野心的資料譯成中文後寄往國內報刊雜誌。迄今爲止，已經發現當時「夏社」成員投往國內的稿件中有好幾篇都是郭沫若執筆。從這一點看，當時的留學生郭沫若不僅僅是一位詩人，而且還是身在異國相當活躍的愛國主義者。只有認識到這一點，才可能找到解答爲什麼郭沫若的「自我」的背後，總是映著民族和祖國巨大身影這一疑問的關鍵。

在本章節的開端，筆者曾經在根據《女神》時期的創作手法對同時期郭沫若的詩歌作品群進行嘗試性再分類時就指出過，郭沫若在博多留學期間的詩歌創作主要運用了兩種手法。其一是渲染出浪漫主義英雄主義氛圍的「自由聯想式」創作手法，其二是與之形成鮮明對比的寫實手法。這個問題許多牽涉到郭沫若和博多灣的關係，以下重點考察有關作品。

先看《女神》中收錄的作品。背景和表現舞臺非博多者除外。

《登臨》這首詩在《女神》初版本裡被作者歸入「泛神論之什」一類，並有副題作「獨遊太宰府」。內容大體上屬於遊記性質。記錄了作者在博多灣的梅花園名勝的所見。天滿宮中的銅馬馴鴿清池紅鯉以及作者登山時的感慨。忽而陶醉在美麗的自然裡，忽而又猛然把自己拉回到現實之中。

我的安娜！我的阿和！
你們是在家中嗎？
你們是在市中嗎？
你們是在念我嗎？

作者直吐胸臆，就連妻兒的眞實姓名都直接出現在作品中。聯想到當時箱崎海岸偌大一片松林裡車夫悠然哼著小調駕著馬車得得駛過的牧歌般的景致，海浪拍岸的嘩嘩聲聽來也像在述說「平和！平和！」（日語中「平和」一詞意爲和平，發音爲「heiwa」，與海浪拍岸聲近似）。

《春之胎動》再現了國內五四運動低潮時期作者的一種倦怠感。

獨坐北窗下舉目向樓外四望

春在大自然的懷抱中胎動著在了！
樓下一隻白雄雞，戴著鮮紅的柔冠，
長長的聲音叫得已有幾分倦意了。
……
海上吹來得微風才在雞尾上動搖，
早悄悄地偷來吻我的顏面，又偷跑了。
空漠處時而有小鳥的歌聲。
幾朵白雲不知飛向何處去了。

這種時候，自然中雖不乏色彩的變化，但作者的情感卻不大爲之大幅度波動了。這段時間郭沫若還寫了一些詩歌，像《日暮的婚筵》《晨興》《晴朝》和《霽月》等，既有對博多灣牧歌般自然的描寫，也有包括作者及其家屬親自登場的生活寫實。

這一類博多灣爲背景寫實的作品雖然在《女神》中屬於鳳毛麟角，但卻大量地出現於第二部詩集《星空》。本章節著重研討《女神》的問題，故在此暫不對出現於《星空》中的此類作品作進一步的論述。下面僅將這一作品群的題目列出。

《南風》（1921.10.10）　《白雲》（1921.10.13）
《新月》（1921.10.14）　《雨後》（1921.10.20）
《天上的街市》（1921.10.24）　《冬景》（1921 冬）
《夕暮》（1921～1922）　《偶成》（1922.8 前）
《靜夜》（1922.8 前）　《月下的司芬克司》（1922.8 前）
《苦味之杯》（1922.8.18 前）　《兩個大星》（1922 夏）
《石佛》（1922 夏？）　《暗夜》（1922 夏）

第八節　考察《女神》的新視角 ——同時期新舊體佚詩及《三葉集》

直至郭沫若 1978 年去世截止，與《女神》同一時期創作但未經作者親手收入任何詩集的新詩佚作總共有 14 篇（其中一篇爲劇作）。下面是這些佚作的題目。

《黎明》（詩劇）（1919.11.14《學燈》）

《解剖室》（1920.1.22《學燈》）
《抱和兒浴博多灣中》（1919.9.11《學燈》）
《芬陀利華》（1920.1.29《學燈》）
《某禮拜日》（1919.10.20《學燈》）
《香午》（1920.9.7《學燈》）
《兩對兒女》（1919.10.18《學燈》）
《雷雨》（1920.9.7《學燈》）
《一個破了的玻璃杯》（1919.11.6《學燈》）
《葬雞》（1920.9.30《學燈》）
《風》（1919.10《黑潮》1-2）
《狼群中的一隻白羊》（1920.10.10《學燈》）
《箱崎弔古》（1919.11《黑潮》1-3）
《孤寂的兒》（1921.8.24《學燈》）

同一時期的舊體詩（包括五言絕句、律詩、古風等）大多出自《三葉集》和回憶文章《自然的追懷》。似乎不大有人在《女神》研究中使用這些資料。下面，為了避免概念先行的空論，筆者打算將這批資料作為理解《女神》的重要線索，同時依據收入《三葉集》中的20封信件，試從一個比較新的角度去考察《女神》。

首先，筆者想追究的問題有兩個。第一，《三葉集》中顯露出來的郭沫若的贖罪意識的深層結構與《女神》的關係究竟怎樣？第二，《女神》中郭沫若獨自的泛神論思想又是什麼？

先來看《三葉集》中郭沫若的贖罪意識。

我在青春的時候，
摘了一枝紫色的草花，
配了一皮濃厚的青草。
供在這個破了的玻璃杯中，
花草底精神是好！

花離了根，
草離了本，
破了的玻璃杯，
怎麼把水裝得飽？

莫有一夜的工夫，
花已憔悴了，
草已枯死了。

窗外得淒風夜雨，
助漲我淚湖裏的波濤。
死了的花魂草魂
還在我面前繚繞。
我守著這個破了的玻璃杯
　飽嘗著——
　懺悔的清羹，
　寂寥底滋味，
　悲哀底烹調。

——佚詩《一個破了的玻璃茶杯》

發表在 1920 年 2 月 4 日《時事新報》副刊《學燈》上的這首詩歌後面，作者標注的創作時間是 1919 年 11 月 6 日。從這個日期上，我們可以獲知這首作品寫於《女神》創作的最高峰期。然而不知何故，郭沫若一直都沒有將它收入《女神》或其它任何一部詩集。直至 1978 年郭沫若去世前三個月，這首詩才作爲鄧牛頓教授輯錄的《郭沫若「女神》集外佚文》中的一部分刊登在《南開大學學報》（哲學社會科學版 1978 年第 2 期）上重新出現在讀者面前。在這之前，除非讀過 1920 年 2 月 4 日的原始報刊《學燈》，一般的人可以說是不大知道這首作品的。至於研究界，除了陳永志教授一針見血指出過「這首詩可理解爲郭沫若婚戀生活的象徵」，似乎極少有人提及它的存在。

現在我們來看它的內容。如果說破了的玻璃杯象徵著郭沫若自己，而草花象徵著他的妻子，那麼他爲什麼非將自己喻爲破了的玻璃杯不可呢？既然玻璃杯已經破裂漏水，那麼插在杯中的草花就不可能成活多久。這種 A 連累 B 的邏輯思維的結果必然導致 A 的懺悔心境。筆者認爲搞清這兩點，對於正確理解郭沫若的這首《一個破了的玻璃茶杯》起著至關重要的作用。

1919 年 11 月左右，郭沫若和他的家人住在臨博多海灣的網屋漁村某一漁民家的二樓上。這段時期，他以僅夠一個人用的官費養活一家三口人。本來家計就捉襟見肘，加上這時妻子安娜又身懷六甲。郭沫若在翌年 1 月 18 日致宗白華的信中以舊體詩的形式這樣記錄了當時的家庭生活。

……
兒病依懷抱，
咿咿未能談。
妻容如敗草，
浣衣井之闌。
蘊淚望長空，
愁雲正漫漫。
欲飛無羽翼，
欲死身如癱。
我誤汝等耳，
心如萬箭穿。

——《春寒》

特別是結尾處的「我誤汝等耳，心如萬箭穿」這句詩，可謂意味深長。其實，郭沫若滿腔懊悔而自責並不是僅僅因爲自己連累了妻子，讓她吃盡了苦頭。他懺悔的眞正原因要比這複雜得多。郭沫若和他的日本妻子佐藤富子，經過熱烈的自由戀愛而自然結合。儘管同居後不久就有了孩子，生活也越來越貧困，但他們夫婦不論在岡山還是在福岡都是相濡以沫，恩愛不渝。這一點我們不僅可以通過《創造十年》等自傳中獲知，還可以從佐藤富子中年的回憶錄和晚年的答記者問得到確實的驗證。然而，他們二人從柏拉圖式精神戀愛發展到事實婚姻，對郭沫若來說一直有一個不可跨越的精神障礙沒有消除，而且在這種情況下又自己宣告了精神戀愛的徹底失敗而過於性急地走向了肉體的結合。郭沫若把那場和佐藤富子的精神戀愛視爲靈與肉的搏鬥。靈魂的失敗等於他的精神追求的失敗。這時候郭沫若可以說走到了否定自我的一端。他一次次因爲後悔不迭和自慚形穢而痛不欲生。在 1920 年 2 月 15 日致田漢的信中有如下重要記述。

我的罪惡如僅是破壞了戀愛的神聖——直截了當地說時，如僅是苟合！那我也不至於過於自遣。只是我還有件說不出來的痛苦。我在民國二年時，我的父母早已替我結了婚，我的童貞早是自行破壞的了！……我心中的一種無限大的缺陷，早已無可補寘的餘地的了。不料我才遇著了我的安娜。我同她初交的時候，我是結了婚的人，她是知道的。我也仗恃著我結了婚的人，所以敢於同她同居。

唉！我終竟害了她！（底線筆者）

就這樣，郭沫若與佐藤富子組成家庭以後不但沒有減輕從國內帶到日本的苦悶，反而又增加了一份對純潔無瑕的日本女性佐藤富子的罪惡感和對自己意志軟弱的悔恨。他吐露出當時急於向新交的朋友懺悔自己的過去的眞正目的是「我罪惡的負擔，若不早卸個乾淨，我可憐的靈魂終久困頓在淚海裡，莫有超脫的一日（1920 年 2 月 16 日致宗白華的信）」。和當時的許多進步青年一樣，郭沫若通過「讀西洋的書」接觸到西方文化並受到某種程度的影響。

對他（們）來說，像西洋的小說或偉人傳記裡所描述的那樣，懺悔可以沖刷掉過去的一切罪惡而使懺悔的人得到某種精神上的救贖。筆者把它視爲五四時期的進步青年爲了尋覓新的自我而向故我告別的一種比較流行的行爲方式。這種選擇由於基於對西方基督教文化的淺嘗輒止的領會和套用，而未眞正認識到封建故我的邪惡所在，所以只是暫時迴避了問題的表面化而並沒有從根本上解決問題。郭沫若也不例外。如果說他當時懺悔的主要是他自己意志的軟弱（例如對父母包辦婚姻的屈服、柏拉圖式戀愛的失敗等等），那麼得到拯救的他事後應該變得更加意志堅強。然而事實上並非如此。通觀他的一生，意志薄弱和易於滑向功利主義這兩點可以說是郭沫若人格上的致命硬傷。

再說佐藤富子，她明知郭沫若是有妻室的人還願意與他戀愛、同居，最後走向事實婚姻，是因爲她相信愛的力量會使郭沫若清算過去沒有愛情的包辦婚姻。安娜的家庭自她的父母一輩起就開始受到天主教的洗禮。生長在這樣的家庭裡薰陶成了她自由奔放的性格。她不會知道，也不大可能知道對一個生活在二十世紀初遵從父母之命媒妁之言結婚後的中國男人來說，在父母雙親健在的情況下離婚意味著什麼。當然她更不會理解那個時代的中國人的婚姻是由父母包辦，即便沒有愛情，也不能違抗父母之命，要不然他將終身戴上「不孝」這付沉重的精神鐐銬。要知道，對於男人來說，不孝即有悖社會倫理道德。這頂帽子將危及他的社會存在。另一方面，在「好女不嫁二男」的貞操觀念被奉爲美德的當時，女人如果被丈夫拋棄，那麼她唯一可以保全體面的出路就是自絕於人世。

正如田漢在《三葉集》中所說的一樣，如果郭沫若違抗父母之命拋棄糟糠和另外的女人構成事實婚姻一事「若公表出來，一定有人掩面卻走破口大罵的」(《1920.2.29 致郭沫若的信》)。之所以會被人「掩面卻走破口大罵」，那是因爲被罵的人違背了當時的既成道德而造成「有傷風化」。對此，我們從胡適 1918 年 7 月發表的題爲《貞操問題》的檄文所抨擊的事實，不難察知當時的一般中國人的頭腦裡被扭曲了的貞操觀念有多麼根深蒂固。胡適自五四運動之前就開始提倡男女平等、婚姻自由和女性的自立。他嚴厲地抨擊當時政府主辦的「表彰節烈活動」，指出：「以近世人道主義的眼光看來，褒揚烈婦烈女殺身殉夫，都是野蠻殘忍的法律」，「公認勸人做烈女，罪等於故意殺人」(《胡適文存》黃山書社 1996 年 12 月初版。第一集卷四《貞操問題》)。依照中國傳統儒學所主張的、從父權主義立場出發的「夫爲妻綱」的家庭社會倫理，做烈婦烈女，意味著必須像臣子效忠於帝王一樣，爲丈夫「守節」。即便夫亡或被夫拋棄，一生中絕對不能再嫁。這種濃厚的封建意識直至二十世紀初仍然陰魂不散。胡適所斥責當時政府對烈婦烈女殺身殉夫的行爲作爲一種美德來加以褒揚，正好從側面證實了這一歷史事實。到此，我們就有了足夠的理由相信郭沫若在《創造十年》中所說的，一直沒和糟糠之妻張瓊華離婚的理由是不願意逼得她自殺是事實。在自傳《黑貓》中，郭沫若承認最初的婚姻雖然是父母選定的，但他本人卻也是同意了的，故這件事算是他一生中應該要懺悔的最重大的一件。因爲他爲了追求戀愛和婚姻的自由卻使得另一個女性成了犧牲品。正是由於這個原因，郭沫若自與佐藤富子相愛同居以來直至 1937 年離散，儘管養育了五個孩子，但他卻一直沒有和自己的愛人辦理過正式的結婚手續〔註 16〕。筆者認爲，郭沫若的這種做法不外乎是他對糟糠之妻的一種強烈贖罪心理的表現。

然而必須指出，這決不是郭沫若 1919 年至 1920 年所持有的罪惡感和贖罪意識的全部內容。他的罪惡感實際上來自於兩方面。其一針對自己違背父母意志和傷害糟糠之妻的行爲；其二針對自己所愛的日本女性佐藤富子。尤其是後者，我們可以從前面引用的「我也仗恃著我結了婚的人，所以敢於同她同居。唉！我終竟害了她！」那段心靈懺悔的自白得到確證。對於日本妻子佐藤富子的這種負罪感，郭沫若只在 1920 年 2 月 15 日致田漢的信中提

〔註 16〕據日本 1981 年 5 月號《文藝春秋》載澤地久枝紀實文《架在日中之間的橋梁——郭富子和陶操》，1947 年 3 月，佐藤富子爲了回到郭沫若身邊，第一次向居住千葉縣時的管轄部門提出了和郭沫若的結婚申請。按照當時日本政府提出的要求，從該申請被受理時起，她失去了日本國籍。也就是說，在日本佐藤富子跟郭開貞的婚姻是成立的。

及，而在後來漫長的歲月中再也沒有觸及過。其實，郭沫若自 1916 年 12 月去東京將佐藤富子接到岡山同居時起，就有思想準備。他知道像自己這樣結過婚的人，儘管可以和自己鍾愛的女子保持精神上的戀愛關係，但自己已經失去了和她做夫妻的資格。正因爲有了這樣的自覺，他才敢相信自己和佐藤同居時不會越過雷池，他才對街坊鄰居說從東京接來的是自己的妹妹。然而，郭沫若畢竟是一個活生生的、有血有肉的青年男子。那種欲與自己的所愛進行肉體結合的渴望很快就衝破了他事先在精神上築起的那座並不牢靠的堤壩。正如他如訴如泣的懺悔，「我終竟太把我柔弱的靈魂過於自信了！我們同居不久，我的靈魂竟一敗塗地！我的安娜竟被我破壞了！（《1920.2.15 致田漢的信》）」。

很明顯，郭沫若對佐藤富子的這種負罪感來自於自己破壞了柏拉圖式戀愛的神聖和佐藤富子處女貞潔的認識。特別値得注意的是，這種負罪意識裡潛伏著一種將性愛分裂爲精神和肉體兩個不同次元的對象的基本觀念。從中我們可以略見溫存於郭沫若頭腦中的封建貞操觀念之一斑。

當然，正如前文所述，郭沫若當時在個人書信來往中向理解自己的友人盡情地懺悔，主要是爲了擺脫精神上的苦悶和告別故我以獲得自我的新生。換言之，他的懺悔完全是出於某種自救的需要。正如他自己所說，「從前對於我自己的解決方法，只覷定著一個『死』」，「如今卻掉了個法門，我要朝生處走了。我過去的生活，只在黑暗地獄裏做鬼；我今後的生活，要在光明世界裏做人了（《1920.2.16 致宗白華的信》）」。借郭沫若自己的話說，即「很想能如 Phoenix 一般，採集些香木來，把我現有的形骸燒毀了去，唱著哀哀切切的輓歌把他燒毀了去，從那冷淨了的灰裡再生出個『我』來！（《1920.1.18 致宗白華的信》）」。就這樣，郭沫若一方面通過懺悔對故我進行了否定，另一方面從中外的泛神論哲學思想中找到了支撐肯定自我的理論根據，再加上有宗白華和田漢等理解者的支持勉勵，他終於獲得了凝視自我的勇氣並達到對新的自我的肯定。

上述起伏的感情和複雜的心態如實地反映在《女神》這部詩集裏。有論者指出郭沫若的《女神》成功地創造了三大形象。

第一是要用新造太陽照徹天內世界和天外世界的女神再生的形象。

第二是忍受五百年羞辱與痛苦集木自焚，在烈火中騰空而起的美麗的鳳凰形象。

第三是氣吞宇宙，集全宇宙的巨大能量於一身的天狗形象〔註 17〕。

在筆者看來，這具有英雄人格的三大形象由於正好與五四時期中華民族渴望獨立自主的「中華魂」相吻合，所以才爲國內的廣大讀者，特別是青年讀者所接受所喜愛。換個視角看，郭沫若這種向故我告別，並從與過去決裂的苦痛中誕生出一個嶄新自我的自我更生形式，映照出當時中華民族和國家的新生過程。所以，從某種意義上講，《女神》的閱讀效果也應該有兩種。一是讀出濃縮凝聚於該作品群種的作者個人的贖罪意識和自我拯救意識。二是讀出與之重疊的憂國意識和民族振興意識。《女神》的這種個人情感與集體意識的重疊，正是這部不朽之作反映出五四時代精神的最重要的特徵。

針對這個問題，如果我們還聯繫到與《女神》創作過程中作者的精神生活變化以及有關的家庭生活實情、戀愛問題等等加以綜合考察，我們會獲得以下認識。

首先，《女神》所收作品幾乎全部是 1919 年 9 月以後第一次新詩創作衝動高峰期寫下的詩歌，是時國內由學生運動發展起來的大規模愛國民眾五四運動已經受到軍閥政府的鎮壓。從《女神》問世的時間上看，當時國內的民主主義運動繼五四運動的高峰過後業已走向低谷。這也就是說，五四運動這一具體的特定歷史事件與郭沫若的《女神》創作之間未必有直接的因果關係。對郭沫若來說，1919 年 9 月詩歌創作衝動的突然襲來，是在他通過日本大正作家有島武郎的作品接觸到美國詩人惠特曼的詩歌之後。這種與惠特曼之間純屬偶然的邂逅使郭沫若找到了他「早已渴慕」的感情噴發方式，再加上當時他在現實和理想矛盾中經過痛苦的人格分裂而產生了強烈的自我拯救欲望，這一切揉成一團，化爲新詩創作欲的形式鋪天蓋地地向他襲來。實際上，當時郭沫若所面臨的與其說是個人與集團（國家）的問題，毋寧說更多的是覺醒了的中國知識者都必須面對的家庭和自由戀愛的矛盾衝突。在那個時代，家庭是封建宗法制度社會的核細胞，父母即絕對權威的象徵。自由戀愛如果意味著個性的解放，那麼違背父母意志離家出走這件事情本身就是一種對權威的反抗和挑戰。郭沫若雖然在行爲上大膽地品嘗了自由戀愛這顆禁果，但在後來的好幾年裡卻差一點爲自己頭腦中殘留的封建貞操意識而輕生。經過爲時數年的激烈思想搏鬥，在他從泛神論思想中吸收了生的勇氣並

〔註 17〕孫玉石：〈美的獲得與失落的綜合體——關於「女神」審美價值的再認識〉，《郭沫若研究》第 8 輯，文化藝術出版社 1990 年 3 月出版。

決意「在光明的世界做人」之後，長期以來壓抑在胸中的鬱悶、經過人格分裂後獲得新生後的自由感以及走出苦悶之門後感覺到的生的愉悅，借著具有自由形態的新詩像火山一樣猛烈地噴發出來。

那麼，我們應該怎樣看待《女神》這部作品和五四的關係呢？

筆者認爲，五四反帝反封建的愛國民眾運動所帶來的科學與民主的高揚，以及重新評價傳統創造新生事物的新文化運動的影響等等無疑都爲郭沫若的詩歌噴發創造了條件。如果沒有這些外部條件的積極作用，很難設想郭沫若在 1919 年具備創作《女神》最重要的內在條件——現代人的自我覺醒。

第九節　郭沫若泛神論思想的獨特性

前文提到創作《女神》時期郭沫若的思想有一個從自我否定過渡到自我肯定的嬗變過程，而這種嬗變所依據的理論根據就是兼容東西方哲學思想的泛神論。對於泛神論的問題，郭沫若本人在《我的作詩的經過》（1936 年 11 月 10 日《質文》2-2）以及自傳《創造十年》等作品中多次談到過。僅從時間上看，郭沫若自青少年時代起對《莊子》的酷愛和他對老子無爲所持的獨到見解早在留日之前就爲他日後接受西方泛神主義哲學思想準備了受容的體質。而他眞正受到西方泛神論的影響是從岡山六高時期開始的。

我愛我國的莊子，
因爲我愛他的 Pantheism，
因爲我愛他是靠打草鞋吃飯的人。

我愛荷蘭的 Spinoza，
因爲我愛他的 Pantheism，
因爲我愛他是靠磨鏡片吃飯的人。

我愛印度的 Kabir，
因爲我愛他的 Pantheism，
因爲我愛他是靠編漁網吃飯的人。

——《三個泛神論者》

從這首詩的內容上可以看出，郭沫若由於在東西方泛神論者身上找到了與己相通的共同點，所以對他們倍感親近，而且欲將他們的生存方式作爲自己的參照系。由此我們可以看到郭沫若是怎樣向泛神論者靠近，以及他如何對照歌德，卡萊爾等人的天才論和英雄崇拜論〔註 18〕來確認自己的生存價值的。從泰戈爾走向歌德，然後又從歌德走向惠特曼和斯濱諾塞，他從文學的世界走向哲學的世界，一步步向泛神論靠近。他將曾經對西方近代資本主義市民社會的成立和在反封建意識方面作過貢獻的泛神論和中國古代哲學體系中的天道一體的宇宙觀融和在一起，得到了一種堪稱獨特的，兼有西方近代唯物論思想和東方唯心主義觀念論合理要素的泛神論。

下面我們來看郭沫若是怎樣運用這種兼容東西方泛神論思想的宇宙觀來觀察世界的。

1922 年 1 月，他在福岡寫下了《「少年維特的煩惱」序引》，文中闡述了他對泛神論的理解。

> 泛神便是無神。一切的自然只是神的表現，自我也只是神的表現。我即是神，一切自然都是自我的表現。人到無我的時候，與神合體，超越時空，而等齊生死。人到一有我的時候，只看見宇宙萬彙和自我之外相，變滅無常而生生死存亡的悲感。萬物必生必死，生不能自持，死亦不能自阻，（中略）此力即是創生萬匯的本源，即是宇宙意志，即是物自體（Ding an sich）。能與此力暝合時，則只見其生而不見其死，只見其常而不見其變。體之周遭，隨處都是樂園，隨時都是天國，永恒之樂，溢滿靈臺。（中略）人之究竟，唯求此永恒之樂耳。欲求此永恒之樂，則先在忘我，忘我之方，歌德不求之於靜，而求之於動。以獅子搏兔之力，以全身全靈以謀刹那之充實，自我之擴張，以全部精神以傾倒於一切！（底線筆者）

這段話至少表露出郭沫若以下宇宙觀。

第一，一切自然都是神的表現，同時也都是人的自我的表現。

第二，人只有與自然融和一體，才能超越生死。

第三，自我可以無限擴張。

對郭沫若來說，與亦神亦自我的自然融和是主體人格神聖化的必然途徑。從這個意義上講，《女神》初版中收在「泛神論之什」題下的、以《三個泛神論者》爲首的 10 篇作品都不外乎是對自我解放、自我肯定以及自我讚美

〔註 18〕收入《女神》中的《雪朝》這首詩歌前面，第一次發表時有題爲「Carlyle：《The Hero as Poet》閱讀之際」的副標題。由此可見，1919 年 12 月郭沫若正在讀卡萊爾的英雄崇拜論。

主體的詩化表現。對這個問題，應該引起充分注意的倒是郭沫若筆下的「自我」的所指。

筆者認爲，郭沫若所說的「自我」，具有表層和深層兩重含意。他既指以神爲表象的自我，也指與神即自然融和之後的新自我。與自然的融和靠的是人的能動精神，當然也就意味著人的自我和個性的無限解放、人的創造與開拓精神。郭沫若的這種思想融化在《天狗》《電火光中》《光海》《地球，我的母親！》及《夜步十里松原》等作品中，只要細心閱讀便會有所感受。與郭沫若同一時代活躍於新詩壇的詩人兼詩評家朱自清曾經指出，「郭沫若謳歌大自然。他對『動的精神』的讚美帶有哲學的意義」〔註19〕。朱自清所針對的，實際上就是郭沫若詩所表現的濃厚的泛神論思想的問題。

五四新文化運動以降，徹底的反傳統成爲中國新文化發展的主流思潮。在這種情況下，郭沫若卻大膽地另闢蹊徑，提出了在重新認識中國文化傳統的基礎之上創建新文化基盤的設想。他在《論中德文化書》（1923.5.20）中指出：「我國的文化在肯定現世以圖自我的展開，而佛教思想則在否定現世以求自我的消滅。我國的儒家思想是以個性爲中心，而發展自我之全圓於國於世界，所謂『修身、齊家、治國、平天下』，這不待言是動的，是進取的」。郭沫若認爲，「孔子的人生哲學正是以個人爲本位，它的究竟是望人人成爲俯仰無愧的聖賢，能夠『博施於民而能濟眾』」。換言之，即郭沫若認爲它不失爲一種能夠促進個性發展和有益於社會的人生哲學。至於說到老子，郭沫若的見解更是突兀驚人。在他看來，老子的思想「決非靜觀」。「老子的無爲清靜說爲後人所誤解，誤認爲與佛教思想同科，實則『無爲』二字並不是寂滅無所事事，是『生而不有，爲而不恃』的積極精神」。也就是說，郭沫若把老子的「無爲」的「爲」解釋爲欲望。既然如此，那麼只要「人能泯滅一切的佔有欲望而純任自然，則人類精神自能澄然清明，而人類的創造本能便能自由發揮而含和光大（《論中德文化書》）」。

愛國主義詩人聞一多曾在1923年6月的《創造週報》第5號上發表題爲《女神之地方色彩》，指謫作品《巨砲之教訓》中對老子的愛並非眞正的愛。聞一多下此結論的理由很簡單。如果作者眞愛老子，他決不會作「飛奔」、「狂叫」、「燃燒」的天狗，也不會吼叫「啊啊！不斷的毀壞，不斷的創造，不斷的努力喲」了。除此之外，聞一多還尖銳地指出，儘管《女神》「富於近代精

〔註19〕同注9。

神。近代精神——即西方文化——不幸得很，是同我國的文化根本背道而馳的」。《女神》的作者「對於中國，只看見他的壞處，看不見他的好處。他並不是不愛中國，而他確是不愛中國的文化」(《女神之地方色彩》)。如果我們事先閱讀了比聞一多的這篇批評文章早一個月刊載的郭沫若的《論中德文化書》(1923.5.20)，而對郭沫若的傳統文化意識有所瞭解，我們一定會覺得聞一多的批評是有進一步探討之餘地的。

結　語

以上從（一）按《女神》的創作手法對作品重新進行分群歸類；(二）探討《女神》與五四時代精神之間的關係；(三）探討《女神》和她的誕生的搖籃——博多灣的關係；(四）從同時期的新舊體佚詩及《三葉集》的角度觀察《女神》四個視角對《女神》進行了重新的考察和審視。最後，想略爲論及《女神》對中國現代詩歌流向的影響，同時還想不花太大的篇幅來討論一下《女神》涉及到的中國現代詩歌形式歐化的問題。

郭沫若自 1919 年 9 月開始在《時事新報》副刊《學燈》上大量發表新詩以來，國內新詩壇發生了顯著的變化。在這之前，儘管也有像康白情那樣比較純粹的抒情詩人，但胡適所提倡的「以詩說理」派終歸在新詩壇上占主流。然而，當郭沫若那種將哲理溶進強烈的感情之中的「大詩」潮水般湧進讀者的視野之後，詩壇上迅速地形成了一種實質上能與胡適詩歌相匹敵的另一種嶄新的新詩模式。正如朱自清在《新詩雜話》(出處同注)「詩與哲理」一章中所承認的一樣，當時國內的新詩創作總體上「大概不出胡先生和郭先生的型式」。所謂「郭沫若型詩歌」，即「關心人生，便闡發自我的價值；關心大自然，便闡發泛神論；關心被損害的人，便闡發人道主義」的新詩。對這種使得新詩主流逐漸發生改變的「郭沫若式」詩歌顯而易見的詩形歐化現象，胡適的批評說是「不容易讀又不容易懂的生硬文句」(《北京的平民文學》,《胡適文存》第二集)。針對詩壇上出現的這種變化，胡適提出了新詩在詩歌形態上應源於中國固有的民謠和俗歌的主張。然而，當時正處在五四新文化運動蓬勃發展時期，廣大的青年詩人和新詩愛好者想得更多得是充分享受哪怕只是非常短暫的自由空氣和陽光而一泄胸中的鬱悶，故胡適的批評並沒能引起人們多大的關注和冷靜的深思。當這個問題再度被聞一多提起時，郭沫若的

《女神》已經在新詩壇贏得了非常優越的地位。不過，聞一多雖然再次提及胡適首先提醒詩人們應該注意的問題，但其批評的重點主要不是針對詩歌形態的歐化上，而是非難郭沫若式新詩的思想內容上的歐化。

聞一多的主張裏究竟有無國粹主義的陰影這個問題故且不論，至少可以說他批評《女神》中所用西方典故過多這一事實可謂鞭闢入裡。的確，在《女神》這部詩集中到處可見類似阿波羅、維那斯、丘比特、普羅米修斯那樣從希臘神話借來的人物形象、西方歷史上的英雄偉人以及較多的英語和德語單詞。然而，筆者以爲決不可以僅僅因爲「他所謳歌的東方人物如屈原、聶政、聶熒、都帶有幾分西方人底色彩（聞一多《女神底地方色彩》）」，而且出現於《鳳凰涅槃》中的鳳凰也是「天方國底『菲尼克司』（古代阿拉伯神話中的 Phoeix）」〔註 20〕就簡單地下結論說《女神》這部作品同中國文化「根本背道而馳」。因爲即使是在郭沫若高喊著破壞和創造的時候，也沒有視傳統文化爲贅疣而是在新文化的重建問題上主張西化。對傳統文化的問題，郭沫若有他獨自的見解。在《論中德文化書》中，他指出：「我國自佛教思想傳來以後，固有的文化久受蒙蔽，民族的精神已經沉潛了幾千年，要救我們幾千年來貪懶好閒的沈痼，以及目前利欲薰蒸的混沌，我們要喚醒我們固有的文化精神，而吸吮歐西的純粹科學的甘乳」。也就是說，郭沫若當時在文學形象上借鑒於西洋，是要想借西洋這塊「他山之石」向中國社會注入一些西方近代科學和民主思想的新鮮血液，其目的正如他自己所所的是爲了「喚醒我們固有的文化精神」。其實，對《女神》創作時期的郭沫若來說，眞正令他嚮往憧憬的烏托邦，並不是近代西洋的資本主義市民社會，而是先秦中國古代社會。

結果，中國現代新詩形式歐化問題在當時並沒有能夠作爲學術性問題經過深入的探討而得到解決，更多的中國人，尤其是青年詩人和讀者群對西洋新思想以及一切新生事物的渴望，形成了樂於接受這種歐化詩歌形態的溫床和土壤。隨著時代的步伐向前邁進，這種最早被稱做「郭沫若型」的新詩很快就取代了「胡適型」新詩在詩壇的主流地位。朱自清說過，中國現代新詩

〔註 20〕同一作品中有根據《演孔圖》所作的「鳳凰火精，生丹穴」；和《廣雅·釋鳥》所作的「鳳凰……雄鳴曰即即，雌鳴曰足足」等關於鳳凰的詳細描寫。從此鳳凰「非梧桐不止，非練實不食，非醴泉不飲」的習性，可以說郭沫若筆下的鳳凰是揉中國古代神話中的鳳凰與阿拉伯半島古代神話中的不死鳥菲尼克司爲一體的混合體。

脫離最早的胡適型新詩由民歌民謠中吸取滋養的發展軌道而走向歐化的最大原因，在於當時向西歐諸國學習，力爭早日「迎頭趕上」的思想的大流行。朱自清本人屬於新詩形式歐化贊成派，在他們眼裡，新詩形式的演變過程是一種進化而並非誤入歧途。用朱自清的話來說，「這是歐化，但不如說是現代化」(《眞詩》《新詩雜話》)。

總而言之，中國現代詩的形式歐化、特別是詩歌語言的歐化是明擺在眼前的事實。筆者在此提出這個問題，目的不在對此作出是非評判，而是想指出最早由胡適提倡而誕生的中國現代新詩，在表現形式上本來應該走的是採取中國固有民歌民謠俗曲之形式爲主的預定發展軌道。然而，由於《女神》爲首的「郭沫若型」新詩的逐漸發展成爲新詩壇的主流，中國現代新詩的流向也就大大地偏離了它原來的預定軌道。現代詩表現形式上的歐化現象作爲五四新文學的遺留問題一直影響到八九十年代的詩歌。這個既老又新的問題最近幾年在研討中國當代詩歌時被歐美的漢學家們重新提起，並再次成爲討論中國現當代詩歌的熱門話題〔註21〕。

〔註21〕1990年美國發行的雜誌《The New Replublic》No.19號上，刊載了一篇署名斯蒂芬·歐文（Stephen Owen）的題爲《What is World Poeyry? The Anxiety of Global Influence》的詩論。歐文氏在討論詩人北島的詩歌時指出了中國現當代詩歌的嚴重歐化現象，說世界讀者中的英美及歐洲讀者閱讀到的只不過是他們（西方）自己的傳統詩歌的翻譯罷了（遺憾的是歐文氏該論文的英文原文筆者未見。故在此以間接引文的形式轉述上述事實。依據是發表在1994年3月號《今天》第88～102頁署名Andrew F.Jones題爲「Chinese Literature in，World，Literary Economy」的論文）。

第八章　郭沫若早期小說論考

敘　說

由於《女神》這部不朽的傑作的問世，郭沫若像一顆夜空耀眼的新星在現代中國新詩壇上確立了牢固的地位，而且他繼《女神》之後在日本博多創作的第二部作品集《星空》出版後在也國內同樣得到了很高的評價。

然而，郭沫若於二十年代創作的一批小說，卻遭到了以攝生（《「創造」第 2 期讀後感》）〔註 1〕和青年小說家沈從文（《論郭沫若》）〔註 2〕爲首的同時代文壇人物的嚴厲批判。儘管作爲中國現代文學家郭沫若的成就主要在於詩歌而不在於小說，但實際上他和早期創造社其它同人一樣，以留日學生獨特的方式對中國現代小說的奠基大業進行了某種程度的參與。本章節作爲留日時期郭沫若研究的一環，旨在通過考察郭沫若留日時期創作的小說，從而把握郭沫若作爲小說家的文學觀及創作傾向。

在筆者看來，研究這一課題首先需要突破兩個難關。第一是作者本人製造的障礙，儘管有可能作者是出於無意。第二是不偏不倚地對待過去對郭沫若早期小說所作的正負兩方面的評價，這一點很難做到。筆者認爲，留日時期的郭沫若似乎只把文藝大致劃分爲韻文和散文兩大類。在他自己編輯出版的許多小說集子裡我們可以隨便撿出一些一般被視爲紀行散文、回想記和隨筆的篇目，而在一部分作者自編的散文集或隨筆集中，則往往夾帶有我們認

〔註 1〕初出 1922 年 10 月 12 日《時事新報・學燈》。
〔註 2〕李霖編：《郭沫若評傳》，1932 年 4 月上海現代書局初版。

爲是短篇小說的內容。最令人頭疼的是對待同一作品，作者本人在此處將它劃爲散文或隨筆，而在彼處卻又給它冠以小說之名。作者的這種隨意性實際上給研究者造成了某種障礙。

既然本章節的主旨放在對郭沫若留日時期創作的小說的特徵把握上，筆者想在這裡就不必爭論某一篇作品到底屬於小說還是屬於隨筆散文的範疇。考慮到本書的聯貫性，就應該對將要考察的作品群的內容和創作時間的上下限進行規定，以保證其嚴密性。下面將要考察的作品創作時間上限是 1914 年 1 月，下限是 1924 年 10 月，內容是這期間郭沫若創作的，除開新舊體詩歌、詩劇史劇、書簡日記以外的、用散文體寫作的全部作品。當然，作品本論的重點自然放在郭沫若以小說這一文學形式創作的《牧羊哀話》、《殘春》、《月蝕》、《喀爾美羅姑娘》、《飄流三部曲》和《行路難》等具有代表性的作品的研討上。

我們知道，在郭沫若生前出版的作品集中，《沫若文集》是作者本人經手編輯的最後的一套，也是收錄作品最多的一套作品集了。該文集第 5 卷收錄小說共 38 篇，其中早期創作的小說有 23 篇（內含歷史小說 2 篇）。從小說素材的關聯性上講，登場人物不管是第一人稱的「我」，還是第三人稱的「某某人物」，據筆者的考證結果，已確定爲取材於郭沫若在日留學生活的至少有 15 篇。由此筆者認爲，如果我們不那麼在乎「私小說」和「身邊小說」這兩個詞在日本近代文學裏的獨特含意的話，單憑此類作品的數量，我們也不妨將二十年代前半期的郭沫若稱爲身邊小說家或私小說家。

通過對郭沫若、田漢、宗白華三君子自二十世紀第一個十年裡的最後一年至二十年代初的通信內容《三葉集》的研讀，我們不僅可以瞭解到當時郭沫若等人主張的是藝術至上主義，而且還能夠獲知他們除了在新詩方面大膽創新以外，還在小說的領域做過多種嘗試。一牽涉到創作的實驗性問題，必然就難以從個別概觀一般。所以，僅作爲一種構想，筆者想在本章節裡首先鳥瞰郭沫若早期小說的全貌，觀察從 1914 至 1924 這十年之間他究竟在小說這種文學形式方面都做了些什麼樣的嘗試。在搞清楚了這個問題之後，再進一步追究郭沫若對於小說這一文學概念的最原初的理解，然後再去考察郭沫若的小說觀是怎樣建立和穩定下來的，如果其中有變化，那麼那又是一些什麼變化等等一系列問題。

就過去對郭沫若的早期小說所做的討論研究，筆者在此無意妄加批評。

研究方法論和對研究對象的分類標準不同，著眼點也就不會相同。然而筆者認爲，至少過去用「愛國主義小說」這種模糊概念來規範郭沫若的整個早期小說的做法實在過於輕率。本章節將研究的力點放在郭沫若早期小說創作的實驗性上，以作品素材的來源、情節虛構的有無以及描寫手法等作爲劃分作品類別的標準，在此將郭沫若 1924 年 10 月以前創作的小說群分爲以下四種類型。

（一）無論是時間還是空間都與現實中日常生活的世界相對或相迥異的、來自傳聞或空想幻想的非現實的「傳奇小說」。

（二）以作者的日常私生活片段或親身體驗爲素材，被鄭伯奇稱之爲「身邊小說」。近來國內流行的「私小說」及「自敘小說」亦指同一類作品。

（三）題材大致來源於作者的私生活，但未必拘泥於事實。小說背景、情節的展開、登場人物的設定等小說結構皆爲表現事先有的某種觀念的「觀念小說」。

（四）專以歷史人物和事件爲題材的「寓意小說」。

從作品的數量上看，經考察得知第二種類型的小說占總數的大半。對於這種專門仔細描寫作者身邊瑣事，情節基本無虛構的小說種類，本書在本章第三小節裏還要作更爲詳細的分類和論述，在此暫付厥如。關於「觀念小說」，將在本章的身邊小說論中涉及到。至於第四種類專寫歷史題材的「寓意小說」，一是由於作品篇數本來就不多，加上和郭沫若 30 年代開始大量創作的歷史小說〔註 3〕有著某種天然的聯繫，與其在此作淺嘗輒止的探討，莫如將此課題留給以後的歷史小說專論，故郭沫若的「寓意小說」在此暫時不提。

下面，從小說的素材、情節的虛構有無以及具體的描寫手法等視角對郭沫若的早期小說進行考察。

第一節　實驗小說之一——獵奇素材的傳奇小說

根據《創造十年》中的記述，郭沫若的小說處女作是 1918 年 10 月在九州帝國大學醫學部上解剖學實習課時一邊解剖犯人的屍體〔註 4〕一邊構思而

〔註 3〕1936 年 10 月上海不二書店出版的《豕蹄》中，收錄了《孔夫子吃飯》（1935.6）、《孟子出妻》（1935.8）、《秦始皇將死》（1935.9）、《楚霸王自殺》（1936.2）、《司馬遷發憤》（1936.4）、《賈長沙痛哭》（1936.5）等歷史小說。

〔註 4〕據《九州大學大學史料叢書》第 1 輯第 8 頁記載，當時該醫科分科大學解剖

成的短篇小說《骷髏》〔註5〕。當時他和成仿吾帶來治眼病的陳老人等借居在福岡市外箱崎大神社前的一幢二層建築的小樓裡。這篇未發表過的小說只有作者自己在自傳中提及過它的梗概，實際上實物並不存在。

《骷髏》這個短篇以作者講故事的方式展開。整個故事實際上是第一人稱「我」所做的一個夢。在夢裡，「我」聽在同一教室解剖屍體的一位日本同學講述一樁令人毛骨悚然的盜屍奸屍奇案。日本佐賀縣的古城名勝唐津有一位名紳浜田家的千金愛子小姐在海水浴時不幸溺水而亡。屍體被海水拋上岸，人們發現以後，當晚將屍體暫時搬到海岸邊一間小屋裡等待驗屍。然而天亮以後，愛子小姐的屍體不翼而飛了。警方鋪開搜索網，最終發現一名叫齋藤寅吉的單身漁民行蹤十分可疑。於是，跟蹤監視開始不久，警探就在一艘停靠在海岸僻靜處的漁船上發現了浜田愛子的赤裸屍體。發現時死者赤身裸體，身上堆滿了冰塊、已呈半腐爛狀態。驗屍結果證明屍體曾經遭到過多次姦淫。警方在逮捕漁民齋藤寅吉時遭到拒捕，一名警察殉職。最終，警方以盜屍、奸屍、拒捕和殺害警官的多重罪名對齋藤施以了絞刑。

以上是《骷髏》這個短篇小說的大致情節。然而，故事的情節發展到罪犯被處以極刑並沒有完結。整個案件可以說都是作者郭沫若空想出來的。第一人稱的「我」在停放在解剖室裏的齋藤寅吉的屍體上用手術刀割下紋有女人像的皮膚，將它放在酒精瓶子裏帶回宿舍。疲憊不堪的「我」迷迷糊糊正要入睡，只聽得耳畔有聲音在喊：「喂，快還我的愛人來！」睜眼一看，門口站著一具讓人汗毛倒豎的死人的屍骨，「我」才從夢中猛然驚醒過來。

具體執筆創作這篇小說，據郭沫若自己說是在口語新詩創作衝動向他猛烈襲來的一年之前，也就是說是1918年晚秋。當時國內五四運動尚未爆發，大學一年級的郭沫若對大學這一學問天地還充滿好奇心和新鮮感。剛進九州帝國大學的時候，他曾暗暗下決心要努力學醫以便將來有貢獻於社會。當時的他還沒有一年後出現的那種是棄醫從文還是繼續學醫的巨大人生煩惱。他是那樣的容易激動，一有感受便隨意地用舊體詩將它記錄下來。這一次，他第一次想到以小說的形式把自己在解剖室受到的強烈衝擊表現出來。一年級學生郭沫若在醫學專業的學習上非常用功，可以說這時候他的腦子裡絲毫沒

用人屍是來自三池、福岡、佐賀、大分、山口等地監獄自然死亡者和被行刑處死的囚犯。

〔註5〕據《創造十年》第二章記述，郭沫若寫完這篇小說之後遂投給了國內的《東方雜誌》。由於沒被採用，原稿被作者憤然付之一炬。

有將來要當小說家的念頭。換句話說，即雖然他有著對文學的愛好，但寫小說對他來說只能說是一種餘興罷了。由於是頭一次嘗試，這篇「採用著歐洲式的小說體裁，全由一個日本學生口中談出」的作品儘管經過作者「苦心慘淡地推敲了又推敲（《創造十年》）」，但這時的郭沫若可以說還完全不具備一年以後在大量的新詩和詩論中顯露出來的那種崇尚藝術至上主義的職業詩人或小說家的姿態。

讀者在看完《骷髏》的故事梗概後唯一感受到的不是別的，而是作者對世上的奇聞怪案（例如這裏的美女屍體的失盜、隱匿、奸屍等）所顯示出極大興趣這一通俗、獵奇的性格方面。筆者堅持認爲，一個作家的處女作小說所顯露出來的性格，暗示著當時作者的小說觀的大致傾向。所以筆者認爲把握《骷髏》這篇小說（儘管我們只知道它的梗概）對正確理解郭沫若的早期小說觀念有著非常重要的意義。如果我們把這篇處女作中所見的、取材上的獵奇性視爲郭沫若早期小說的原型之一，那麼可以說後來創作的如《牧羊哀話》〔註 6〕、《殘春》〔註 7〕、《喀爾美蘿姑娘》〔註 8〕、《葉羅提之墓》〔註 9〕等一系列具有代表性的小說群都在這個原型的延長線上。

據《創造十年》中的作者自敘，《牧羊哀話》是處女作《骷髏》的姊妹篇。具體寫於巴黎和會召開、中國的山東半島問題表面化、世界劇烈動蕩的 1919 年 2 月至 3 月間。據作者本人說情節跟《骷髏》一樣，完全屬於虛構。不同的是，前者顯然屬於目睹犯人屍體紋身而引起無窮幻想，而後者則全無取材於作者自身體驗或傳聞的任何證據。郭沫若在後來所寫的《竟進文藝的新潮》這篇回憶性文章中說《牧羊哀話》的「故事情節全是虛構」，在《創造十年》中說其中的「幾首牧羊歌和一首《怨日行》，都是我自己的大作」。小說的背景是北朝鮮的金剛山。雖然郭沫若 1913 年底赴日途經朝鮮時並沒有親自去過，但他在《創造十年》中吐露自己在寫《牧羊哀話》之前「看過一些照片和日本文士大町桂月的《金剛山遊記》」〔註 10〕。

《牧羊哀話》的直接登場人物只有三位。一個是羈旅途中之中國人「我」，另外兩位是好心讓「我」留宿的朝鮮大嬸兒尹媽和李氏朝鮮的子爵閔崇華之

〔註 6〕初出 1919 年 11 月 15 日發行的文藝雜誌《新中國》1-7。
〔註 7〕初出 1922 年 8 月《創造》1-2。
〔註 8〕初出 1925 年 2 月上海《東方雜誌》22-4。
〔註 9〕初出 1926 年 1 月商務印書館初版《塔》所收。
〔註 10〕日本作家大町桂月文集《滿鮮遊記》，大阪屋號書店，大正 8 年 11 月版。

愛女閔佩荑。尹媽一家都是閔家的傭人。小說情節依然以「我」聽第三人稱尹媽講述的形式鋪開。美麗的少女閔佩荑在小說裏只有歌詞而全無科白。主人閔崇華（未登場）是日韓合併條約的反對派，由於政治上的失意而辭官回鄉隱居。他的後妻李玉姬（未登場）收買男僕尹石虎（尹媽之夫）並令其殺害主人閔崇華。然而尹石虎的兒子英兒無意聽到了這個殺人計劃。英兒爲保護閔老爺而誤遭自己的親生父親殺害。案發以後，在背後操縱的李玉姬畏罪自殺，殺人兇手尹石虎突然瘋癲失蹤。老爺閔崇華覺得萬事皆空，便削髮爲僧，遁入了空門。小說的尾聲部分是第一人稱「我」做的一個噩夢。夢中羊群、獅、豹、虎圍著赤裸著身體在墓地舞蹈的少男少女，突然出現了一個身體矮小的凶漢。他手中的刀正向「我」的頭砍來的那一瞬間，「我」從噩夢中驚醒過來。

或許是由於故事僅靠尹大媽一人講述的緣故，雖然情節的展開也有緩急起伏，但完全看不出作者抱有描寫立體人物形象的意圖。從其構想的虛構性、獵奇的嗜好、對荒誕世界的描寫以及夢幻的處理方法等等角度觀察，可以知道《牧羊哀話》這篇小說與處女作《骷髏》有著某種血緣關係。

筆者認爲，在此重複論述以上兩篇小說的相似之處完全沒有意義。下面，還是讓我們來看看郭沫若在《牧羊哀話》中做了一些什麼樣的新的嘗試。

過去，人們一直把《牧羊哀話》當作郭沫若愛國主義小說的代表作來論述。對此似乎從未有人撰文表示過異議。一般認爲在這篇小說中主要有兩個地方反映出作者的愛國主義思想。一處是作者對反對日韓合併條約的子爵閔崇華寄予了同情；另一處是作者創作的反詩《怨日行》。筆者對《牧羊哀話》進行了反覆的閱讀後，經過仔細琢磨，似乎覺得並不盡然。如果避開作者許多年後對這篇小說所下的自我評價而對作品就事論事，我們興許會得到下面這樣一種新的認識。

首先，登場人物第一人稱「我」純係旅途之人，與李朝子爵閔崇華全無干係。對閔崇華這個人物的認識以及對日韓合併條約的見解，完全出自故事的講述者——女傭尹媽之口，並非第一人稱「我」（即便這裡的「我」意味著作者本身）的判斷。另外，對《怨日行》的看法也不是沒有問題。只要不把詩中后羿用箭射中、魯陽用戈矛挑落的「炎陽」的意象〔註 11〕硬與日本國的

〔註 11〕原作如後：「炎陽何杲杲，曬我山頭苗。土崩苗已死，炎陽心正驕。//安得后羿弓，射汝落海濤？安得魯陽戈，揮汝下山椒？//羿弓魯戈不可求，淚流成

太陽旗的意象附會在一起，它未見得就必定是反詩。還有一點需要指出，這篇《牧羊哀話》的篇幅幾乎全為敘述事件的經緯而占去，故事的展開過程中可以說基本上沒有穿插小說中的局外人「我」的感情流露。

所以，筆者以為對這篇小說冠以「愛國主義抒情小說」〔註 12〕之名有失妥當。由此可見，將《牧羊哀話》與「愛國主義」這一概念拉扯攪和在一起實際上出於一種先入之見〔註 13〕。亡國的悲哀宛如電影中的背景音樂隨著故事的情節發展緩緩底流出，而作者在小說中真正想描寫的，與其說是「民族的尊嚴」或「愛國還是賣國」這種主題，毋寧說是對美麗的少男少女的純情愛戀和的子爵夫人的心毒手黑以及男僕的貪婪和忘恩負義所象徵的善與惡的二元對立項的衝突、以及作者對此作出的價值判斷。

我們雖然現在暫時還不能確定郭沫若究竟是從什麼時候開始以矛盾的二元對立衝突的思維模式思考問題的，但是以這種思維方式嘗試寫作的小說，《牧羊哀話》可謂第一篇。這也是《牧羊哀話》與處女作《骷髏》最大的不同之處。

還有一點應該引起重視的是，作者的這種思維方式在《女神》以前的詩歌作品裏並沒有出現。當它第一次在實驗性小說《牧羊哀話》中有所流露後，逐漸形成作者習慣的思維範式，最終在《女神》創作時期穩定下來。在這裡，經過對這一時期的郭沫若進行綜合性考察，我們不妨接受這樣一種認識：二元對立衝突的思維模式早在 1919 年五四運動爆發前就已成為郭沫若思考問題運用的一種思路，並且逐漸變為他從事文學創作的最主要的思維模式。為了嘗試運用這種二元對立衝突的思維模式，郭沫若最早選擇的實驗臺不是詩歌而是小說。

血黷山丘。//長晝漫漫何時夜，長恨漫漫何時休。」

〔註 12〕①谷輔林：《郭沫若前期思想及創作》第七章〈沫若前期的小說〉，山東人民出版社，1983 年 8 月初版。②何錫章：〈「五四」抒情小說與時代精神〉，《中國現代文學研究叢刊》，1992 年第 4 期。

〔註 13〕郭沫若在回憶文章《匐進文藝的新潮》中寫道：「就在五四的前一年，因為反對西原參戰借款運動，日本留學生曾全體罷課，並選代表回北京、上海從事宣傳和請願，當時在國內留下了不小的影響。公平地說來，這當不失為五四運動的導火線之一。當時我雖然沒有回國，但一般的排日情緒卻被保留在我的短篇處女作《牧羊哀話》裡面了。」另外，在《創造十年》中說：「我只利用了我在一九一四年的除夕由北京乘京奉鐵路渡日本時，途中經過朝鮮的一段經歷，便借朝鮮為舞臺，把排日的感情移到了朝鮮人的心裡。」不管郭沫若的這些說法是否屬實，但在過去卻成為不少論者的先入之見。

可以看出，郭沫若不僅在《牧羊哀話》這篇小說中有意識地注入了較之處女作《骷髏》更爲進化的文學命題（《女神》創作時期郭沫若所認識的文學命題），還在創作手法上進行了嘗試。在此，試舉改變敘述角度的實驗爲例。前面提到，《骷髏》採取的是某日本學生一人講述的單一結構，而《牧羊哀話》卻是女主人公尹媽口頭敘述事件的經緯和描述與事件無直接關係的第一人稱「我」的思考及行動的二重結構。似乎郭沫若對敘述多角化手法比較喜歡，當他 1924 年 10 月創作另一個短篇《葉羅提之墓》時，再一次從主人公葉羅提的敘述、其堂嫂的內心獨白、敘述護士所見等多重角度嘗試了小說的立體結構。

《葉羅提之墓》可謂郭沫若早期短篇小說中比較有魅力的一篇。講述的是中學生葉羅提和他的堂嫂之間發生的一場純情戀愛故事。讀者從男女主人公的對話中可以讀出同一時代的青年男女被封建倫理道德的束縛忍受著愛的煎熬的苦痛和偷嘗愛的禁果的微妙纖細的心理活動。少年葉羅提愛上了新婚的堂嫂，苦苦相思，十年彈指一瞬間。當堂嫂懷上第三個孩子的時候，葉羅提已成長爲一位 17 歲的蕭灑的美少年。中學畢業後回到家中，他和堂嫂之間的柏拉圖式戀愛有增無減。然而，不幸的是她在生第三個孩子之際患產褥熱突然死去。葉羅提在學校接到噩耗，他接受不了自己的所愛溘然去世的事實而一口吞下了堂嫂送的金頂針自殺身亡。故事發展的高潮雖然是男主人公殉愛情而自盡，但整個情節的展開和結局來看，可以說與日本大正被冠以「惡魔主義」之名的唯美主義小說大師谷崎潤一郎所寫的著名短篇《春琴抄》中男主人公佐助爲了向雙目失明的美女琴師表示自己忠貞不渝的愛情而用鋼針刺瞎了自己的雙眼的純情故事比較相似。

然而，郭沫若這一段時期在小說創作過程中或許是由於已經對追求取材於傳聞和幻想的傳奇性的局限有所意識和察覺的緣故，在寫出《牧羊哀話》以後，他逐漸把視線轉向自己的日常私生活，開始有意識地抽取自己的實際體驗中特異和不平凡的部分作爲主要素材寫進小說，並試圖在小說的結構和有關事實的細微描寫等方面建構虛構架空的世界。《殘春》裡慘殺親子的惡夢、《葉羅提之墓》中堂嫂弟之間偷吃禁果違背倫理的戀情、《喀爾美羅姑娘》之中走火入魔近乎變態的美少女崇拜等等，都可以歸結爲這一類作品。它們的特徵是，儘管題材大致來源於作者的私生活，但從時空兩方面都明顯具有超現實的傾向。

由此看出，郭沫若從空想傳奇小說試筆，後來雖說素材的來源發生了變化，但在以後較長的一段時間裡，其作品中顯露出來的獵奇性並沒有爲作者所收斂。從這個意義上講，我們不妨稱這一類作品爲現代傳奇。

第二節　實驗小說之二
——郭沫若式「自敘小說」的原型

下面讓我們追溯到郭沫若的「自敘小說」的出發點，以考察其原始形態。

前面已經提到，郭沫若的這一類自敘小說指的是作者對自己日常平凡的私生活的片段或某種實際有過的心靈和情感體驗進行如實描寫的結果。過去對這類作品有過好幾種不同的叫法。有的稱之爲「身邊小說」，還有的稱之爲「私小說」或「心境小說」。至於「自敘小說」或「自敘傳小說」的說法，似乎剛流行不久。其實，前三種稱謂都是對日語中固有名詞的援用。筆者多年生活在日本，對日本的近現代文學有一定的瞭解，所以一貫主張盡可能不援用他國文學中帶有特定含意的詞彙。如果不從比較文學的視角看問題，其實照般日本人的說法也不礙大事，但考慮到郭沫若這一批小說基本上都是踩在日本這塊地皮上寫成的，如果拿不出事實考據的結果來說話，多少難免沾上模仿日本人炒他人冷飯之嫌。所以，筆者個人認爲還是暫時用「自敘小說」或者「自敘性告白小說」這兩種說法比較穩妥。

筆者比較贊成日本學者中島翠對郭沫若的這一時期創作的自敘小說的再分法。學者中島可以說是日本從事中國現代文學研究的實力派，70 年代以前在介紹和研究郭沫若方面成就斐然。遺憾的是她和其它許多對郭沫若感興趣的日本學者一樣，由於種種原因最終都放棄了郭沫若研究而轉向了其它。

中島翠在她 1974 年發表的，題爲《郭沫若的小說——以二十世紀二十年代爲中心》的論文中，把郭沫若的早期自敘小說再劃分爲以下三大類〔註 14〕。

第一大類是「難以和自傳卷中所收錄的富有隨筆風格的散文相區別的作品」，「素材來自作者日常生活之中並不特異的、司空見慣的瑣事和情景」，「作者與小說主人公基本一致，且以第一人稱登場。筆致恬淡，其描寫手法可謂

〔註 14〕日本學者中島翠：〈郭沫若的小說——以二十年代爲主軸〉，《入矢教授・小川教授退休紀念中國文學語學論集》，築摩書房，1974 年出版。

寫實」，「從中難以看出作者欲建構空想虛構之世界，或曰非日常的、非現實的世界」。

第二大類「雖然素材來源於作者的實際生活，但卻並非對日程瑣碎的某一片段或某一具體場面的寫生」。「很明顯其作品的構成不僅圍繞著一定的主題，而且經過作者精心設計」。

第三大類的素材同樣來源於作者的實際體驗，但卻是經過選擇的特殊體驗，或者是作者對自己實際體驗的某一部分進行刪削以後另加以虛構進行塡補了的特異體驗。

中島翠在論及郭沫若早期自敘小說時，將郭沫若寫於 1920 年 10 日的短篇小說《鼠災》視爲該類作品群的原型〔註 15〕。其理由無非是認爲《鼠災》這篇小說是「對日程瑣碎的某一片段或某一具體場面的寫生」，並且「描寫手法可謂寫實」的最早的一篇小說。

然而，這種原型說是中島翠於 1974 年提出來的。既然她在 1976～1979 年間分數次發表的《郭沫若著譯繫年目錄稿 1～3》〔註 16〕的注解中坦率地吐露她尚未見過《時事新報》的副刊《學燈》，那麼她就不可能讀到刊載於 1920 年 1 月 24 日的《學燈》上的、創作時間（郭沫若發表時注爲 1920 年 1 月 6 日）早於《鼠災》的微型小說《他》。筆者認爲，無論從創作時間上還是從內容上講，這篇至今尚未收入郭沫若作品集的、篇幅不超過 250 個字的超短篇小說，才是郭沫若早期自敘小說群的眞正原始形態。

下面讓我們先看作品。

《他》

沫若

近來歐西文藝界中，短篇小說很流行。有短至十二三行的。不知道我這一篇也有小說的價值麼？

天色已晚，他往街上買柴去了。

回來的時候，他在街道上那位二八的月娥，披著件縞素的衣裳，好像是新出浴的一般，笑向著他；月娥旁邊還有許多的名眸，也在向他目禮。他默默地望著他們歎道：啊，光呀！愛呀！我要怎麼樣才能彀修積得到呀？修積得到的人眞實幸福呀！……

〔註 15〕中島翠在前引論文中將《鼠災》劃爲郭沫若「私小說」的原型。

〔註 16〕《四天王寺女子大紀要》9～11 期。

——喔，k 君！你往哪兒去來？

招呼他的人是他的同學 N 君。他從 mantle 底下露出一個柴來示 N，説道：你又遇著我買柴！N 笑。他也笑。他問 N，你要往哪兒去？

——往 Y 君處去耍。你不同去麼？

——不，抱起柴拜客！

——你不往那兒去耍麼？

——不，我要回去了。

他們在 H 神社分了手。他又默誦起他自家的詩來。

（九・一・六・夜）〔註 17〕

小說從一開頭就一把將讀者拖入現實世界。接著在第二段落中主人公在去買柴的途中一邊眺望著月亮一邊在腦子裡不停地幻想著。這完全是一片脫離現實的空想世界。然而，主人公沉浸於空想的世界也只是一時片刻，同學的招呼聲立刻又將他拉回到現實中來。作品中的人物對話非常簡短，但卻顯得格外的眞實。主人公和同學話別後，「他」又抱著柴禾「默誦起他自家的詩來」。對話和敘述雖然簡短，但卻富有象徵意義。讀者可以感覺到小說的主人公「他」置身於現實之中而憧憬著空想世界的人格外形。必須指出，這正是 1920 年 1 月前後郭沫若的精神生活的眞實寫照。關於這一點，只要對郭沫若的大學留學生活有所瞭解，就不會持有異議。

筆者認爲《他》這個作品呈現了郭沫若早期自敘小說的原始形態，其理由主要有兩個。第一，如果將這一類小說原型中最爲重要的要素是「對日程瑣碎的某一片段或某一具體場面的寫生」，並且「描寫手法可謂寫實」的話，那麼這些要素除了在《鼠災》中存在以外，在《他》中同樣存在。而且從創作時間上講，《他》比《鼠災》要早。第二，《他》這篇作品猶如當時作者實際生活中的一張快照。它像寫生一樣如實地反映了 1920 年初郭沫若新詩創作欲噴發達到最高峰時的「日常生活瑣碎的某一片段」。其中，既有客觀描寫（儘管算不上細微），又有心理描寫。筆者認爲，這兩項要素構成了郭沫若早期自敘小說原始形態最主要的骨骼。實際上，這種原型早在岡山留學時所寫的舊體詩中就已經存在了。換句話說，即《他》只不過是同一原型最早的小說載體罷了。私生活的寫實加上心理活動的描寫，如果再加上主觀議論抒情這一

〔註 17〕此文引自 1978 年第 2 期《南開大學學報》（哲學社會科學版）。

特殊要素，那麼它就會像作品《鼠災》那樣成爲集郭沫若自敘小說基本要素於一身的、相當成熟的作品。而我們以上在《他》之中所觀察到的，只是構成要素並未齊備的雛形。

《鼠災》這篇小說的價值，應該不在於它是不是具有同類小說原始形態而在其它方面。它和《他》一樣，主人公以第三人稱的「他」（或者「她」）出現。主人公的身份、經歷、家庭狀況、住所等情況與作者郭沫若當時的實際情況基本吻合。從結構上看，這篇小說主要由以敘述者口頭敘述的形式進行的客觀描寫及零散的對話加上主人公複雜的心理活動三部分構成。郭沫若在嘗試階段初步摸索得到的這種小說創作手法，自《鼠災》起開始呈現一種以「貧困題材」爲基調的「自敘傳風格小說」的新模式。我們將會在《鼠災》以後的小說群中，觀察到這種隨《鼠災》的問世開始出現的新小說創作模式代表了郭沫若早期小說創作最主要的創作傾向。

第三節　實驗小說之三——郭沫若的自敘性告白小說

在前述分四種類型呈現的小說之中，取材於作者身邊日常瑣事、具有同時代日本私小說風格的作品占的比例最大。這一點在前面已經提到。筆者認爲，這一類小說中最具代表性的非《飄流三部曲》和《行路難》莫屬。這兩個中篇皆創作於 1924 年。

對郭沫若來說，1924 年可以說是小說和隨筆著述頗豐的一年。他的早期小說（包括隨筆散文）中，幾乎有一半以上是 1924 年夏天在稱名寺旁邊居住時和在佐賀縣富士町的湯原溫泉滯留的前後共幾個月時間內創作的。到了 1924 年初夏，郭沫若在小說創作上的探索已經不再像過去四五年前那樣容易受來自各方面的影響和易變了，因爲在這之前他通過各方面的嘗試已經找到了最適合自己的創作方法和小說表現形式。也就是說，他在 1924 年之前就已經確定了他那種自敘性告白小說的獨特風格。儘管小說創作初期所呈現的那種脫離現實（或曰超現實）的獵奇嗜好在《喀爾美羅姑娘》和《葉羅提之墓》等作品中仍有所流露，但標誌著這一時期小說創作主要傾向的畢竟是以現實中作者的私生活爲題材的自敘性告白小說。

下面讓我們來看這類作品的代表作《飄流三部曲》和《行路難》。

中篇小說《飄流三部曲》由《歧路》、《煉獄》和《十字架》三個獨立的短篇串寫而成。主人公是第三人稱「愛牟」——一個在日留學的中國大學生。從寫法的傾向性上講，無疑屬於自我告白式小說的範疇。首篇《歧路》的這一醒目的標題明顯具有某種象徵意義。想必是當時作者在職業、家庭等等問題上正處於選擇現實還是理想的岔路口上。本書在實證考察郭沫若留學福岡時期的生活狀況的章節裡對此類問題已經有過較爲詳細的論述。我們知道，郭沫若在 1923 年底至 1924 年初的這段時間裡，經過無數次煩惱和內心搏鬥，終於狠心哪怕是違背家鄉父老和妻子佐藤富子的期待也決不當醫生。一年前他從九州帝國大學畢業回到上海時就立志要以文學開拓自己的人生之路。然而，以他爲首的創造社早期同人們在提出創造這一建設中國現代新文學的口號以後，由於在對年紀尚幼的新文學陣營中既成的新文學進行清算的時候樹敵太多（而且這些詩人作家在反對舊文學這一點上曾經是創造社的同路人），故在文壇詩壇上顯得非常的孤立無援，甚至被不少人視爲新文學的異端。對郭沫若等人來說，1923 年（特別是下半年）是非常不受歡迎的一年〔註 18〕。他所寫的作品（這時郭沫若已經是一家四口，現實已經讓他認識到僅靠寫詩詩絕對不能養家糊口的），特別是小說多次遭到攻擊和非難後突然間失去了大量的讀者。這時「他眞覺得茫茫天地之間只剩下他孤零的一人，四面的人都好像對他含著敵意，京滬的報章上許多攻擊他的文章，許多批評家對於他所下的苛刻的言論，都一時潮湧了上來」（《歧路》）。偏偏在這種時候，郭沫若開始懷疑起自己到底有沒有小說家的才能。創作《女神》時期爆發的無法按耐的強烈的創作衝動再也沒有光顧過他。他開始感到一種從未有過的精神上的惶恐和不安。照現在的情形，靠寫小說維持家計的人生設計看來也要被殘酷的現實打破了。如果搞文學塡不飽一家人的漉漉饑腸，那麼以後何去何從呢？作者郭沫若躑躅在人生的歧路上。

有關《飄流三部曲》的研究，歷來都是關注其作者私生活情節的展開和作者的價值觀。鑒於這篇小說相對來說比較爲讀者所熟悉，在此就免去對作品梗概的贅述。在對作品作出價值判斷之前，筆者認爲有必要先考察一下在自敘性告白小說的寫法上郭沫若的個性因素。

〔註 18〕關於郭沫若 1923 年回國後被文壇視爲異端一事，見他本人的《歧路》、〈文學革命之回顧〉（1930 年 4 月 10 日《文藝講座》第 1 冊）；郁達夫：〈創造出版部的第一週年〉（1927 年 3 月 19 日《新消息》週刊創刊號）等。郁達夫在該文中證實：「這時候沫若也已回國……，我們一邊在飲書局的薄醴，一邊更在受社會上已成名的諸人的反對，苦戰惡鬥，拼命的吃苦，拼命的做文章。」

《飄流三部曲》的主人公，是一對中國留學生夫婦——丈夫愛牟和妻子曉芙。我們從對兩個主人公性格的設定可以窺出作者創作意圖之一斑。曉芙是三個孩子的母親，爲了操勞一家五口衣食住行的瑣事而精疲力竭。她認定只要丈夫完成學業當上醫生，生活的困苦馬上就能得到回報。爲此，她怎麼也不能夠理解丈夫爲什麼非要放棄醫學而選擇文學之路。另一方面，丈夫愛牟不想當醫生有他的理由。面對不能理解自己的妻子，他狂吼道：「醫學有什麼！我把有錢的人醫好了，只使他們更多榨取幾天貧民。我把貧民的病醫好了，只使他們更多受幾天富兒們的榨取。醫學有什麼！有什麼！教我這樣欺天滅理地弄錢，我寧肯餓死！……・醫學有什麼！能夠殺得死寄生蟲，能夠殺得死微生物，但是能夠把培養這些東西得社會制度滅得掉嗎？」

郭沫若創作《歧路》時的情緒流動若在座標上用曲線來表示，那麼男女主人公圍繞棄醫從文的感情衝突應該是作者情感曲線的第一個高峰。雖然我們沒有必要對這篇小說的細部描寫是否一一與作者的私生活眞實相吻合進行對號入座，但根據郭沫若的自傳中的敘述，他在 1923 年 4 月初回國後，曾主動放棄了去重慶一家英國人經營的醫院當院長的良機。其最主要的原因是爲了在家庭問題上避免和家鄉的父母雙親及糟糠之妻的正面衝突〔註 19〕。事實上，作者郭沫若本人在現實生活中面對的矛盾衝突要比他在小說中所寫的要尖銳得多。儘管如此，郭沫若卻在自敘性告白小說中對這種非常具體的矛盾衝突處理得格外地粗糙。尤其是那種大段大段的豪言壯語或說教式的科白讓人感到空洞無實。對此，當時還是青年作家的沈從文在 1930 年就嚴厲批評郭沫若的這種寫法是說「廢話」〔註 20〕。其實說穿了，小說中的「廢話」不外乎兩種。一種是從小說結構上看是多餘的、或者說是畫蛇添足的部分。它的存在必然影響作品的構成。還有一種是內容上的「廢話」，本來不說讀者也會

〔註 19〕郭沫若由於和日本女性佐藤富子自由戀愛並組成了家庭。他因此受到了父母的斥責冷遇。這種緊張的家庭關係後來雖然由於孫子郭和生的誕生得到了緩和，但他的父母雙親在視張瓊華爲正妻，佐藤富子爲妾這一點上始終沒有讓步。郭沫若知道，如果自己到重慶的醫院當醫生，絕對無法避免怎樣面對父母以及結髮妻子張瓊華的問題。於是，在婚姻問題上不肯向父母妥協的郭沫若選擇了一條避免問題表面化的道路。他的想法是，只要不接受當醫生的聘請，也就用不著回重慶。這樣也就可以免得在家鄉父老面前帶著那頂「不孝之子」的沉重的帽子。

〔註 20〕沈從文：〈論郭沫若〉，此處引自黃影人編《郭沫若論》，光華書局，1931 年 9 月出版。

明白但作者饒舌言猶未盡，結果反而奪走了讀者的想像空間和想像過程中能夠得到的愉悅。

郭沫若早期小說中的上述描寫無論屬於哪一種「廢話」，從小說創作藝術上來講都是不必寫進小說的。然而，郭沫若寫了。不僅寫了，還逐漸形成了他的自敘性告白小說的一種個性特色。其實，二十年代前半期的郭沫若和 30 年代初期的沈從文在文壇上的立場是有著很大的差異的。後者從純藝術的角度批評，而前者寫小說的目的可以說只有兩個。一是借小說把自己的思想告訴讀者大眾，二是賣稿掙錢養家糊口。有時候寫稿賣錢甚至成爲創作的直接動機或者第一動機。1924 年的郭沫若拖著一家五口在日本過飄流不定的生活，既沒有穩定收入，經濟上亦無依靠。一次次因爲拖欠房租被房東趕出門所受的屈辱，三個孩子喊肚子餓的哇哇哭叫，妻子的埋怨叨叨，像一條條繩索勒緊了郭沫若的脖子。他不知道問過自己多少遍：自己到底能做些什麼才能改變家庭生活現狀。

郭沫若棄醫從文是因爲他懷有遠大的理想。既然認定了文學這條路，就必須走到底，不管這條路前面有多麼坎坷。1924 年上半年，郭沫若認眞地考慮過是否放棄文學而從事生理學方面的研究。那完全是生活所逼。然而，他好不容易才設計出一幅新的生活藍圖，卻又一次被現實無情地撕得粉碎。文壇上的失意、理想的幻滅加上生活上的極度困苦，使得郭沫若變得非常焦躁不安。這種焦躁不安在這段時期寫下的小說中往往以對現實進行咒罵的比較極端的形式體現出來。感情嚴重失去平衡，導致他產生對寧與靜的渴望以遏制情緒上的煩躁。我們在同一時期的隨筆散文中讀到的那種對恬靜的追求，可以說正是郭沫若對自己在小說中表現得過於焦躁不安的一種情緒上的彌補。

如果說郭沫若想通過《飄流三部曲》對讀者傾訴什麼或者說是想對讀者灌輸些什麼的話，筆者認爲，那應該是一種對當世的極端憎恨。這種自敘性告白小說的寫法，無疑顯示出作者具有英雄主義加情感潔癖的雙重性格。過去的研究有於一味追求觀點的新穎而往往因爲不大注意這些細節而流於空論。要知道，在這一點上，郭沫若甚至與寫同類小說的郁達夫也不一樣。兩個人的作品中都不乏對生活細部的描寫。然而，郁達夫的自敘性小說卻屬於一種比較徹底的客觀描寫（他那奇特的私生活體驗給予讀者的巨大衝擊另當別論），故難以發現作者想要通過小說向讀者傾訴什麼或灌輸什麼的意圖。

《歧路》中作者感情流動出現的第二次高峰才是小說情節發展的眞正高潮。出於生活所迫，主人公愛牟不得不靠賣文爲生。然而文壇上的不遇使得他的小說滯銷。他掙不到錢養活家人，妻子曉芙只能帶著幾個孩子回自己的母國日本去另謀生路。愛牟孤零零一個人留在上海這座冒險家的樂園。不眠之夜是那樣地漫長，他懷抱著妻子沒有帶走的棉襖，拼命地吸著殘留在衣服上的妻子的體味慰藉著自己精神和肉體兩方面的傷痛。

必須指出，這篇小說的結尾與同時代日本自然主義文學大家田山花袋的著名小說《棉被》所描繪的情景細節非常接近。只不過《棉被》的女主人公是男主人公（作家）暗戀的一名女弟子。也許過去有論者指出過這種類似，但筆者認爲，田山花袋的《棉被》將作者對自己的女弟子所持有的中年已婚男性的變態戀情赤裸裸地暴露在讀者的面前，它除了產生對讀者靈魂的巨大衝擊震撼之外，同時還表現出自然主義作家田山花袋對既成社會道德和家庭倫理的勇敢挑戰。對郭沫若的《歧路》和田山花袋的《棉被》進行比較，我們儘管可以在《歧路》中大致把握作者的英雄主義崇拜和極度自慚形穢的形象，但卻很難感受到《棉被》釋放出來的那種反抗社會反抗封建倫理道德的現代人的自我覺醒。

二十世紀二十年代創作上述自敘性告白小說的留日中國學生決不止郭沫若一人。僅就創造社而言，大多數同人都是以自己在異國他鄉的境遇爲題材進行創作。筆者認爲，這裡面主要有兩方面的原因。一是他們當時幾乎都處在學校這一比較封閉的空間。由於日本大正時代整個日本國民對支那以及支那人群體的普遍歧視，他們即使和日本人生活在同一空間，也難以深入瞭解他們的生活以及風土人情。相比之下，比較熟悉的還是海外留學生的生活體驗。另外一個原因應該說是來自日本大正文學最主要的表現形式——私小說、心境小說的影響。除了西洋書籍以外，留日學生所讀所看的，無論是報刊連載小說還是流行的文學雜誌，幾乎都是這種對作者的私生活進行寫實的私小說。所以應該說是生活環境的局限制約了他們的文學創作。之所以我們在郭沫若等創造社同人的小說中，既讀不到魯迅的《狂人日記》那種對人世間的冷徹觀察，也難以找到三十年代以後沈從文小說那種對（湘西農村）人物性格的細膩的描寫和刻畫。

《飄流三部曲》的第三篇《十字架》，開頭是安娜 1924 年 2 月帶著幾個孩子從上海返回福岡後寫給郭沫若的一封信。想必素材是作者郭沫若從日文翻譯過來的。該信中有這樣的表述，妻子曉芙說「我依然是寂寞，無論走到什麼地方去，一種深不可測的孤獨的悲哀好像洄漩一樣旋湧起上來」。筆者認爲，女主人公這種極度的孤獨或許表露出她對家庭將要面臨某種危機的預感。要知道，現實中的曉芙（佐藤富子）是一位意志堅韌不拔的女性，可以說每當郭沫若跌入情緒低谷時她都無私地給予他愛與鼓勵。她一直在按照自己設計的人生藍圖塑造自己的丈夫。在她的理想王國裏，丈夫是醫生，自己是護士。家庭生活恩恩愛愛，事業上攜手互勉。然而她的理想竟然在即將實現的一瞬間破滅了。丈夫完成了醫學方面的學業，拿到了學位，畢業後衣錦還鄉。夢寐以求的生活伸手可及。可是丈夫卻執意拋棄這一切走自己想走的另一條道路。從這個角度看，女主人公曉芙在信中表露出來的這種孤寂感，毋寧說是她的生活敗北感和幻滅感。

作品中妻子曉芙帶著孩子們回日本既是爲了另謀生路，也是爲了讓丈夫愛牟能夠靜下心來創作長篇小說。沒想到這種好心和期待反而變成了一種無形的精神壓力，使得愛牟越發寫不出來。然而，郭沫若當時寫不出小說的眞正原因卻不僅僅是由於上述精神壓力。時值 1924 年 2 月前後，從前創作《女神》的那種鬼使神差的創作衝動已經離他遠去。新詩創作上的成功爲他奠定了詩壇上的地位，並使得他放棄了醫學專業而走上文學創作這條人生之路。然而當他第一次以職業創作家的姿態出現在國內文壇時，他開始不得不面對來自四面八方的非難和攻擊。他發現從前自己在國外創作是那麼得心應手，而自從放棄過去的邊緣視角直接參與國內的生活現實以來，文壇上竟沒有自己的立足之地。在這種情況下，郭沫若很清楚，只有寫出有分量的「大的作品」，才能夠確保自己在詩壇上的地位。我們應該看到，1924 年 2 月前後郭沫若異常地拘泥於長篇小說的創作，除了寫短篇難以養家糊口這一理由之外，更重要是爲了想向當時的文壇顯示自己作爲小說家的存在。

應該說 1923 年下半年至 1924 年 2 月這段時期郭沫若陷入了文學創作的低谷。爲了擺脫文壇上難以立足的危機，他必須寫出「大的作品」而總是力不從心。這時的他，正如在《十字架》中告白那樣，自開始從事文學創作以來，第一次對自己的文學創作才能產生了懷疑。他發現自己越讀外國名著越感到自己不可企及。他把自己的才思枯竭歸咎於私生活的平淡無奇和表現力的單薄。他曾經構思過一個以妻子爲模特兒的長篇愛情小說，連題目都準備好了叫《潔光》，可是一旦伏案執筆面對文稿紙，他竟然連一個字也寫不出來。這種創作狀態的持續，使郭沫若頭一次嘗到了江郎才盡的滋味。他越來越對自己產生懷疑。懷疑自己「對於文學時毫無些兒天才」。正是由於有了這樣的認識，作者才在小說的尾聲裏作出了最後的抉擇。他的靈魂在喊叫：「什麼叫藝術，什麼叫文學，什麼叫名譽，什麼叫事業喲！這些鍍金的套狗圈，我是什麼都不要了。我不要丟了我的人性做個什麼藝術家，我只要赤裸裸的做著一個人」。

從這段作者的靈魂告白中我們可以得知，1924 年上半年，在郭沫若的眼裏，文學家與生活在現實中的活生生的人是互不相容的極端對立的存在。在他看來，若要當文學家，就必須和人世間的一切決裂，包括和自己的人性決裂，亦即「熊掌」和「魚」，不可兼得。這種人爲地把文學和生活極端對立起來的觀念其實並非中國的傳統思想。試觀察同一時期國內作家們的情況就不難驗證這一點。筆者認爲，這樣一種文學觀和人生觀在 1924 年的郭沫若腦子裡形成有多方面的原因。其中至少有兩點必須看到。

第一，來自日本大正時期私小說作家的影響。這一點將在後面提到，故在此暫時點到爲止。第二是郭沫若當時的理想追求與現實生活之間發生的嚴重錯位。儘管他在作出棄醫從文的人生選擇的時候對此心理上有所準備，但無論是作爲丈夫還是作爲父親，他都不是一個全無責任感的人。尤其是官費留學生生活結束後必須得靠自己的力量養家的時候，他對自己的力不從心無比怨恨時，心理上的平衡自然轟然崩潰。我們在他的早期自敘性告白小說中所讀到或感受到的，可以說正是作者郭沫若在這種理想與現實、自由與責任之間痛苦的掙扎。如果前者占上風，他會置家庭及生存現實而不顧；如果後者佔了上風，他則會後悔不迭，回到做父親和做丈夫的生存位置。

郭沫若如此這般將自己的私生活寫進小說，同時還將小說中的描寫付諸於實際行動。兩個月後，他盡責任編完了第 100 期《創造週報》以後，就匆匆趕往日本福岡去了。對郭沫若來說，那裡有他的愛妻和骨肉，那裡是一片沒有文壇傾軋的安靜的土地。大學畢業時，他曾經將日本詛咒爲「聞名的監獄」。他躊躇滿志歸心似箭，做夢也沒想到過一年後會重新踏上自己留學時期生活了近十年的這塊異鄉國土。此次返回，是因爲他已經決定要同「悲多汶歌德」「永遠告別」，申請接受石原誠博士的指導在母校醫學部生理學研究室從事生理學方面的深入研究。他在小說中懺悔自己的過去，暗自在心裡發誓：「我是要做我愛人的丈夫，做我愛子的慈父」，哪怕「當討口子」，哪怕「死在海外也可以」。事到如今，郭沫若甚至做好了在日本「實在不能活的時候」，先「把三個兒子殺死」，然後和安娜「緊緊抱著跳進博多灣里去」的思想準備〔註 21〕。

對於一個文學者來說，藝術究竟意味著什麼？在這個非常重要的問題上，我們通過以上作者的性格袒露可以看出郭沫若與活躍在同一時期的日本文壇上的日本大正私小說作家們之間有著明顯的區別。

對日本的私小說作家來說，藝術必須是一種超越俗世之愛的存在。這在日本的大正時期可以說是一種常識。在芥川龍之介的著名短篇小說《地獄變》中，藝術家在愛情與藝術之間沒有任何選擇的餘地。欲追求藝術，那麼家庭就必然成爲這種追求的犧牲品。根據日本現代文學權威批評家平野謙和伊藤整提出的「私小說二律背反論」，私小說作家在自己的私生活中進行某種有意識的調和，或對實際的私生活顯示出某種妥協的時候，「要不是作品成爲謀生的手段，便是寫不出作品」〔註 22〕。而且，「只有那些總是失敗的人，被欺負受淩辱的人，絕望的人，戀愛失敗的人和病弱貧窮的人才擁有寫作私小說的權利」。「只有設身處地站在苦悶者的立場，才能獲得一種特殊的犧牲品的感受和眞正的人的感動」〔註 23〕。另一位日本大正時期的著名詩人兼私小說家佐藤春夫於 1922 年創作了一篇題爲《都市的憂鬱》的小說。在這篇作品中，他明確地論述了作家及文學愛好者和藝術的關係。

> 藝術家對於藝術，即使他爲了藝術而在世上置身於怎樣的困境，一切都將在藝術之名下變成喜悅的感受或一種驕傲，……藝術家決不會怨恨、輕視和疏遠藝術。……這已經成爲一種信仰歸依〔註 24〕。

然而，同一時期創作同類小說的郭沫若又是怎樣看待這個至關重要的關係的呢？

〔註 21〕《十字架》中有以下內心獨白：「我不久便要跑到你那裡去，實在不能活的時候，我們把三個兒子殺死，然後緊緊抱著跳進博多灣裡去吧！」

〔註 22〕伊藤整：〈近代日本作家的創作方法〉，《伊藤整全集》第 17 卷，日本新潮社 1973 年 7 月 15 日出版，第 169 頁。

〔註 23〕同注 22。

〔註 24〕佐藤春夫：〈都市的憂鬱〉，河出書房新書，1969 年 8 月 30 日初版，日本文學全集 II-11《佐藤春夫集》，第 99 頁。

《飄流三部曲》第三篇《十字架》中所描寫的作者的心理活動和行動，有時甚至會讓人感覺到一種對藝術的詛咒和褻瀆。最令人不可思議的是，郭沫若這種觀念的表露並不能完全歸咎於一時性的感情衝動和動搖而是以一種覺醒的姿態表現出來的。正如本書在前面對郭沫若留日時期的言行進行考察所得到的結論一樣，應該說他基本上不具備被稱之爲「眞正的藝術至上主義私小說家」的資格。或許郭沫若從一開始就沒有將私小說這種文學表現形式視爲一門「眞正的藝術」。關於這一點，正如筆者在前面考察《他》這篇郭沫若式私小說（前面出於表述上的方便稱之爲自敘性告白小說）的原始形態所知道的一樣，作者總是在藝術與生活這兩個極端跳過來跳過去。時而全然置生活現實於不顧而一味謳歌藝術的神聖，時而因爲受不了良心的苛責而折過頭來向生活謀求調和，其結果是嘲弄自己對藝術的獻身，甚至對崇高的藝術惡言相加。筆者認爲，私小說中所顯露出來的上述作者的性格，從某種意義上講，反映出郭沫若學生時代形成並發展起來的功利主義人生觀。當然，從郭沫若一生所走過的人生道路來看，文學藝術雖然是他自我實現的一種形式，但卻不是唯一的形式。

《行路難》是郭沫若於 1924 年 10 月在日本佐賀縣北山古湯溫泉寫下的中篇自敘性告白小說。描寫的是 1924 年 8 月至 11 月在日本貧困的流浪私生活〔註 25〕。登場人物仍然是中國留學生愛牟、妻子曉芙。和前面提到的作品不同的是男女主人公的孩子們都以本名出現在小說中，背景是博多灣和佐賀的湯原溫泉。小說以作者自敘的形式展開，但主人公卻以第三人稱出現。從小說的結構上看，既有比較成形的故事情節，也不乏對登場人物的性格描寫。與同一時期的另外一些以抒情手法描寫作者的日常瑣事以及微妙細膩的心緒變化或者美文體散文相比，《行路難》中關於事件的客觀描寫所佔的比例要多得多。想必這主要是由於其它短篇重點在於感情的抒發而《行路難》卻在於作者私生活的寫實。儘管如此，我們從中還是能夠發現郭沫若小說中特有的

〔註 25〕關於《行路難》這篇小說，近年來國內出現了持批判觀點的新說。認爲郭沫若的這篇小說和郁達夫的《蔦蘿行》一樣，實爲對貧困的炫耀。而且，郭沫若的這種對金錢及物欲的批判和對貧困的讚美與其說是對資本主義的批判，毋寧說反映了中國傳統封建士大夫的變態心理。筆者認爲，這種說法應該說是一種對郭沫若的誤讀。因爲《行路難》這篇小說描寫的是在物質文明發達的資本主義社會日本的極端貧苦的私生活。作品力圖向讀者傾訴的正是對造成這種貧困的資本主義制度的強烈憎恨。

直抒胸臆的「癖好」。例如第三章「放浪者的情緒」中就插入了完全與事實的客觀描寫毫無干係的抒情部分。主人公一次次被迫搬遷而屢受屈辱，為了找回失落的自尊，作者竟不顧小說的情節展開回顧起中日兩國的交流史，以指控現代的日本人的「忘恩負義」。這種怎樣生活就怎樣寫進小說，想到哪裡就寫到哪裡的創作手法，儘管在表現上有失誇張，但與作品的整體性與故事情節的展開並未構成大害。

我們從郭沫若 1924 年秋夏創作的自敘性告白小說中可以發現與同時代國內作家截然不同的性格特徵。如果對郭沫若小說創作的這種特徵進行界定，那麼筆者認為它的涵義應該是：作者一方面將寫在小說中的事件如實搬進自己的實際生活之中，而同時又將現實私生活中正在發生的事不經擱置不經篩選地用進小說。這種創作手法最根本的特質也就是作者人為地使自己的私生活與文學創作同步。

一般地說來，作家把自己的親身體驗寫進小說這並不鮮見。但是這種體驗往往指的是過去的體驗。也就是說，在執筆創作和體驗生活這兩項行為之間必須有一段時間上的間隔。然而郭沫若的創作明顯與之不同。這種個性不僅限於小說，我們甚至在 1920 年正式初版的書信集《三葉集》中也能觀察得到郭沫若生活中的某種「自演性」。早在郭沫若創作小說之前，就已經有了日本私小說的濫觴、流行和作為近代日本文學最具代表性的創作方法的定型。日本文學批評大家伊藤整指出這種創作方法的實質是「生活的方法即文學的方法」〔註 26〕。筆者在這裡想要指出的是，伊藤整下的定義同樣適用於郭沫若的自敘性告白小說。如果要追溯郭沫若的此類小說創作方法的來源，應該追溯到日本大正時期的私小說。

第四節　實驗小說之四
——郭沫若的敘事策略：夢幻空間的虛構

對愛情和理想的追求，往往會在現實中遭受到意想不到的挫折。極度的貧困、掙扎在自由與責任之間所產生的精神壓力、弱小民族的壓抑感、屈辱感、利比多以及自己精神上的潔癖如此等等，要戰勝這一切，郭沫若摸索到了一種把在現實生活中不能實現的自我置入夢這一虛構的空間使之得以

〔註 26〕伊藤整：〈近代日本作家的創作方法〉，《伊藤整全集》第 17 卷，第 161 頁。

實現的自我實現方式。我們只要稍加留意，就會發現郭沫若的自敘性告白小說所表現的寫實世界裏，幾乎都穿插有以夢的形式出現的虛構的空間。筆者認爲，郭沫若早期自敘小說所具有的虛構性主要從以下兩個方面顯露出來。

首先是登場人物的設定。如前所述，郭沫若的早期小說大多屬於自敘性告白小說。儘管如此，此類作品的主人公未必都是第一人稱的「我」。像在《未央》（1922）、《聖者》（1924）、《喀爾美羅姑娘》（1924）和《飄流三部曲》（1924）等一系列重要作品中，主人公就不是第一人稱的「我」而是能夠直接聯想到作者本人的第三人稱「愛牟」。除此之外，還有像《葉羅提之墓》（1924）和《萬引》（1924）那樣，作品主人公是與作者的存在毫無干係的日本人名或顯示出某種異域風情。雖然在《牧羊哀話》（1919）和《落葉》（1925）裡面作者也以第一人稱「我」登場，但在作品中最多只扮演敘述者的單一角色。我想，作品中的人物設定可以說是郭沫若早期自敘性小說的一項重要的實驗要素。儘管它只是一個方面的因素，但我們卻能從中管窺出郭沫若在創作此類小說時有意識地將作者和登場人物的物理距離拉開的虛構意識。

最能夠反映郭沫若早期自敘性小說的虛構性的，應該說是小說中夢這一情節的設定。郭沫若在 1923 年所寫的文藝評論《批評與夢》中坦率地談到過他自己受到榮格（Carl Gustav Jung，1875～1961）心理學及弗洛伊德（Sigmund Freud，1856～1936）精神分析學的影響。我們通過對榮格的閱讀可以知道，榮格心理學認爲所謂夢，不外乎是一種人的自然調整的心理過程。它與人的身體機能所擁有的補償功能酷似。從這一意義上講，夢具有三種補償功能。其一是能夠對自我結構引起的目前的歪斜進行修正，並能引導人從更爲寬廣的視野去理解自己的態度和行動。其二，夢作爲人內心的自我表現，它能夠讓個性化過程中出現的必然與現實中的自我發生碰撞。其三，由於夢中自我的同一性是覺醒狀態下的自我的同一性的一部分，故夢亦是呈原始形態的自我在某種程度的意識水平上欲對其同一性所依據的劣等感覺結構進行直接改造所做的一種嘗試〔註 27〕。

對描寫了夢的郭沫若早期小說進行一番梳理，我們會發現，自處女作《骷髏》開始，郭沫若在《牧羊哀話》、《殘春》、《喀爾美羅姑娘》、《月蝕》等等

〔註 27〕James A.Hall 著・氏原寬譯：《榮格派關於夢的解釋——理論與實際》，日本創元社，1985 年 11 月 10 日初版，第 38～39 頁。

寫得比較成熟的一系列作品中穿插了夢的場面。如果對夢的描寫止於一般意義上的插曲或情節展開上的點綴倒也不必小題大作。然而郭沫若小說中的這些夢卻並非作者安排的隨意性插曲而是出於作品本身結構上和表述上的需要。筆者認為，辨別這一點有著十分重要的意義。而且，儘管同樣是夢，早先的夢和後來的夢大有區別。《骷髏》和《牧羊哀話》中主人公「我」所做的夢，多少屬於獵奇手法的應用。夢的內容與荒唐怪誕的帶有濃鬱異域風情的傳奇故事的斑斕刺目的色彩相符相配。然而在《殘春》、《喀爾美羅姑娘》以及《昧爽》〔註 28〕和《夢與現實》〔註 29〕這樣的作品中，夢的描寫或敘述本身就開始帶有明顯的象徵意義，或者說夢的設定即某種觀念的曲折敘述。夢中的主人公成為掙脫了家庭、義務、責任以及社會道德等現實束縛而獲得瞭解放的「自由」的存在。這樣的夢的穿插實際上為我們把握作者的深層意識結構提供了某種較為可靠的暗示。

下面，我們來試釋幾個作品中的夢。

筆者認為郭沫若自 1922 年就已經開始在小說中描寫人的潛意識，故在此先通過對寫於 1922 年 4 月的短篇小說《殘春》裏的夢進行解析，來試觀察作者的實驗動機以及實驗內容。

《殘春》中既有像主人公「我」、妻子曉芙、和朋友賀君這樣與現實中人重合的登場人物，也有白羊君和 S 護士那樣的虛構人物。雖然小說的舞臺看得出來是博多和九洲北端的門司，但背景的描寫可以說完全是寫實，使得博多及門司的風物活靈活現，呼之欲出。故事情節非常簡單。第一人稱「我」是某帝國大學醫學部的中國留學生，與妻子和幾個孩子同住在福岡。一天，「我」的友人賀君因為自殺未遂被送進了門司的一家醫院。「我」隨前來報信的白羊君前往門司看望賀君。在醫院，「我」與年輕的 S 護士相識。「我」與她之間愛情開始萌芽。而白羊君也傾心與 S 護士。在與 S 護士的交往中，「我」產生了一種罪惡感。儘管如此，「我」依然做著夜裡與她在門司的筆立山密會的夢。夢中，「我」的妻子覺得自己已被丈夫所拋棄，悲傷之餘精神失常，親手殺死了兩個年幼的兒子。

在分析這個夢之前，我想有必要略為提及 30 年代文壇對《殘春》這篇小說的批評。

〔註 28〕初出 1923 年 9 月 30 日《創造週報》第 21 號。
〔註 29〕初出 1923 年 12 月 23 日《創造週報》第 32 號。

1922 年 10 月 12 日，《學燈》載出一篇題爲《「創造」第二期讀後感》（署名攝生）的批評文章，立刻引起了文壇廣泛的注目。該文指出「郭沫若的那篇《殘春》，除了句子構造藝術手段尚好外，我個人是不贊成這篇作品的。我從第一章第二章繼續看下去，簡直不知道全篇的 Climax 在什麼地方。都是平淡無味。不過在每章每節裡發表他的紀實與感想罷了，而且他，Conclusion（終結）也沒有深的含義與連絡」。可以說這是一篇對《殘春》的藝術價值進行全面否定的批評。面對這樣的非難，郭沫若半年後寫了反批評《批評與夢》〔註 30〕，首次在文學批評中袒露《殘春》這篇小說的創作手法以及趣旨。

關於《殘春》的創作，郭沫若這樣披露道：「我那篇《殘春》的著力點並不是注重在事實的進行，我是注重在心理的描寫。我描寫的心理是潛在意識的一種流動。——這是我做那篇小說時的奢望。若拿描寫事實的尺度去測量它，那的確是全無高潮的。若是對於精神分析學或者夢的心理學稍有研究的人看來，他必定可以看出一種作意，可以說出另外的一番意見」。

就《殘春》而言，郭沫若所說的「心理描寫」和「潛在的意識流」是靠夢呈現出來的。在此，夢不僅僅是作品的重要組成部分，而且同時也是小說全篇的高潮。很明顯，郭沫若是在利用《殘春》做表現潛意識流的實驗。然而，這是一種什麼樣的意識流，而且《殘春》裡的夢又意味著什麼呢？

關於以夢的形式表現出來的人的潛意識流，郭沫若在《批評與夢》這篇批評文章中已經顯露出對弗洛伊德精神分析學和榮格心理學的理解。他認爲，前者「是主張夢是幼時所抑制在意識下的欲望的滿足」。精神分析學家們對夢所作的解釋是「夢是晝間被抑制於潛在意識下的欲望或感情強烈的觀念之複合體，現於睡眠時監視弛緩了的意識中的假裝行列」(《批評與夢》)。

主人公愛牟在朋友住的醫院鍾情於一名叫 S 的護士。S 護士亦爲醫科大學生愛牟所吸引。然而愛牟是有婦之夫。這番戀情自然不會有皆大歡喜的結局。其實，由於這場戀愛從一開始就已經知道了結局，所以愛牟一直將自己的感情抑制在潛意識之下。然而，這種人爲的壓抑直接導致了夢中潛意識的活躍。本心而論，愛牟喜歡 S 護士，而且希望能與她約會。現實中的愛牟因爲受到道德觀念的制約而不能將自己的願望付諸實現。然而，實現不了並不等於不想實現。在夢裡，道德觀念的監視和制約被解除，人的欲望呈自然狀態。小說中愛牟在夢中與 S 護士幽會於筆立山，這一場面可以說主人公晝間

〔註 30〕1923 年 3 月 3 日福岡作。初出同年上海《創造》季刊第 2 卷第 1 期。

未能得到滿足的欲望的直接呈露。S 護士訴說自己胸部不適，愛牟爲她診察時無意看見了她美麗的胴體。這種描寫讓人感到有一種對美的佔有欲的蠢動。在夢幻這個意識呈解放狀態的世界裏，晝間的罪惡意識也以另一中姿態跳了出來。正當愛牟和 S 護士的身體相接觸的時候，同樣傾心於 S 護士的留學生白羊匆匆趕來，並告知愛牟家中發生了母殺親子的慘案。白天的愛牟已對情敵白羊的存在略爲有所不滿，夢裏白羊在微妙的時刻出現阻止愛牟和 S 護士的關係發展。在潛意識中，對愛牟來說，自己的家庭、孩子、特別是妻子的存在成爲他愛情自由發展的最大障礙。白晝間的罪惡感在夢中以遭受天罰的形式出現這也不難理解，但妻子瘋狂慘殺親子這樣極端的結局誰能預料得到呢？

「由賀君的發狂而影到妻的發狂，由晚霞如血而影響到二兒流血，Sirens 的聯想而影到 Medea 的悲劇，由 Medea 的悲劇而形成夢的模型……（《批評與夢》）」

郭沫若在創作時由此及彼的奔放聯想，最後讓希臘神話中的人物美狄亞爲報復丈夫對自己的遺棄而親手殺死自己的兩個兒子的慘案作爲自己尋求愛情自由的高昂代價。筆者認爲，郭沫若的這種由此及彼的聯想同樣適合思考對文學不顧一切的追求和現實家庭生活這兩者的關係。在這個夢裏，我們又一次看到他那種將理想與現實極端地對立起來的觀念。

接下來考察寫於 1923 年的《昧爽》、《夢與現實》以及《月蝕》〔註 31〕等作品。我們將會看到在這些作品中，作者對夢這一情節的安排以及暗示性的運用等方面呈現出來的變化。

《昧爽》這篇作品可以說是作者以幻聽和幻覺這種荒誕形式展現給讀者的作者私生活的一個斷片。主人公「我」夜晚孤零零地睡在床上，在夢中聽見幾隻臭蟲像幽靈一樣在聊天。它們吸飽了「我」的鮮血，口口聲聲高喊著它們是熱愛和平的種族，不應該遭到人的虐殺。「我」憤憤不平地找到這些喝人血的饒舌怪物一一將它們撲殺。整個故事情節就是這麼簡單。然而故事的荒誕性卻讓人聯想到奧地利存在主義小說家卡夫卡（Franz Kafka，1883～1924）的名篇《變色龍》。作者的敘事方式以及在幻想世界中描寫現實的手法讓人想起蒲松齡的《聊齋誌異》。「怪物！喝著血液的怪物！但是這類的東西太多了，我的聯想的力量就好像浮在一個茫茫的大海裡」。

〔註 31〕初出 1923 年 9 月 2 日，9 日《創造週報》第 17 號、18 號。

作者甚至在夢中也沒有忘記直抒胸臆。然而作者的這句話，像具有魔力一般將讀者拖入1923年上海昏天黑地的現實。筆者認爲，這篇怪誕荒唐的小品無疑暗示了上海這所冒險家的樂園中剝削階級和被剝削階級之間的對立。我們至少可以從三個方面的象徵性效果上觀察到作者的煞費苦心。第一是「我」在故事中所扮演的伸張正義的角色；第二是讓靠吸人血活命的臭蟲們以僞善者的姿態登場；第三是讓從睡夢中覺醒過來的人把它們全部殲滅。

我們看到，郭沫若在試圖對某種觀念賦予夢的形態並使之具體化。正是由於夢與現實之間的距離有著不可塡補性，前者才被郭沫若當做了後者的實驗臺。

《夢與現實》與其說是一篇散文，毋寧說是一篇用散文寫成的詩，其中不乏作者思想的閃光。這篇作品的內容正如它的題目所示，是兩幅畫面的鮮明對比。一幅是作者在夢中所見到的景致，另一幅是上海1923年的現實場面。如果說郭沫若在這篇作品上有所成功，那麼這種成功即意識到了理想與現實的距離並通過文學使其具現化。

下面是有關這兩幅畫面的具體描繪。

夢中世界	現實世界
月光一樣的太陽， 幽閒的樹木， 在麝香豌豆花叢翻飛的蝴蝶， 詩人泰戈爾走進花園， 一位盲目女郎贈以花環， 群蝶變成美麗的女郎擲來花環，	1923年的上海市民厚南里， 街頭一身穿破爛單衣的盲女乞丐，一個四歲光景的小女兒， 烏黑的帆布背囊， 凍得發紫的肉體， 黃腫的面孔，

兩幅畫面形成鮮明的對照。然而，作者接下來並沒有將是非善惡的價值判斷拋給讀者。如果說作者通過夢想與現實的對比而醒悟到了什麼，那麼它就是「人生的悲劇何必向莎士比亞的傑作去尋找，何必向川湘等處的戰地去尋找，何必向大震後的日本東京去尋找呢？」（《夢與現實》）

筆者認爲，寫在《夢與現實》裏的這段話對探索這一時期郭沫若的思想變化有著非常重要的意義。留學時期的郭沫若通過詩歌對自己的祖國表達出強烈的眷戀之情，從某種程度上講，是由於他與祖國的現實保持著一定的距離。當他1923年3月末從日本九州帝國大學醫學部畢業回到上海之後，他不但目睹了外國人淩辱自己同胞，還親身體驗到了國內政治的腐敗、百姓的極端貧困和頻仍不斷的戰亂給國民造成的災難。可以說正是這些活生生的現實使得他的思想發生了巨大的轉變〔註 32〕。在這之前，他只有停留在感性認識水平的對貧苦勞動大眾的同情心和對有錢人的憎恨。然而，1923 年以後的他，通過對國內社會現實的體驗而對好憑感情走極端的故我作出了否定。1924 年閱讀翻譯河上肇的《社會組織與社會革命》，事實上爲他創造了一種契機，他的思想由此開始急遽向社會主義傾斜，而且更重要的是從前的感性認識在這一時期發生了質的變化，即上陞成爲了一種階級對抗意識。這一時期創作的《夢與現實》可以說從一個側面反映了這種思想上發生質變的前兆。

以上通過對《昧爽》和《夢與現實》這兩篇作品的觀察分析，我們至少獲得了以下認識，即郭沫若這一時期創作的小說散文中所描寫的夢，雖然觀念性非常強而且富有象徵性和暗示性，但畢竟缺乏具體性。這種創作狀態持續了一段時間後，在小說《月蝕》和《喀爾美蘿姑娘》中又開始發生了變化。

《月蝕》是郭沫若 1923 年 8 月在上海寫成的自敘性短篇小說。其中描寫了男女主人公兩個人各做的一場夢。

小說的主人公「我」由於沒有固定職業而不得不靠賣文維持一家的生活。文壇上的不遇使得「我」在上海一貧如洗。幾個在日本博多灣出生的孩子對大海有著特殊的感情。孩子們吵著要去看海。「我」答應帶它們去可又付不起到黃浦江口的電車錢。於是改變主意決定去「華人與狗不得入內」的黃浦公園。「我」忍受著巨大的恥辱穿著西服帶著天眞無邪的孩子們在公園散步。置身上海這座「冒險家的樂園」，「我」一邊思念家鄉樂山和日本博多灣美麗的自然，一邊在心裡想著「在這個亞當與夏娃做壞了的世界當中，另外可以創造一個理想的世界」。

以上是《月蝕》的故事梗概。「我」與妻子的夢各自穿插在十分隨意的對話裡，顯出從前創作中少有的老練。主人公「我」夢見留學日本岡山六高時

〔註 32〕佐藤富子在回憶錄：〈回支那了的郭沫若〉（日本《新女苑》1938.Vo12.No.4，第 67 頁）中對郭沫若的這種變化有所言及。現摘要譯出如後。「當時我並沒有去想到底是誰將支那的民眾推下生活的無底深淵，我只是不忍看見他們那種生活水平以下的衣食住行和爲活命而掙扎的支那人的身影。……而且，一有機會我就把郭沫若帶去，讓他目睹這種生活。我暗自在心中祈禱爲拯救這些大眾的事業獲得成功。郭沫若思想上開始發生重要變化也正是這個時候，從前他和支那的官僚們一樣對百姓的生活毫不關心，現在他開始同情關心那些在生死線上掙扎活命的支那民眾了。」

期一街坊家的美少女宇多姑娘。這一情節成功地刻畫出作者於生活困境之中亦不忘對理想與美的追求的性格。而妻子的夢中所見卻與丈夫大相徑庭。丈夫的夢輕描淡寫，卻帶有一種亮色；妻子的夢顯得又具體又陰濕。她夢見在自己所嚮往的東京找到一處爲綠色所環繞的住房。搬遷進去以後感覺很滿意。既寬敞房租又便宜，美中不足就是不像在福岡時居住過的抱洋閣那樣能夠收博多灣青松白砂和寶石藍的海灣於眼底。然而，到了夜裏才發現這是一幢用死人的白骨壘造起來的宅子。驚駭之中，女主人公看見丈夫的身體也正在一點點變成白骨。妻子的夢可以說反映出對歸國後丈夫顯出的明顯變化和對生活的不安。丈夫的身體漸漸變成白骨，應該說是妻子意識到違背初衷棄醫從文的丈夫與自己之間的心理距離時產生的恐懼心理的折射。在此，我們再次感受到郭沫若自敘性告白小說的魅力。在前面我們已經對郭沫若的藝術創作與私生活同步的重要特徵有所把握。只有瞭解郭沫若的生活才能知道《月蝕》中的兩場夢所渲染的藝術眞實來自他與佐藤富子的婚姻生活的眞實。

也許由於《月蝕》這篇小說沒有特別引人注目的故事情節的緣故，作品中穿插的兩個夢往往容易被人忽視。然而，與《骷髏》和《牧羊哀話》那樣的試作階段的小說相比，必須承認《月蝕》中的夢有著質的不同。如前所述，郭沫若 1923 年在小說中進行了心理描寫和潛意識表現等方面的嘗試。那一時期的作品中插入的夢大致上與作品故事情節無甚密切關聯。作者講夢這樣一種虛構的空間有意識地織入自敘性小說這樣的寫實主義的世界，目的是爲了嘗試在人爲的夢想空間裏使顯示日常生活中受到壓抑和束縛的個性與感性得到自由和解放。郭沫若的這種文學創作意圖在後面的代表作《喀爾美蘿姑娘》的論述中再次得到驗證。

《喀爾美羅姑娘》是郭沫若 1924 年 8 月正值早期小說創作高峰時期寫下的一篇雙重人格者的活生生的懺悔錄。與同一時期其它自敘性告白小說一樣，它也是以日本大正末年福岡與博多爲背景的作者私生活的寫實。

這篇小說仍然按老套路——由第一人稱「我」的敘述展開。「我」是位於日本福岡市某工科大學的中國留學生，與妻子瑞華和兩個孩子一起在異鄉日本生活。有一天聽妻子說附近街巷裏有一位賣糖人兒的姑娘眼睛長得非常美麗、睫毛又密又長。打那以後，「我」那平靜的生活水面就掀起了波瀾。先是好奇心作祟鬼使神差地跑去偷看。沒想到一見就對她鍾了情。自那以後這種單相思迅速升級，變得越來越難以自控。「我」的人格開始分裂，白天整天放棄學習偷偷地圍著她轉，而夜裡「抱著聖母的塑像馳騁著愛欲的夢想」。然而，「我」由於害怕自己中國人的身份被那位姑娘知道，怎麼也不敢向她吐露心中的愛戀。就這樣，「我」在相當長的一段時間裡扮演著兩種不同的角色，時而是愛家的好丈夫和慈父，時而是近似瘋狂的美的追求者。雖然偶而也有經受不住良心苛責的時候，但事到臨頭必須在責任與愛情之間作出選擇不可的時候，「我」選擇了後者。事態發展到了益發不可收拾的地步，「我」有時變得像變態妄想狂似的欣羡做醫生的人可以隨心所欲地「捫觸女人的肌膚，敲擊女人的胸部，聽取女人的心音，開發女人的秘庫」，甚至想像著自己是醫生，去「摸她的眼睛，摸她的兩頰，摸她的頸子，摸她的乳房，摸她的腹部，摸她的……」。「我」在一種嚴重變態的單相思的泥潭裏越陷越深，甚至置家庭和學業而不顧。妻子越是溫柔體貼，「我」越覺得她和孩子們是累贅。

然而事情的發展總是不可預料。賣糖人兒的姑娘不知哪一天突然搬走了，而且不知道去了什麼地方。「我」像患了嚴重的神經衰弱病一樣變得精神萎靡不振，喪魂落魄。眼看就要大學畢業，可實驗總是做不成功，畢業論文也提交不出來。感到幻滅的「我」這才略爲有所醒悟，開始爲自己有愧於妻兒家人的行爲感到羞恥和悔恨。「我」終於無法面對自己，無法繼續苟延生存下去。於是「我」走向大海，自絕於人生。

蘇醒過來「我」才知道自己被漁民救了起來送進了醫院。面對溫柔地守候在身邊的妻子，「我」終於如實地吐露了深深地埋藏在心底的秘密。「我」從妻子的寬容和鼓勵的話語中重新獲得了繼續生活下去的勇氣。

大學畢業以後，「我」帶著家人回到了祖國。幾個月後，「我」得知自己深戀著的那位賣糖人兒的姑娘在某家酒吧當女招待。於是，「我」以實習爲藉口再次返回日本福岡。然而，賣糖人兒的姑娘並不在福岡。只聽說她給某某商人做了妾，去了大都會東京。「我」找人借了些錢，買了毒藥和一把手槍，然後登上了開往東京的火車。

如果說《喀爾美蘿姑娘》這篇小說與郭沫若其它的早期小說作品相比有什麼重要的不同的話，那麼應該說這種不同主要體現在這篇作品的故事情節的完整性上。然而，筆者想在此論述的並不是它那異想天開的情節，包括介紹小說梗概在內，其目的都是爲了驗證作品的虛構性。

關於這篇小說的登場人物，毫無疑問的是第一人稱主人公「我」的人物原型即作者郭沫若自身。「F 市工科大學」爲虛構。妻子瑞華的原型即佐藤富子，但在作品中被虛構爲中國人。其它的登場人物如賣糖人兒的姑娘、「我」的長女、S 夫人的存在以及「我」與 S 夫人之間的那段曖昧的過節等等幾乎都是虛構。乍看上去，似乎構成了一個具有相當規模的虛構世界，但由於這些虛構的部分都被作者巧妙地織入自己的私生活的眞實描寫之中，所以筆者認爲從整體上講，它仍然不失爲一篇以作者私生活爲題材的自敘性告白小說。

作品中有這樣一個場面：主人公「我」由於白天對賣糖人兒的姑娘的追逐迷戀，夜裡便夢見了與這位美麗的少女私下相見。這個由夢幻構成的虛構世界又是怎樣地展開，這個夢本身又具有什麼深刻的含義呢？

在夢中失去了自我控制能力的「我」對賣糖人兒的姑娘朝思暮想，白天爲了見她一面不惜逃課追到西公園。這次公園相見，使「我」那種病態的單相思急遽地發展成男女彼此的相愛。在那裏，賣糖人兒的姑娘第一次對「我」袒露胸懷。原來她早就知道「我」這個大學生是有妻室的，儘管這樣她還是願意接受「我」對她的愛情。姑娘和「我」深切地親吻，向「我」表明了她也同樣地愛著「我」之後，突然間翻身從懸崖跳下翻著白沫的大海……。

僅從以悲劇告終這一點來看，這場夢與其它作品中安排的夢境並無多大差異。然而，筆者在此想要指出的是，郭沫若早期小說中主人公對理想愛情的執著追求，從某種程度上講如願以償這還是第一次。根據這一點獨特之處，筆者想把《喀爾美蘿姑娘》視爲郭沫若同類作品群的終結篇絕不過分。我們看到，在自由和責任的衝突之中，主人公一邊採取逃避責任的方式而同時又試圖使自己的不服責任的行爲正當化。他在選擇愛情的自由之前首先對受道德約束的婚姻（夫婦之間的愛情）進行了清算。

讓我們來看下面這段自白。

> 我愛我的瑞華，但是我是把她愛成母親一樣，愛成姐姐一樣。（《喀爾美蘿姑娘》）

對他來說，妻子是時常在一種聖潔的光中生活著的人，就像「聖母瑪利亞和永遠的女性一樣」（《歧路》）。妻子那種光輝對他來說，不啻「苛責的刑罰」，他在妻子面前總覺得不自在，甚至覺得痛苦。他認識到自己的婚姻「要算是別一種意義的一齣悲劇呢」。然而，自從對賣糖人兒的姑娘一見鍾情的那一瞬間，「嘗著了一種對於異性的愛慕了」（《喀爾美蘿姑娘》）。這種時候，在作品中的主人公眼裡，妻子獻身的愛與維護家庭的母愛完全屬於一種與男女情愛和性愛截然不同的神聖的、永恒的情感。比起那種神聖之愛（以妻子額頭的「潔光」爲象徵）來，主人公夢寐以求的是自由奔放、有時甚至可能轉變成恨的驚心動魄的男女之間的情愛和性愛。至於說到做父親的責任，他仍然想迴避。他說，妻子是「那樣一位能夠耐苦的女性，她沒有我也盡能開出一條血路把兒女養成」。「兒女的教育我看是無須有父親的存在，古今來出類拔萃的詩人、藝術家，乃至聖賢豪傑，豈不是大都由母教養成的嗎？（《喀爾美蘿姑娘》）」他羨慕那些沒有結婚沒有子女的男人，感覺到自己像「是在繭中牢束著的蠶蛹（《煉獄》）」一樣被婚姻和家庭剝奪了自由。

在此我們應該注意，主人公這一系列複雜的潛意識活動都是在夢裡，也就是說是在一種虛構的時間與空間裏進行的。而現實中的作者並沒有像在夢中那樣將自由和責任極端地對立起來，或者毋寧說現實中的作者的人生觀由於本質上屬於一種根據自己的需要不斷對自由和責任這兩者進行調和的利己主義人生觀，故他不可能作爲眞正的藝術至上主義者在現實中追求得到那種形而上的自由和超世脫俗的高潔。正因爲如此，他才在空想的世界裡去追求。我們根據這一特殊現象可以得知，郭沫若的自敘性小說裡的客觀描寫（私生活寫實）所表現的只不過是作者思想的表層結構，而他的思想的深層結構則在夢幻這一虛構的世界中袒露無遺。

可以說郭沫若的自敘性告白小說寫到《喀爾美蘿姑娘》就才宣告創作實驗的大致終結。在這篇小說裡我們可以觀測到他的早期自敘性小說比較完整的形象。綜觀郭沫若早期小說創作的主要風格，我們會發現那是一種既與同時期國內作爲主流的現實主義創作風格性質完全不同，又與其它創造社同人的描寫個人在日私生活的小說風格相異。郭沫若從 1918 年創作第一篇小說《骷髏》開始，直至 1924 年深秋，在小說這種文學表現形式上進行了種種嘗試。在這個過程中，他隨著自己一天天成熟而對自己的創作軌道進行不斷的修正，並在自己的小說不爲文壇所認可的逆境之中鍥而不捨地探索著符合自己文藝觀念的最佳創作方法。從這個角度講，《喀爾美蘿姑娘》又可以說是他早期實驗小說的集大成。

在自敘性告白小說中巧妙地構築起一個理想的時空，在這個虛構的世界中大膽地實現自己在現實中想實現也難以實現的夢想。在現實和夢幻、眞實和謊言、寫實和虛構的空間自由自在地來來往往，並藉此向讀者展現出作者最眞實的思想和姿態。筆者認爲，這種創作方法應該說是郭沫若早期小說創作探索的最終結果。

結　語

二十年代後半期的新銳小說家沈從文在一份名叫《日出》的雜誌上發表了一篇題爲《論郭沫若》的文學評論，其中有以下這樣一段辛辣的批評：

> 讓我們把郭沫若的名字位置放在英雄上，詩人上，煽動者或任何名分上，加以尊敬與同情。小說方面他應當放棄了他那地位，因爲那不是他發展天才的處所。一株棕櫚樹是不會在寒帶地方發育長大的〔註33〕。

沈從文寫這篇批評，不僅僅是由於認爲郭沫若的那些小說沒有描繪出什麼「有價值的時代縮圖」的緣故，他還認爲那些小說「在文學手段上」「有缺陷」。它們也許「適宜一篇檄文，一個宣言和一個電，一點不適宜小說」。沈從文的《論郭沫若》可以說是三十年代以來比較具有權威性和刺激性的對郭沫若小說的批判。我們所讀到的針對同一對象的肯定性評價，基本上都是新中國成立以後的。包括八十年代後期甚至更近出現的有關郭沫若早期小說的評論在內，總給人一種不及三十年代的否定性批評有說服力的感覺。而且，似乎在現代中國文壇上從來就沒有展開過這種讚譽論和否定論的直接碰撞和論爭。這不能不說是一種遺憾。筆者在此無意對過去出現的對郭沫若早期小說的讚譽之辭妄加評論，只想提出一種想法，即三十年代以沈從文爲首的文壇人所持的那種對郭沫若早期小說的否定論是否存在著時代的局限性。

〔註33〕沈從文：〈論郭沫若〉，1930 年作。初出《日出》1-1，《沫沫集》所收。1930 年的沈從文可以說還是剛走上職業小說創作道路不久的文壇新人。在這之前，不用說念大學、就連中學也沒有讀畢業的他先後當過軍人、圖書館管理員和印刷廠的工人。1924 年以後、沈從文寫出了較多的短篇小說和小品文，先後發表在《晨報副刊》、《小說月報》、《現代評論》及《語絲》等雜誌上。儘管如此，他仍然沒有在文壇佔有一席地位。這種情況直到胡適將他破格拔擢爲大學教授才發生了根本改變。從此，沈從文開始對自己過去小說創作中的傳奇、抒情及空想的風格進行清算，而轉向被視爲湘西鄉土文學之代表作的《邊城》和《湘行散記》並獲得了巨大成功。《論郭沫若》這篇批評可以說這是他在自己的小說創作上獲得成功之後寫成的。指責郭沫若小說沒有描繪出社會的縮圖，從某種意義上講，也是對他自己早期小說創作的深刻反省和清算。

1922年8月，郭沫若在一篇題爲《論國內的評壇及我對於創作上的態度》的文學批評中說過這樣的話：

> 我近來對於客觀的世界也漸漸覺得能夠保持靜觀的態度了。不過我對於藝術上的見解，終覺不當是反射的（Reflective），應當是創造的（Creative）。前者是純由感官的接受，經腦神經的作用，反射地直接表現出來，就譬如照相的一樣。後者是由無數的感官材料，儲積在腦中，更經過一道濾過作用，醞釀作用，綜合地表現出來。就譬如蜜蜂採取無數的花汁釀成蜂蜜的一樣。我以爲眞正的藝術，應得是屬於後的一種。〔註34〕

我們應該怎樣理解郭沫若在此所說的「創造的」、「綜合地表現出來」的藝術呢？而且，在他主張以「靜觀的態度」對客觀世界進行觀察，那麼這種藝術他的自敘性告白小說中又是如何表現的呢？以上就這些問題從幾個不同的角度對郭沫若的早期小說進行了驗證，並獲得以下認識。

二十年代上半期，也就是中國文壇上如實反映生活的現實主義文學占絕對優勢的那段時期，對郭沫若來說，小說這種東西只是一種自我表現的手段。可以說他是在二十年代初向中國新詩壇推出了劃時代的詩集《女神》並獲得了巨大的成功之後的情況下開始向小說領域發展的。他寫小說一開始並沒有固定的模式，甚至他的小說觀念都在不停地發生變化。我們應該看到郭沫若總是在寫法上不斷地探索，總是在尋找一種最適合他自己的創作方法。從這個意義上講，郭沫若早期小說觀念的變化顯示出一種成熟漸進的過程。他從注重獵奇素材的現代傳奇小說開始起步，直到發展爲自敘性告白小說這一較爲穩定的創作模式，費了好幾年的時間。筆者認爲，郭沫若早期自敘性告白小說最大的特徵應該是有意識地在寫實性小說這一眞實世界裡設定一種虛構的空間，並賦予夢幻的形式。

就郭沫若的一生來說，1914年1月至1924年10月的十年屬於他留學日本的時代。在這期間，他與創造社其它同人一樣生活在異國他鄉的日本。他不僅接觸和親身體驗了二十世紀資本主義的物質文明，同時還受到了來自於西方世界的自由民主之精神和尊重自我與個性的思想薰陶。然而，由於他的留學生身份的局限，他不可能對外部世界有細緻的觀察。出了日本大學的校

〔註34〕郭沫若：〈論國內的評壇及我對於創作上的態度〉，1922年8月4日《時事新報・學燈》。

園生活，他不可能對中日兩國其它社會階層有較深的接觸和瞭解。他既然不能瞭解國內各種階層的人的生存方式與現狀，那麼自然就無法對他們的語言風格、喜怒哀樂以及感情的表達方式有所把握。筆者認爲，這就是爲什麼郭沫若最終選擇自敘性告白小說作爲最適合自己的表現形式的原因。我們看到，郭沫若對在同時代的日本被成爲「私小說」的自敘性小說進行了多種改造。他的這些努力並非沒有意義。這種改造明顯是爲了克服「私小說」的致命傷——無社會性和無理想性。然而，即便如此，只要這些小說不跳出描寫作者私生活這一圈子，那麼似乎就不大可能通過作品描繪出一幅幅現實社會的縮圖。這可以說是郭沫若早期小說的最大局限性。

筆者認爲，認識到這一點，並不等於就可以全盤否定郭沫若早期小說的價值。雖然我們在郭沫若的這些小說中讀不到魯迅筆下活靈活現的以阿 Q 爲典型的具有普遍意義的中國人形象，但我們可以看到二十世紀二十年代生活在異文化的夾縫裡的一部分中國知識分子作爲現代人在苦悶中不斷覺醒不斷成熟的心理成長過程。這一點絕對不能夠否定。

郭沫若筆下的「我」這一人物形象，可以說也就是一種具有現代意識的中國知識者的放大了的自我形象。透過這種放大了的自我形象，我們還可以看到作者對黑暗現實的無比憎恨和對理想王國的無限憧憬。

茅盾曾經指出過：「人的發現，即發展個性，即個人主義，成爲五四時期新文學運動的主要目標」〔註 35〕。此處所說的「人的發現」和「發展個性」，被朱自清具體化爲「我們詛咒家，詛咒社會，要將個人抬在一切的上面，作宇宙的中心」〔註 36〕。茅盾主張發現的「人」和朱自清的「抬在一切的上面，作宇宙的中心」的「人」實際上具有同等的含義。筆者認爲，這個「人」，與在郭沫若早期小說中詛咒現實社會黑暗的第一人稱「我」這一中國現代知識者的形象相通。

〔註 35〕茅盾：〈關於「創作」〉，人民文學出版社，1991 年出版《茅盾全集》第 19 卷《中國文論二集》，第 266 頁。

〔註 36〕朱自清：《那裡走》，江蘇教育出版社，1990 年 12 月出版，朱喬森編《朱自清全集》第 4 卷「散文編」。

第九章　五四退潮時期的苦悶與思索——《星空》論考

敘　說

《女神》問世以後，郭沫若於 1921 年至 1924 年期間創作了大量的口語新詩、小說和散文。這一時期寫下的口語新詩基本上都收進了《星空》和《前茅》。這兩本詩集都由作者親自編輯並由創造社出版部出版。前者出版於 1923 年 10 月，後者出版於 1928 年 1 月。儘管這兩本詩集都沒有經過除作者以外的其它任何編輯的添削修改，但在風格和內容上卻顯示出相當大的差異。過去對這兩部詩集的總體評估，總是習慣於把《星空》視爲反映五四運動退潮時期消沉和低迷的作品，而把《前茅》視爲隨著作者階級意識覺醒急速傾倒向馬克思主義之後的標誌著作者「思想轉換」的詩集。然而，《前茅》儘管出版於 1928 年，它所收錄的 15 首詩歌之中，除了出版時寫的《序詩》和追悼列寧逝世的《太陽沒了》（1924 年 1 月 25 日作）之外，其它 13 首全部是 1923 年以前創作的詩歌。郭沫若曾經吐露過，說「《創造週報》時代做的詩有第二期的惠特曼式恢復的形勢」（《我的作詩的經過》）。如果說所謂「第二期的惠特曼式」詩歌指的是寫於《星空》同一時期並收入《前茅》中的作品，那麼，「周圍的沉悶局勢和詩的英雄格調不相稱」就是郭沫若沒有將這批詩歌收進《星空》的眞正原因。

本章節的主旨在於究明 1924 年以前郭沫若文藝創作上顯示出來的作者的思想變化。爲了跟蹤作者創作所循的足跡，本章節除了將初版《星空》作爲主要研究材料以外，還將把被郭沫若收入《前茅》中的同一時期作品，以及收錄在《郭沫若全集》文學編第五卷《集外集》中的部分拾遺作品納入研究視野。

第一節　《星空》的版本考察及問題所在

《星空》原來是一本 1923 年 10 月作爲創造社叢書之一由上海泰東圖書局初版的郭沫若的詩文集。內容按「輯」分爲三大部分。第一輯是口語新詩群，收錄 32 首作品。第二輯是詩劇，收錄《廣寒宮》、《孤竹君之二子》和獨幕劇《月光》〔註 1〕共 3 部劇作。第三輯是小說散文。收入《牧羊哀話》、《殘春》、《月蝕》3 個短篇小說和《今津紀遊》一篇散文。在 1928 年 6 月 10 日創造社出版的《沫若詩集》裏面，原來收在初版《星空》裡的小說散文以及獨幕劇《月光》皆被刪去。可以說《星空》這部作品集作爲一部詩集，版本基本上穩定下來是在 1957 年郭沫若親自編輯的《沫若文集》再版之後。從那時算起，直至《星空》被收入 1982 年 10 月人民文學出版社出版的《郭沫若全集》文學編第一卷中爲止，收錄內容無論從作品的數量、體裁還是作品收錄先後順序，可以說大體上無甚變化。

據 1980 年上海文藝出版社出版的《郭沫若著譯書目》，《星空》自 1923 年 10 月初版以後，除開 1925 年的情況不計，截止 1930 年總共出到了第 8 版。本章節考察的主要對象雖然是初版《星空》，但由於本書已經另闢章節專門研究郭沫若的小說和散文，故在本章裡只討論詩歌和劇作。

從初版《星空》的作品結構上看，除了初版時寫的《獻詩》以外，其它作品全部都在《創造》季刊或《學藝》那樣的文藝雜誌以及《時事新報》副刊《學燈》上事先刊登發表過。這些詩歌作品被收入《星空》這部詩集時並沒有依照發表的時間順序編排，而且作者郭沫若對部分內容進行了修改。這種往往被人忽視的內容上的修改大致可以分爲以下 4 處。

一，以《南風》爲首的 5 首（《白雲》《新月》《雨後》《天上的市街》）詩作於 1922 年 3 月 15 日發表在《創造》1-1 時，原有《詩五首》爲題，《星空》初版時被作者刪去。

二，以《黃海中的哀歌》爲首的 10 首（《仰望》《江灣即景》《吳淞堤上》

〔註 1〕初出 1922 年 10 月 1 日上海《學藝》雜誌第 4 卷第 4 號。

《贈友》《夜別》《海上》《燈檯》《拘留在檢疫所中》《歸來》）詩作於 1922 年 11 月 25 日發表在《創造》1-3 時，原有《彷徨（詩十首）》爲題，《星空》初版時被作者刪去。

三，以《好像是但丁來了》爲首的 10 首（《冬景》《夕暮》《暗夜》《春潮》《新芽》《大鷩》《地震》《兩個大星》《石佛》）詩作於 1923 年 2 月 1 日發表在《創造》1-4 時，原有《好像是但丁來了（詩十首）》爲題，而且原附注有「這些詩是去年冬天和今年春夏之交的時候做的，全體本沒有什麼連絡，只是我自己的心泉隨著，時間的潮流，閃動過的波迹罷了。11 年 12 月 8 日誌」的文字，《星空》初版時一併被作者刪去。

四，《孤竹君之二子》最初在《創造》1-4 上發表時原有 1500 字的《附白》，收入初版《星空》時被作者刪去。

以上四處雖然算不上對作品內容的刪節和修改，但的確在理解作品方面給了我們不少啓示。特別是《孤竹君之二子》原有的《附白》，它不但告訴了我們作者創作時取材的原典，而且還從作品的構思角度揭示了作者的創作意圖以及歷史觀。就此問題，將在後面的作品本論中展開，在此暫付厥如。

通過對《星空》版本的比較研究，我們不僅對 1923 年《星空》初版以來版本變化的經緯有所瞭解，而且通過對被刪除的作品內容做復原處理，我們還可以從作品版本變化的角度窺視郭沫若文藝思想進化的一斑。

既然如此，那麼《星空》研究的問題焦點又在哪裡呢？對作品進行分類的標準和方法論的不同自然導致對作品進行藝術價值評估上的差異。這一點無可非議。然而筆者認爲，應該首先思考的問題，是我們在《星空》中所讀到的詩人的苦悶是否與 1924 年郭沫若思想上的急遽變化有著本質上的聯繫。

其實，郭沫若 1924 年 4 月 1 日重返日本福岡並不僅僅是因爲思念掛牽妻子和三個孩子。雖然當時他打算不在文學道路上繼續走下去了屬於一時感情衝動性的念頭，但他返回福岡後認眞地考慮過重新作爲醫生或者生物學研究者生活下去這一點卻是毋庸置疑的事實。關於這一點，前面在《郭沫若在福岡》的章節裡已經考察得十分清楚，不必贅述。此外，筆者還在《郭沫若早期小說論考》一章裡論述到 1922 至 1923 這兩年可謂郭沫若在國內文壇上最爲不遇的一段時期。郭沫若曾在自傳中說他自己 1924 年返回福岡後翻譯日本京都帝國大學河上肇博士的名著《社會組織與社會革命》最初是爲了養家糊口，而沒想到在譯書的過程中受其影響導致思想迅速向社會主義方面傾斜。過去的研究實際上也是大多沿襲郭沫若本人的這種說法〔註2〕。也就是說，把郭沫若1924年思想上的急遽轉變視爲一種偶然。筆者認爲，即便郭沫若所說的是事實，仍然有一個非常重要的問題在過去的研究中被忽視了。這個問題就是：使得郭沫若思想急遽轉變成爲可能的個人精神體質以及導致他能夠迅速接受馬克思主義的個人思想基礎究竟是怎樣形成的。從「思想上接近泛神論，喜歡莊子，喜歡印度的佛教以前的優婆尼塞圖的思想，喜歡西洋哲學家斯皮諾沙（蒲風記郭沫若談《郭沫若詩作談》）」的《女神》時代，到接受河上肇影響迅速轉向馬克思主義，實際上有幾年的時間。如果這幾年時間不是空白，那麼郭沫若本人或者他的周圍一定發生了什麼重大的變化。另外，這一時期在時間上正好和五四愛國民眾運動以及新文化運動受到挫折後整個社會改良聲勢處於低潮階段，促使郭沫若思想發生變化的重要因素裡面，會不會有來自時代方面的因素呢？問題一下子提了一堆，下面讓我們來看通過對《星空》創作時期的作品的考察研究，能找到多少答案的線索。

第二節　《星空》的創作過程與創作背景

> 自從《女神》以後，我已經不再是，詩人，了。自然，其後我也還出過好幾個詩集，……要從技巧一方面來說吧，或許《女神》以後的東西要高明一些，但像產生《女神》時代的那種火山爆發式的內發情感是沒有了。潮退後的一些微波，或甚至是死寂，有些人是特別的喜歡，但我始終是感覺著只有在最高潮時候的生命感是最夠味的〔註3〕。

我們知道，《女神》問世以後至郭沫若「思想轉換」之前出版的詩集只有《星空》。郭沫若所說的「潮退後的一些微波，或甚至是死寂」究竟指的是什麼呢？魯迅曾經對五四退潮後的北京做過一番描述，說「在北京這地方——北京雖然是五四運動的策源地，但自從支持《新青年》和《新潮》的人們，風流雲散以來，一九二〇至二二年這三年間，倒顯著寂寞荒涼的古戰場的情

〔註2〕在1936年4月4日筆錄的郭沫若採訪記《郭沫若作談》中，郭沫若認爲自己的思想轉換時間是在1924年，而在那之前，他喜歡過莊子、斯賓諾塞、泰戈爾、惠特曼、歌德以及印度佛教前的優婆尼塞圖的思想和泛神論。

〔註3〕郭沫若：〈序我的詩〉，初出1944年5月重慶《中外春秋》月刊2-3、4合刊。

景」〔註 4〕。魯迅把五四退潮期的北京比作「寂寞荒涼的古戰場」，而郭沫若等創造社同人們所在的上海和北京又有什麼兩樣呢？郭沫若這時堅信，要使民眾爲自由而奮起，啓蒙者必須對個人的自由作出犧牲。爲了將這種信念付諸實踐，他甚至犧牲了自己家庭生活的安定而選擇了一條布滿荊棘的爲民眾謀自由和解放的道路。自 1914 年到日本以後，從日語學校到一高預科，然後再升入六高，六高畢業後又進入九州帝國大學，十年留學於異國他鄉，郭沫若對自己的祖國有著比國內青年更加強烈的眷念之情。在他的眼裡，祖國「就像一位很蔥俊的有進取氣象的姑娘，她簡直就和我的愛人一樣（《創造十年》第四章）」。

1921 年 4 月與成仿吾一起歸國，當客船駛到黃浦江口的時候，他從心裡唱出的是：

和平之鄉喲！／我的父母之邦！／岸草那麼翠！／流水這般嫩黃！（《女神・黃浦江口》）

然而當他第二天在上海目睹了自己的同胞生活在水深火熱之中時，一貫樂天的他也難以掩飾靈魂的震顫和驚愕。因爲投映在他的視網膜上的上海街景，是：

遊閒的屍，／淫囂的肉，／長的男袍，／短的女袖，／滿目都是骷髏，／滿街都是靈柩。（《女神・上海印象》）

一時之間，他「從夢中驚醒」，「眼兒淚流」，「心兒作嘔」，感受到了從未有過的「幻滅的悲哀」（《女神・上海印象》）。

然而，郭沫若畢竟不是那種精神上脆弱得不堪一擊的人。他絕不會因爲失望或者絕望而忘記自己的抱負。正如我們所知道的一樣，他的這種正視現實導致的意志消沉不僅是短暫的一時片刻，而且很快就被他化做了刺激他愛國之心並促使他向黑暗的現實進行鬥爭的強心劑。此時此刻，他比任何時候都強烈地感到對中國社會來說，眞正急需的並不是能治人體疾病的醫生，而是能夠從愚昧的夢幻中喚醒國民自我的思想啓蒙家。可以說，郭沫若正是在這樣一種精神狀態下開始他作爲創造社這個文學團體核心人物的文學活動的。

在下面將要提到的《星空》時代的作品創作過程中，我們同樣會感受到

〔註 4〕魯迅：〈《中國新文學大系》小說二集序〉，此處引自人民文學出版社，1981 年出版《魯迅全集》第 6 卷，第 245 頁。

這種明顯的傾向。儘管這一時期的作品大多是在日本創作的，但如果排開了中國社會這一背景，作者家庭生活的極度貧困、身體缺陷給學醫造成的沉重的精神負擔、以及在國內文壇上受到的冷遇和人身攻擊等等綜合因素，《星空》這部作品是不大可能創作成功的。然而，過去有關《星空》這部作品以及作品周邊的研究往往只注重解讀作者的創作心態，而不大注意對作者的生存環境和直接影響作者心態的中國社會的變化。正如魯迅所指出的一樣，1920年至 1922 年的三年，是五四運動以後以「新克舊」、「光明克黑暗」爲代表的國民氣運的低迷時期。軍閥政府對帝國主義列強的掠奪視若無睹，外國資本和買辦產業猶如洪水猛獸即將吞噬民族產業。在中國這塊廣袤的國土上，半殖民地化的問題已經表面化。儘管如此，各自割據一方的軍閥們卻爲了爭奪勢力範圍不停地打內戰。

在這樣一種生存環境中，幾年前在五四新文化運動的上升氣運之中思考並著手實踐文學救國之理想的文學者們從內部開始分裂。文壇上已經不再有求大同存小異的餘裕。文壇上，人們爲了在黑暗的現實中覓出一條出路而顯得煩躁不安。不少人甚至爲了雞毛蒜皮的丁點兒事而筆戰不休。郭沫若自然不用說參加了這種文人之間的筆戰。然而，就中國的文化傳統而言，文人在失意時走向高蹈這可以說是一種帶有普遍性的行爲傾向，並非只有身在海外的留學生郭沫若才這樣。故我們不妨把這種行爲傾向視爲一種時代的因素。在當時的文壇上，無論是急進派還是保守派，都樂於扮演社會啓蒙者的角色。誰也不願意主動地設法縮短自己和生活在社會下層的勞苦大眾之間的距離。在這樣一種文化環境之中，從在心理上勇於戰勝當時追求純藝術的文人身上普遍帶有的潔癖和所謂的自尊，將沒吃沒穿掙扎在生活的苦海之中的貧民百姓和失業的工人當做自己的「兄弟」看待，並爲了他們的生存權利而大聲呼籲這一點上看，《星空》創作時期的郭沫若要比同時代的其它知識人早得多。

1922 年 3 月爆發的香港工人總罷工成爲誘發國內各地更大規模工人運動的導火線。同年 5 月江西省安源煤礦和株萍鐵路工人同盟開始總罷工以後，緊接著又相繼爆發了同年 10 月的河北省開灤煤礦工人總罷工和翌年 2 月的京漢鐵路工人大罷工。現代中國社會中的勞資鬥爭到了 1922 年發生了性質上的轉變。工人階級開始以一個獨立階級的力量去反對和抗議內外資本家的剝削壓迫。可以說郭沫若正是由於目睹了國內工人階級力量的迅速成長，才改變自己從前那種靠知識分子救國的認識的。社會對抗力量的改變使得郭沫若意識到工人階級才是能夠拯救中國的新生力量。這種思想上的轉換意味著他通過對故我的否定和對象牙塔的告別而到達另一個新的起點。應該說直到 1924 年 4 月重返福岡，郭沫若在思想上一直處於自我否定的痛苦、人生選擇上的動搖以及靜心思索直至最後下決心這一過程之中。在筆者看來，1922 年至 1923 年之間郭沫若所作的這種思想上的自我清算和否定，在他這一時期創作的《星空》裡面留下了烙印。

第三節　「我頭上的星空和心中的道德律」——不遇詩人的「高蹈」與動搖

1921 年至 1923 年期間，正是所謂五四運動高峰過後接踵而至的低潮期。時代的風潮在日本留學的愛國文學青年郭沫若身上也有所反映。我們可以通過他在這一時期創作的作品觀察到他的思想上的動搖。以下本小節將試從兩個角度解析這種思想上的動搖。

首先我們把郭沫若在這一時期寫下的文藝評論文章中表露出來的文藝觀歸納如下：

年	1921～1923 年郭沫若創作的文藝評論中反映出的文藝觀（摘要）
1921	＊要之就創作方面主張時，當持唯美主義；就鑒賞方面言時，當持功利主義：此爲最持平而合理的主張。（《兒童文學之管見》1921.1）
1922	＊文學是精赤裸裸的人性的表現，是我們人性中一點靈明的情髓所吐放的光輝，人類不滅，人性是永恒存在的，眞正的文學是永有生命的。（《論文學的研究與介紹》1922.7） ＊假使創作家純以功利主義爲前提以從事創作，上之想借文藝爲宣傳的利器，下之想借爲糊口的飯碗。這個我敢斷定一句，都是文藝的墮落。……總之我對於藝術上的功利主義的動機說，是不承認它有成立的可能性的。……我認定藝術與人生，只是一個晶球的兩面，只如我們的肉體與精神的關係一樣，它們是兩兩平行，絕不是互爲君主臣僕的。……個人的苦悶，社會的苦悶，全人類的苦悶，都是血淚的源泉，三者可以說是一根直線的三個分段，由個人的苦悶可以反射出社會的苦悶來，可以反射出全人類的苦悶來。（《論國內的評壇及我對於創作上的態度》1922.8）
1923	＊藝術的本身上是無所謂目的……爲藝術的藝術與爲人生的藝術，其實這不過是藝術本身與效果上的問題……藝術有此兩種偉大的使命，——統一人類的感情和提高個人的精神，使生活美化。（《文藝之社會的使命》1923.5） ＊我們的運動要在文學之中爆發出無產階級的精神，精赤裸裸的人性。（《我們的文學新運動》1923.5）

	✳ 我郭沫若所信奉的文學的定義是：文學是苦悶的象徵……我們只把我們的文字來表現人生。(《暗無天日的世界》1923.6) ✳ 我們是革命家，同時也是藝術家。我們要做自己的藝術的殉教者，同時也正是人類社會的改造者。(《藝術家與革命家》1923.9) ✳ 藝術失卻了民眾的根株，藝術亦因之而失去生機……我們要把藝術救回，交還民眾！(《一個宣言》1923.10)

以上我們所看到的只不過是 1921 年至 1923 年期間郭沫若文藝觀的一個概略。儘管如此，我們還是能夠藉以管窺這一時期他思想上發生變化的一些軌跡。針對這一時期郭沫若的文藝思想，我們很難用系統化這個詞來加以囊括。因爲它們不但沒有顯示出某種有規律的或曰有系統性的變化，而且總是動搖不定。如果說那種不斷地在自我否定過程之中進行新的選擇是郭沫若這一時期較爲典型的文藝思想進化方式的話，那麼應該指出，導致郭沫若文藝思想發生如此動搖變化並逐步左傾化的最重要的內在因素，在於他那種時代弄潮兒式的、不斷棄舊求新的人格。筆者認爲，這一時期郭沫若文藝思想的根本特徵，在於對爲藝術而藝術和藝術的社會效用這兩者的調和。這種調和從另外一個角度顯示出郭沫若由一個純文學藝術家開始走向革命活動家、甚至政治家的思想轉變。

下面讓我們換一個角度，通過新詩作品來試觀察作者的思想動搖。

追蹤《星空》創作時代郭沫若新詩創作的足跡，應該首先觀察創作時間較早的《暴虎辭》(1921.6)〔註 5〕。興許應該把這個作品視爲《女神》創作時代的「史劇」「史詩」的伸延，其反抗權威的主題儘管多少帶有概念化之嫌，但如果我們將之置入 1921 年 6 月的中國這一五四運動高揚期過後的特定時空之中去研究，則會發現這個作品的眞正價値所在。郭沫若一方面在作品中讚美歷史人物李禹爲了維護自身的青白勇於跳入虎籠中與食人猛虎拼死搏鬥的英雄行爲，控訴了帝王的殘忍不仁，另一方面借舞臺上唱「鼓詞」的現代婦女之口面對讀者喊出了「我們所渴慕的是藐視一切權威的那種反抗的精神，所以我們女子要營謀種種獨立的生活，要要求種種的待遇呢！」

在此我們比較容易地觀察到郭沫若通過對歷史人物及歷史事件的分析觀察得到的某種觀念之後即刻將它同現實結合起來的創作姿態。作者所崇尚的

〔註 5〕最初爲發表在 1921 年 6 月 30 日上海《學藝》雜誌 3-2 上的歷史劇《蘇武與李陵》第一幕的「楔子」。郭沫若在 1928 年出版詩集《前茅》時說，他認爲《暴虎辭》這個作品由於「形式上和內容上與前面（《星空》——筆者）諸作均不相倫類」，故把它收進《前茅》。

「藐視一切權威的那種反抗的精神」儘管並不直接意味著一種「完全的無秩序」，但卻不能排除其中含有較多的無政府主義的思想因素。另外有一點需要指出的是，《暴虎辭》這一作品所顯露的作者的基本構想，仍然和《女神》創作時期的基本構思模式一樣，即以光明與黑暗爲代表的矛盾的二項對立的衝突。

然而，1921 年夏天以後，郭沫若的文學創作開始發生較大的變化。這種明顯的變化可以通過對那一時期作品的觀察而得到驗證。《星空》這部詩集的扉頁上，引用了德國哲學家康德寫在《實踐理性批判》之中的幾句名言。

> 有兩樣東西，我思索的回數愈多，時間愈久，它們充溢我以愈見刻刻常新，刻刻唱增的驚異與嚴肅之感，那便是我頭上的星空和心中的道德律。〔註6〕

在過去涉及到《星空》的研究中，幾乎所有的論者都多少論及康德這段話。曾經有不少研究者直截了當地指出過康德這段話中的「星空」和「心中的道德律」明示了《星空》時期郭沫若的創作主題。然而，康德所說指的「星空」和「心中的道德律」究竟有著怎樣的含意？郭沫若又是出於怎樣的認識把這段話引用在《星空》的扉頁上的呢？在筆者看來，這些極爲重要的問題至今都尚未得到合理且具說服力的解釋。

康德在《實踐理性批判》的《結束語》中，對「我頭上的星空和心中的道德律」做出這樣的解釋：

> 我不必在我自己的視野以外去覓求存在與黑暗之中、抑或包隱在幻想之中的那兩樣東西，也不必對它們的存在進行臆測。……第一種東西從我在外部感性世界所佔有的地方開始，擴張到所有與我有關的事物，囊括大千世界以外的大千世界，甚至放射到由各種體系構成的不可測量的整體。此外，還會蔓延到此類世界及體系的周期運動的開始和延續的無限的時間。第二種東西始於我看不見的自我，從我的人格開始，並將我置入具有眞的無限性，唯有悟性爲人所知的世界之中。因此我意識到，我自己與這個世界的聯繫（甚至包括通過這個世界同時與其它可視世界的關係），就像和其它世界的場合一樣，絕不是出於一種偶然，而是一種普遍的必然的聯繫。〔註7〕

〔註 6〕此處轉引《郭沫若全集》文學編第 1 卷中所收《星空》卷首文字。

〔註 7〕此處譯文（筆者譯）轉引自日本理想社 1974 年 12 月 20 日第 3 版《康德全集》第 7 卷，第 368 頁。

康德的這段話儘管敘述得十分抽象，但並不妨礙我們捕捉它的真意。照筆者的理解，所謂「我頭上的星空和心中的道德律」，儘管兩者皆為黑暗所覆蓋，但前者給人以自由想像和思索的空間，在感性豐富的人與神秘無限的外部世界之間搭成互通的橋梁。它的存在猶如為人這種富有感性的生命體而架設的天線。後者具有「會思考的蘆葦」的人格，雖然看不見也摸不著，卻無時不在人的心中制約或支配著人的行動。

郭沫若曾在一篇寫於 1923 年 7 月 3 日的短評《論道德與良心》中指出，「道德的標準是流動的。善與惡只是相對而非絕對，舉凡一切既成道德因時與地而評價變遷，漫無一定的標準……但在我們人類的心中卻有一個百世不易的命令者存在」。

很明顯，郭沫若在此將「心中的道德律」同超時空、超經驗、「善」的良心視為一物。他甚至直言不諱地說，「良心才是我們一切行動的指導者」〔註 8〕。郭沫若將康德的這段話語裝飾在《星空》這部詩集的扉頁，想必是渴望從「眼不可見的我的師」那裡得到擺脫精神苦悶的啓示和效法其「精神」的緣故吧。對於當時沉浸於內省冥想之中的郭沫若來說，繁星布滿的夜空時而意味著他與自然交流融合的媒介，時而意味著自然本身。他把五四運動退潮時期的自己喻為「一隻帶了箭的雁鵝」和「受了傷的勇士」，吐露自己「偃臥在這莽莽的沙場之時／仰望著那閃閃的幽光，／也感受了無窮的安慰（《星空・獻詩》）」。

從下面引用的作品中，我們應該看得出郭沫若向自然渴求的是一種怎樣的慰藉。

南風自海上吹來，
松林中斜標出幾株煙靄。
三五白帕蒙頭的青衣女人，
殷勤勤地在焚掃針骸。

好幅典雅的畫圖，
引誘著我的步兒延佇，
令我回想到人類的幼年，
那恬淡無為的太古。

——《南風》（1921 年 10 月 10 日作）

〔註 8〕郭沫若：〈論道德與良心〉，初出 1923 年 7 月《創造週報》第 9 號。

從此，我們可以看到在《女神》中所沒有的，追求「恬淡無爲」和「韻和音雅」（見作品《白雲》），並自我陶醉於牧歌般的靜態美的創作傾向。

1921 年夏天以後，郭沫若創作的新詩在風格上發生了變化。在那之前，他一直將自己的歌喉放到最大音量，喊出了爲封建社會掘墓的摧枯拉朽的戰歌。然而，他的理想被他在國內所目睹的殘酷現實無情地撕得粉碎。他聲音嘶啞，精疲力竭了。而眼前的現實呢，卻幾乎沒有任何變化。在這種時候，他開始轉向自己的內心世界，並渴望能夠在與自然的交融之中得到某種心理上的彌補和慰藉。事實上，這一時期的作品大都顯露出作者在凝視繁星密佈的夜空的心理過程中的確獲得了重新振作的勇氣和力量。我們僅從《天上的市街》這首詩就可以觀察到作者在死一般的沉寂中找到了新的夢想時發自心底的喜悅。

遠遠的街燈明了，
好像閃著無數的明星。
天上的明星現了，
好像點著無數的街燈。

我想那縹渺的空中，
定然有美麗的街市。
街市上陳列的一些物品，
定然是世上沒有的珍奇。
……

——《天上的市街》（1921.10.24 作）

在此，星空被詩人當做了靈魂的對應物。與《女神》中那種讓正義與邪惡、光明與黑暗搏鬥，但最終正義和光明必勝的與五四高揚期相符合的構思模式相比，這首《天上的市街》中的「我」的存在，既然被詩人設定在「夜晚」、即這一「黑暗」的現實之中，那麼無論夜晚的街燈也罷，夜晚的星空也罷，一切明亮的東西就成爲與黑暗世界蘊意相對的象徵物。在這裡我們不難發現憧憬光明的命題。過去，人們往往認爲郭沫若這一時期的作品帶有逃避現實的傾向。若是眞正讀解了《天上的市街》這首於 1921 年 10 月創作的詩歌的眞意，大概不至於如此草率下結論。

可以說郭沫若的這種心境一直持續到 1921 年冬天沒有多少變化。另一首題爲《洪水時代》（1921 年 12 月 8 日作）的詩無疑證明了這一點。

……

我坐在岸上的舟中，
思慕著古代的英雄，
他那剛毅的精神
好像是近代的勞工。
你偉大的開拓者喲，
你永遠是人類的誇耀！
你未來的開拓者喲，
如今是第二次的洪水時代了！

——《洪水時代》（1921.12.8 作）

這裡「古代的英雄」的典故出自《呂氏春秋》，泛指古代有貢獻於社會的偉人。值得注意的是，在詩人郭沫若的這種構想之中，上古傳說中的「英雄」和作者身處的現實社會中實際存在的「勞工」這兩個意象被同一化。這明顯是出於作者對「勞工」階級的期待。這時候，在郭沫若眼裡，只有勞工階級才是能夠將祖國從災難（洪水時代）中拯救出來的新時代的眞正英雄。

進入 1922 年以後，郭沫若在新詩創作上迎來了情緒極不穩定的一段時期。雖然靠閱讀康德和歌德的作品多少能夠使自己靜下心來冷靜地思考一些過去沒有好好思考或沒有時間和精力加以仔細思考的問題，但 1921 年夏天回上海的所見所聞，又使得他的心態嚴重地失去了平衡。可以說題爲《彷徨》和《好像是但丁來了》的 20 首組詩如實地反映了郭沫若的這種心緒變化。

海水懷抱著死了的地球，
淚珠在那屍邊跳躍。
白衣女郎的雲們望空而逃，
幾隻饑鷹盤旋著飛來弔孝。

屍體中湧出的一群勇蛆，
高興著在作戰中的兒戲；
我不知道還是該唱軍歌？
我不知道還是該唱薤露？

——《冬景》（1921 年冬）

隨著心境的變化，詩人眼裡所映現的外部世界的表情也開始發生了變化。曾經在《女神》的舞臺中意味著頑強生命力的大海開始變成死亡世界的背景，在詩人眼中曾經宛如蔥俊的姑娘的祖國，也開始變成被蛆蟲蛀蝕的屍體。

可惜那青春的時代去了！
可惜那自由的時代去了！

古代的天才，
從星光中顯現！
巴比倫的天才，
埃及的天才，
印度的天才，
中州的天才，
星光不滅，
你們的精神
永遠在人類之頭昭在！
……
已往的中州的天才喲！
可是你們在空中落淚？
哀哭我們墮落了的子孫，
哀哭我們墮落了的文化

——《星空》（1922.2.4.作）

從寫於博多海岸的這首《星空》來看，1922 年早春，郭沫若胸臆中憂國憂民的苦悶要比他個人的生活苦悶多得多。然而，現實畢竟太殘酷。對這一時期的郭沫若來說，「美麗的幻景已經消失」。活著要比死了更加痛苦。他沉思著，「人爲甚麼不得不生？／天爲甚麼不得不明？（《苦味之杯》1922.8作）」黑暗的面紗緊罩著現實世界。在黑暗中，一切都是平等的。從前黑暗作爲一種具有反面典型意義的意象顯得可恨可憎，而現在的郭沫若卻從心底企盼這包容一切的暗夜不要離他而去。儘管如此，郭沫若知道，暗夜必定要過去，黎明的到來將再次將他拖入生存的苦惱之中。映在他眼裡的現實世界是「污濁的上海市頭，乾淨的存在只有那青春的天海！……」《仰望》（1922.9 作）。這種對現實的極度厭惡自然而然地將郭沫若導向自我內心的凝視。

他這樣唱道：

我本是一滴的清泉呀，
……一種無名的誘力引我，
把我引下山來；
我便流落在大渡河裡，
流落在揚子江裡，
流過巫山，
流過武漢，
流通江南，
一路滔滔不盡的濁潮
把我沖蕩到海裡來了。
浪又濁，
漩又深，
味又鹹，
臭又腥，
險惡的風波
沒有一刻的寧靜，
滔滔的濁浪
早已染透了我的深心。
我要幾時候
才能恢復得我的清明喲？

——《黃海中的哀歌》（1922.9 作）

那麼，郭沫若所尋找的「清明」，又有何具體所指呢？筆者認爲，在《南風》《靜夜》《偶成》《天上的市街》《白雲》《新月》《雨後》《地震》《兩個大星》以及被稱爲詩劇和童話劇的《廣寒宮》等等眾多作品中反映出來的這種對「清明」的追求。就人生而言，這種「清明」，實際上不外乎是一種「恬淡無爲」，而對詩歌創作而言也就是所謂的「韻和音雅」的境地罷了。

對在上海過完暑假，並於 9 月回到福岡的郭沫若來說，1922 年的秋天是一個思索的秋天。在這段時間裡，他開始反省自己的過去和認眞思考祖國的未來。筆者認爲，郭沫若 1922 年暑假以後創作的一部分作品反映出他在那段時期反覆深思所到達的思想高度，而這種思想到達點恰好正是郭沫若在思想上眞正脫胎換骨的前兆。下面我們通過作品來觀察。

先看 1922 年夏天郭沫若在上海目睹了些什麼。

一道長堤
隔就了兩個世界。
堤內是中世紀的風光，
堤外是未來派的血海。
可怕的血海，
混沌的血海，
白骨翻瀾的血海，
鬼哭神號的血海，
慘黃的太陽照臨著在。
這是世界末日的光景，
大陸，陸沉了嗎！

——《吳淞堤上》（1922.9 作）

可以說郭沫若當時對祖國的觀察是出於一種邊緣視角。正因爲有比較而本人又「不在此山中」，故能看出國內的人文大環境尚爲一片「中世紀的風光」。這種有對比的觀察無疑催生出一種從前不曾有過的緊迫的危機意識。

一群白色的綿羊，
團團睡在天上，
四圍蒼老的荒山，
好像瘦獅一樣。

昂頭望著天
我替羊兒危險，
牧羊的人喲，
你爲甚麼不見？

——《夕暮》（1922 秋冬作）

近代以來，中國常被比喻作「東方的睡獅」，而郭沫若在此卻將自己的母親——祖國喻爲面臨被瘦獅吞噬之危險的羊群。他擔心，他憂慮，他在心裡疾聲呼喚，能夠拯救羊群於危險的牧羊人，你們在哪裡？能夠拯救國民於水深火熱之中的英雄啊，你又在何方？

然而，郭沫若並沒有絕望。我們只要讀一讀《大鷲》這首詩，就能體察他當時的心境。

西伯利亞的大鷲！
你大比肥鵝而瘦，
你囚在個龐大的鐵網籠中，
籠中有一隻家兔，兩匹馴鴿！

西伯利亞的大鷲！
你口喙如黃銅，爪如鐵鈎，
你棱眼望著天空，
拍拍地鼓著翅兒怒吼。

西伯利亞的大鷲！
你不搏家兔，不擊馴鴿，
……

——《大鷲》（1922 秋冬作）

《大鷲》這首詩，就像郭沫若在人生旅途上苦思冥想艱難跋涉終於抵達的一座高地後立下的一座紀念碑，它顯示出作者思想上發生的又一次重大變化。我們完全可以在《大鷲》這一偉岸的形象裡，看到郭沫若戰勝了無數次失望和悲哀才終於找到的，也正是他所期待的理想人格。在艱難險惡的生存環境之中，大鷲天生屬於猛禽，它不會因爲饑腸轆轆就去捕捉身邊的家兔馴鴿，它絕不爲自己的生存局限性所束縛。人們仰首望見的永遠是胸懷大志，馳騁翱翔於無限自由空間的大鷲！可以說郭沫若在他所描繪的大鷲的身上找到了他自己的未來。

第四節　郭沫若的《孤竹君之二子》與魯迅的《采薇》——兼論「非戰主義」、「無治主義」等等誤讀

《孤竹君之二子》是郭沫若於 1922 年 11 月 23 日在福岡箱崎海岸的抱洋閣樓上寫成的一部詩劇。這部作品和作者專門爲它寫的《幕前序話》和《附白》，直到翌年的 2 月 1 日才在《創造》第 1 卷第 4 號上刊載出來。收入初版《星空》以及後來的《沫若文集》時，最早寫的《附白》皆被作者本人刪去。這篇《附白》，至少爲我們提供了以下 3 項有關《孤竹君之二子》的創作方面的情況。

第一，《孤竹君之二子》這部詩劇構思於脫稿的一年前，也就是 1921 年

的秋天。

第二，最初作者計劃寫三幕，主要描寫爲飢餓所困苦的兩個主人公的心理活動。爲此郭沫若 1922 年 9 月從上海回到福岡後曾經在抱洋閣裏計劃絕食一個星期，以獲得極度飢餓的親身體驗。沒想到結果只餓了一天就堅持不下去了。於是，最初計劃寫三幕的原案只得改爲獨幕詩劇。

第三，這部詩劇主要取材自《莊子・讓王篇》和《史記・伯夷列傳・采薇歌》。

《孤竹君之二子》這部詩劇在過去雖然算不上人們熱衷討論研究的對象，但也不是從來就未被納入研究者們的視野。爲了避免變著措辭說同一種內容的話，筆者想在本小節裡僅對郭沫若的這篇《孤竹君之二子》和魯迅的《故事新編》中的一篇《采薇》〔註 9〕進行一番比較，以探索 1921 至 1922 年期間郭沫若的思想狀態。

進入正題之前，有一點應該說明一下。《孤竹君之二子》這部作品儘管最初構思於 1921 年，但作者寫成它卻是在 1922 年的秋天。可以想像在這一年的時間裡，作者由於自己的思想變化而對該作品的構思進行了多次不同程度的修改抑或對內容進行重構。考慮到這一因素，筆者認爲，將這部詩劇作爲反映 1922 年的郭沫若思想的作品來加以考察才有研究的價值和意義。

郭沫若的《孤竹君之二子》也罷，魯迅的《采薇》也罷，其題材無不來自中國古代的史傳。出於對比的需要，現將《史記・伯夷列傳》和《莊子・讓王篇》這兩篇史傳原典引用如下。

（一）《史記・伯夷列傳》〔註 10〕

伯夷叔齊，孤竹君之二子也。父欲立叔齊。及父卒，叔齊讓伯夷。伯夷曰：父命也。遂逃去。叔齊亦不肯立而逃之。國人立其中子。於是伯夷叔齊聞西伯昌善養老，蓋往歸焉。及至西伯卒。武王載木主，號爲文王，東伐紂。伯夷叔齊，叩馬而諫曰：父死不葬，爰及干戈，可謂孝乎。以臣弑君，可謂仁乎。左右欲兵之。太公曰：此義人也。扶而去之。武王以平殷亂，天下宗周。而伯夷叔齊

〔註 9〕郭沫若 1935 年 12 月創作的歷史小說。初次收入 1935 年 12 月文化生活出版社出版的《文學叢刊》《故事新編》。

〔註 10〕此處原文引自日本明治書院，1990 年 2 月初版《新釋漢文大系 88・史記 8・伯夷列傳》。

恥之。義不食周粟。隱於首陽山，采薇而食之。及餓且死作歌。其辭曰：登彼西山兮，采其薇矣。以暴易暴兮，不知其非矣。神農虞夏，忽焉沒兮。我安適歸矣。於嗟徂兮，命之衰矣。遂餓死於首陽山。

（二）《莊子・讓王篇》〔註11〕

昔周之興。有士二人。處於孤竹。曰伯夷叔齊。二人相謂曰。吾聞西方有人。似有道者。試往觀焉。至於岐陽。武王聞之。使叔旦往見之。與盟曰。加富二等。就官一列。血牲而埋之。二人相視而笑曰。嘻。異哉。此非吾所謂道也。昔者神農之有天下也。時祀盡敬而不祈喜。其於人也。忠信盡治而無求焉。樂與政爲政。樂與治爲治。不以人之壞自成也。不以人之卑自高也。不以遭時自利也。今周見殷之亂而遽爲政。上謀而下行貨。阻兵而保威。割牲而盟以爲信。揚行以悅眾。殺伐以要利。是推亂以易暴也。吾聞古之士。遭治世不避其任。遇亂世不爲苟存。今天下闇。周德衰。其並乎周以塗吾身也。不如避之以潔吾行。二子北至於首陽之山。遂餓而死焉。若伯夷叔齊者。其於富貴也。苟可得已則必不賴。高節戾行。獨樂其志。不事於世。此二士之節也。

先看魯迅的《采薇》。

《采薇》這篇故事主要分以下三個情節展開。其一是伯夷和叔齊兄弟二人都拒絕繼承王位而寄身於西伯（文王）設立的養老院；其二是當武王討伐商紂王之際，伯夷和叔齊「叩馬而諫」；其三是伯夷和叔齊「不食周粟」，隱居首陽山采薇而食，最後終於餓死。從以上魯迅選用的故事情節來看，作品的題材出自《史記・伯夷列傳》，這一點可以說毋庸置疑。

在 1935 年 12 月《故事新編》出版之際，魯迅在序文〔註12〕中言及自己處理歷史題材的方法。魯迅寫道：「對於歷史小說，則以爲博考文獻，言必有據者，縱使有人譏爲，教授小說，其實是很難組織之作，至於只取一點因由，隨意點染，鋪成一篇，倒無需怎樣的手腕」。實際上，在《采薇》裡，無

〔註11〕此處原文引自日本朝日新聞社，1967 年 9 月出版福永光司注《莊子・讓王篇》。

〔註12〕魯迅：〈《故事新編》序〉，人民文學出版社，1981 年北京第 1 版《魯迅全集》第 2 卷，第 341～342 頁。

論是對伯夷和叔齊那樣的古代文士拘泥於陳舊的封建禮習恪守「高潔」的非現實性的揶揄，還是對「順民」們的愚昧和統治者的「朝令夕改」僞善的無情暴露，都是在尊重「歷史事實」這一大前提下進行的。從養老院內的免費伙食越來越差，認爲武王的叛亂屬於「謀以臣弑君」和「以下犯上，不合先王之道」，改變父親文王所定下的規矩是「既不孝又不仁」，即便成了周之天下以後，伯夷和叔齊也斷然「不食周粟」，最終雙雙餓死首陽山等情節描寫上看，雖然在人物形象的細節描寫上不乏嘻戲調侃之筆，但對史實的把握卻格外地冷靜。應該說魯迅創作這篇歷史小說的眞正意圖在於批評那些在生存問題面臨危機的現實之中高唱「爲藝術的藝術」的現代文士們嚴重脫離現實〔註 13〕。在《故事新編》的序裡，魯迅直言不諱地道出自己「對於古人，不及對於今人的誠敬，所以仍不免時有油滑之處」。應該說這是魯迅在創作中把握和處理歷史題材的態度。但若從魯迅自己所說的「敘事有時也有一點舊書上的根據，有時卻不過信口開河」這一點來看，魯迅在寫歷史小說的時候也未見得拘泥於史實的單純重現。

接下來看郭沫若 1922 年秋天在博多寫成的《孤竹君之二子》又如何。

《孤竹君之二子》這篇詩劇顯然取材於《莊子・讓王篇》。它與《史記・伯夷列傳》中的記載相比，主要有四點不同。

其一，《孤竹君之二子》的情節展開從伯夷和叔齊二人放棄王位出逃開始。其中既沒有「養老堂」的故事，也沒有關於伯夷和叔齊「叩馬而諫」的史實描寫。

其二，在《孤竹君之二子》的《附白》中，郭沫若援用了《莊子・讓王篇》中有關伯夷和叔齊走訪「西方有道者」時武王拿出「加富二等」「就官一列」的優厚待遇以示懷柔卻被斷然拒絕的情節，魯迅在《采薇》中對此隻字未提。

其三，《孤竹君之二子》雖然和《采薇》一樣取材於伯夷叔齊反對武王政治的史實記載，目的同樣是借古喻今，以示對現有政治體制的不滿，但其理由不像《采薇》中所說是由於「謀以臣弑君」，「不合先王之道」以及改變了父文王的規矩的「不孝」和「不仁」，而是由於「今周見殷之亂而遽爲政。上

〔註 13〕《采薇》第六節中這樣寫道：「都是昏蛋。跑到養老堂裏來，到也罷了，可又不肯超然；跑到首陽山裏來，倒也罷了，可是還要做詩；做詩倒也罷了，可是還要發感慨，不肯安分守己，爲藝術而藝術。」

謀而下行貨。阻兵而保威。割牲而盟以爲信。揚行以悅眾。殺伐以要利。是推亂以易暴……」。

其四，《孤竹君之二子》的《幕前序話》中郭沫若對《采薇歌》所作的解釋和魯迅的理解不同。

下面圍繞以上四個不同點來考察郭沫若的《孤竹君之二子》。

作爲獨幕劇，《孤竹君之二子》的情節展開非常簡單。在爲權勢和利益爾虞我詐，巧取豪奪的世上，伯夷和叔齊這兩位孤竹國的王子放棄了王位的繼承出逃到渤海北岸。故事從此拉開序幕。當地的百姓在紂王的暴政下戰戰兢兢地生活。主人公對訴諸武力的流血戰爭的不滿情緒通過和當地老百姓的對話表露出來。因爲是在去往首陽山的途中，所以也沒有魯迅在《采薇》裡所作的有關首陽山場面的詳細描寫。郭沫若的這種寫法，看上去多少有點近似魯迅所指出的那種「只取一點因由，隨意點染」。然而，作者在作品的《附白》中有言在先，說除了伯夷和叔齊以外，《孤竹君之二子》中的其它登場人物「概係出自虛構」。「讀者不能以讀歷史的眼光讀人的創作」。在郭沫若看來，「創作家是借史事的影子來表現他的想像力；滿足他的創作欲」。他創作這部詩劇的動機不外乎「借古人的骸骨來，另行吹噓些生命去」（《孤竹君之二子・幕前序話》）和「借伯夷、叔齊的史影來暗射當世」（《創造十年》）。其實，郭沫若在創作《孤竹君之二子》時也並非全然不顧史實。他認爲，史書也是人寫的，它的撰寫自然會受到時代的制約，故後人不應該對史書的記載囫圇呑棗，而應該加以正確的推理和思考。例如《史記》中有關武王伐紂，伯夷叔齊叩馬而諫的記載。「以臣弒君」「叩馬而諫」的典故，作爲恪守「先王之道」的守舊言論被魯迅用在《采薇》裡面。對此，郭沫若另有見地。他首先懷疑此典屬於作者司馬遷或者早於司馬遷的古人杜撰。因爲郭沫若認爲《史記》中該段記載不合情理。他認爲「伯夷叔齊，是視君位如敝屣的人」，所以不可能說出「以臣弒君」、「不孝」和「不仁」這種「保皇黨、復辟黨般」的話來。

筆者認爲，是否能夠從形象塑造上準確把握伯夷和叔齊這兩個歷史人物，是讀解魯迅的《采薇》和郭沫若的《孤竹君之二子》根本不同的關鍵所在。在《采薇》中，這兩個人物被魯迅用調侃的筆致描寫成思想保守、被老百姓嘲諷、甚至被山賊戲弄的不諳世事四體不勤五穀不分頑固不化的迂腐老貴族。他們這種形象、性格和言行，讓人很容易地聯想到一部分中國現代知識者的存在。然而，伯夷和叔齊這兩個人物，在郭沫若的《孤竹君之二子》中卻以另一種截然不同的形象和姿態出現。首先他們有「不幸生爲了王子！一出了宮廷連自食其力的本領也沒有」的自知之明和反省之心。直到生命的完結，一直扮演著具有強烈使命感和自我意識的啓蒙者的角色。他們的存在在民眾眼裡是那樣的崇高，甚至往往被人們誤認作「上帝」或「人類的教化者」。

一言以蔽之，伯夷和叔齊在《采薇》裡不過是魯迅譏諷對現實視而不見的文人時使用的一件道具罷了。從某種意義上講，魯迅認爲現代中國文學者們和伯夷和叔齊有著某種通病。然而在郭沫若看來，伯夷和叔齊寧死恪守高潔，敢於彈劾當朝執政者和堅持和平主義的偉人。

彈劾現體制，可以說這是郭沫若創作《孤竹君之二子》這部詩劇的最直接的動機。在記載類似史實的多種古代文獻之中，郭沫若選擇《莊子》中的《讓王篇》爲原典，而且甚至在《附白》中引用《讓王篇》原文，是因爲他認識到《讓王篇》中的主人公能夠替自己代言。《讓王篇》中出現的是「吾所謂道」，而並非《史記・伯夷列傳》中的「先王之道」。伯夷和叔齊所彈劾的是「好謀而行貨，阻兵而保威，……殺伐以要利」的當朝體制。古人這種對現實的憤懣不滿吻合了五四運動以後民運低潮時期郭沫若這一熱血青年對中國現實社會的不滿。那麼，在伯夷叔齊眼裡，現實又是怎樣一種狀況呢？

伯夷這樣唱道：

那兒是奴役因襲的鐵獄銅籠，
那兒有險狠、陰賊、貪婪，湧聚如蜂。
毒蛇猛獸之群在人上爭搏雌雄，
奴顏婢膝者流在膿血之間爭寵。

這在郭沫若看來，伯夷所唱的正是二十年代初期中國社會的縮圖。我們還應該看到，郭沫若在胸中構想改造社會的宏偉藍圖之前，這種借古人之口表現出來的憤世嫉俗曾使得他一度無限憧憬私有制以前的中國古代社會。

另外，就《采薇歌》中的「以暴易暴」的問題，魯迅的現代話語闡釋是「強盜代替了強盜」。郭沫若雖然也認識到政權的交替不外乎走了一批鱷魚「另外換了一批鱷魚來」，而且「我們依然要被他們吃」，但要反對的卻是「不義的戰爭」和「家天下的私產制度下的戰爭」。前一種解釋充分體現出魯迅無比冷徹的性格和現世批判的世界觀。也就是說，人世間縱然會發生各種變化。

但無論怎樣變，執政的只不過是新的強盜替換了舊的強盜而已。從這些話語裡我們不難讀出某種歷史虛無主義的成分。

接下來再看郭沫若的理解。郭沫若的解釋固然也是一種現世批判，但它的思想根基卻不是出於某種達觀（或許應該說悲觀）的人生哲學。過去有不少論者在論及這一問題時往往對郭沫若在《幕前序話》中的所言缺乏邏輯性思考，從而提出《孤竹君之二子》這部詩劇主要反映了郭沫若的「非戰主義」和「無治主義」思想的觀點。筆者認爲，這不僅是對《孤竹君之二子》的誤讀，也是對 1922 年郭沫若的思想的誤讀。

郭沫若自己在《幕前序話》中說過這樣的話，「伯夷叔齊景仰這種時代（虞夏），正是他們敝屣君位的根據，反對戰爭的根據。所以我們考察他們的言論，綜覈他們的行爲，他們的確是古代的非戰主義者，無治主義者。他們的精神和我們近代人是深相契合的」。郭沫若在闡釋《采薇歌》時引出的這段話的確有表述不清晰的問題。然而，我們在看待這個問題的時候應該抓住本質。誠然，伯夷和叔齊這兩個歷史人物反對的是一切戰爭，景仰的是原始狀態的無治。說他們是非戰主義者和無治主義者這一點也不過分。然而郭沫若卻不是。前面提到他對「以暴易暴」的解釋說明他反對的是「不義的戰爭」和「家天下的私產制度下的戰爭」，而不是一切戰爭。

其實，郭沫若的反對「以暴易暴」的思想是具體有所指的。它針對的是 1922 年中國國內軍閥之間爲爭奪勢力而頻仍不斷發生的內戰，而不是出於一般性和平主義者立場的反戰爭。郭沫若本人既沒有期待過和平解決國內的軍閥紛爭，更沒有提倡過非暴力統治。他在這部詩劇中借一個虛構的人物（漁夫）之口開了一個治療社會惡疾的處方。漁夫說：「我們絕對不逃走，不去依賴鱷魚。我們在部落裡大家相輔相衛，等有吃人的魔鬼來，我們便和他決一死戰」。筆者認爲，這才是作者郭沫若想通過《孤竹君之二子》這部詩劇向民眾呼籲的內容。關於這一點，我們還可以在同一時期的其它作品中找到更有力的旁證。

在寫於 1922 年 11 月 12 日的寓言詩《黃河與揚子江的對話》〔註 14〕裡，郭沫若寫道：「他們古人叫人『非戰』，這是叫人反對那不義的戰爭」，「要想自己的兒孫過些幸福的生活，他們是非大流血一次不可！他們硬要施行大手術犧牲一切和『毒菌』（督軍）們作戰，硬要用劇烈的消毒藥把那『菌隊』（軍

〔註 14〕初出 1923 年 1 月 1 日上海《孤軍》1-4，5 合刊《打倒軍閥》專號。

隊）們掃除得乾乾淨淨，然後才有希望！」

讀到郭沫若寫於 1922 年 11 月寫下的這段話，我們還有什麼理由認爲同一時期的郭沫若是一個一般意義上的「非戰主義者」和「無治主義者」呢？

我們不禁要問，既然郭沫若如此憤世嫉俗，那麼他在《孤竹君之二子》這部詩劇中又是怎樣描繪和勾勒他的理想社會藍圖的呢？伯夷叔齊所景仰的唐虞以前的社會，除了「天下爲公，選賢與能」和「沒有無我的區分，沒有國族的界別，沒有奴役因襲的束累」，「自由、純潔」等模糊的輪廓以外，沒有更具體的描述。而且，這部詩劇所彈劾的是當朝政體，即便是這個問題在作品中也並沒有得到解決，因爲郭沫若沒有對他的理想的政治體制進行仔細的描述。也就是說，郭沫若在 1922 年末已經意識到了要用暴力來打破現有的國家機器這一點，但對於在這之後應該建立一個怎麼樣的理想社會的問題還沒有找到明確的答案。有一點必須要注意。那就是郭沫若雖然指出現社會體制不如古代社會，但並不等於說他的理想就是古代社會的復活。1922 年當時，中國現代社會中的一批思想進步分子儘管對自己祖國的未來還缺乏清晰的藍圖，但由於俄國十月革命成功的影響，郭沫若等人已經意識到必須推翻封建宗法制度和資本主義的根基——私有制。我想，這才是《孤竹君之二子》這部詩劇反映出的 1922 年郭沫若的思想進化的結果。

第五節　階級意識的覺醒——思想轉型的前兆

1923 年 3 月 31 日，郭沫若以醫學士的最終學歷從日本九州帝國大學醫學部畢業。祖國黑暗的現實曾經使得他一度意志消沉甚至絕望。但從 1922 年的秋天開始，他終於走出了情緒的低谷，在胸中重新燃起希望的火焰。最能證明這一點的就是畢業前沒有像其它幾位中國留學生那樣考慮留在日本繼續深造而是歸心似箭。回到上海以後，他最終還是放棄了當醫生的安穩生活之路而毅然決然地選擇了職業文學創作之路。在這期間，他對國內現實的認識和態度發生了相當大的變化。

首先，他從國內風起雲湧的勞工反抗運動中感受到了一種新的救國的力量。一年前的夏天，他還在一首題爲《夕暮》的詩中悲歎祖國的命運和呼喚救世主的出現，現在的他卻已經完成對故我的告別而邁大步走上了新的人生道路。

上海市上的清晨
還不曾被窒息的 gasoline 毒盡。
我赤著腳，蓬著頭，叉著我的兩手，
在馬路旁的樹蔭下傲慢地行走，
赴工的男女工人們分外和我相親。

兄弟們喲，我們路是定了！
坐汽車的富兒們在中道驅馳，
伸手求食的乞兒們在路旁徙倚。
我們把伸著的手互相緊握吧！
……
馬路上，面的不是水門汀，
面的是勞苦人的血汗與生命！
……
兄弟們喲，我相信，
就在這靜安寺路的馬路中央，
終會有劇烈的火山爆噴！

——《上海的清晨》（1923.4 作）

以上是郭沫若大學畢業歸國回到上海不久後創作的詩歌。在這首作品裡面，我們可以發現郭沫若過去的新詩所沒有的嶄新的元素，即在作品中出現的第一人稱「我」和作爲集體名詞的「工人」站在同一立場。過去的郭沫若，不管是有意識還是無意識，在民眾面前一直都在扮演著啓蒙者的角色，說到底，和民眾所處的是一種上對下的關係。然而現在卻發生了根本的變化。他開始將工人們稱爲自己的「兄弟」，開始在他們面前說「我們怎麼怎麼樣」。必須指出，這種稱謂上的改變無疑標誌著郭沫若立場的轉變。主動消除自己與工人大眾之間隔閡的這種意識，頭一次出現在作品《上海的清晨》裡。那麼它究竟意味著一種什麼性質的變化呢？

兩年前他留學中途回國，在上海只看見「長的男袍，／短的女袖」猶如「遊閒的屍，／淫囂的肉」。結果「滿目都是骷髏，／滿街都是靈柩（《上海印象》）」，而在 1923 年 4 月，他開始對生活在水深火熱之中的勞苦大眾寄予極大的同情，在詩歌裡喊出「馬路上，面的不是水門汀，／面的是勞苦人的血汗與生命！」並開始感覺到和他們相處在一起感到「分外相親」。儘管上海街頭的風景和兩年前相比可謂一層不變，「伸手求食的乞兒們在路旁徙倚」，這時的郭沫若已經不再有過去那種「眼兒淚流，心兒作嘔」的感受了，代替這種強烈的靈魂顫抖的是對、「坐汽車的富兒們在中道驅馳」的無比憎恨。

可以說郭沫若在把自己的目光轉向現實的同時完成了對故我的清算和告別。他這樣詠歎道：

別了，低回的情緒！
別要再來纏繞我白熱的心臟！
你個可憐的撲燈蛾，
你當得立地燒死！

別了，虛無的幻美！
別要再來私扣我鐵石得心扉！
你個可憐的賣笑娘，
請去嫁給商人去者！

別了，否定的精神！
別了，纖巧的花針！
我要左手拿著《可蘭經》，
右手拿著劍刀一柄！

——《力的追求者》（1923.5.27 作）

與「低回情緒」和「虛無的幻美」徹底訣別，這無疑是對篤信泛神論的故我的否定，而這種對故我的否定，正是郭沫若思想上即將發生脫胎換骨的重大變化的徵兆。過去的他由於一直是「左手蒙住左邊的眼睛」「觀賞風光」而沒有看見世上的「荒墳」。如今的他面對「矛盾萬端的自然」已經「不再迷戀」（《愴惱的葡萄》1923.5.27 作）。我們應該看到郭沫若在預感到這種思想上可以稱之爲脫胎換骨的巨變就要發生時對即將誕生的新我的設定。這個新我，就是「左手拿著《可蘭經》，右手拿著劍刀」的人。手持利劍不外乎表明一種戰士準備與敵人博鬥的意願，而另一隻手拿著伊斯蘭教的聖典《可蘭經》則有著某種特定的象徵性含意。在伊斯蘭教看來，《可蘭經》即神的諭示。它不僅和神同樣神聖永恒，而且還是人們判斷善與惡、正義與邪惡的終極準則。從這個意義上講，手持《可蘭經》，即意味著遵從神的意志伸張正義。

這首詩不僅僅顯示出郭沫若 1922 至 1923 年時那種帶有濃厚無政府主義傾向的樸素英雄主義思想的再次抬頭，而且這種意識造成鬥志的高昂和決意「到兵間去！」「到民間去！」（《朋友們愴聚在囚牢裡》1923.5.27），從整體上爲他不久後接受馬克思主義的階級鬥爭思想準備了接受胚體和條件。

朋友喲，我們不用悲哀！不用悲哀！
打破這萬惡的魔宮正該我們擔戴！

在這資本制度之下職業是於人何有？
只不過套上一個頸圍替資本家們做狗！

朋友喲，我們正當得慶幸我們身是自由！
我們正當得慶幸我們身是自由喲，朋友！

我們的猛力縱使打不破這萬惡的魔宮，
到那首陽山的路程也正好攜著手兒同走！

朋友喲，我們不用悲哀！不用悲哀！
從今後振作精神誓把這萬惡的魔宮打壞！

——《勵失業的友人》（1923.5 作）

這一時期顯示出郭沫若思想急遽左傾化的作品絕對不止前面列舉的《力的追求者》。可以說這一時期他創作的許多詩歌都是有力的佐證。上面試引用了他於 1923 年 5 月在上海創作的《勵失業的友人》。在這首詩歌裡，郭沫若第一次作爲失業勞工大眾的一分子直接登場，而不是僅僅止於他們的同情者或朋友。在此，「我們」的敵人這一特殊名詞的含意界定範圍再一次被縮小到「萬惡的魔宮」——資本主義制度。「首陽山」在此也不再指隱遁，而帶有在鬥爭中寧死不屈的嶄新含意。

歌笑在富兒們的園裡，
那小鳥兒們的歌笑。
啊，我願意有一把刀，
我要割斷你們的頭腦。

歌笑在富兒們的園裡，
那花木們的歌笑。
啊，我願意有一把刀，
我要割斷你們的根苗。

你厚顏無恥的自然喲，
你只是在諂媚富豪！
我從前對於你的讚美，
我如今要一筆勾消。

——《歌笑在富兒們的園裡》（1923.5.27 作）

用小刀割斷唱歌的小鳥的頭顱，用小刀切斷花和樹的根。光有這些念頭就已經讓人不寒而慄了。其實，這首詩寫的並不是那麼回事。郭沫若絕對不會無緣無故想到用刀去割小鳥的頭和花木的根。會唱歌的小鳥儘管可愛，花木本來很美麗，但它們如果只爲富人唱歌，只爲富人的庭院裝點，那麼它們就不但不可愛而且可恥可恨。這就是 1923 年 5 月郭沫若的新價值觀。然而，在這裡郭沫若所仇視的爲富人歌唱的小鳥和爲富人庭院裝點的花木是不是有特定的所指或者暗示呢？郭沫若在同月 18 日寫下的題爲《我們的文學新運動》〔註 15〕的文藝評論中宣言：「我們現在對於任何方面都要激起一種新的運動，我們於文學事業中也正是不能滿足於現狀，要打破從來因襲的樣式而求新的生命之新的表現」。所謂「新」的內容含有以下四方面的因素。第一是「反抗資本主義的毒龍」，並「以生命的炸彈賴打破這毒龍的魔宮」。第二是「反抗不以個性爲根底的既成道德」和「反抗否定人生的一切既成宗教」。第三是「反抗奴隸根性的文學」。第四是「在文學之中爆發出無產階級的精神，精赤裸裸的人性」。

筆者認爲，以上四項新文學內含要素都無不顯示出 1923 年 5 月郭沫若的思想進化狀態。其中第三和第四項內容值得注意。《歌笑在富兒們的園裡》的爲富人歌唱的小鳥和爲富人的庭院裝點的花木指的正是當時文壇上諂媚現政治體制的所謂「幫閒文學」和「奴隸根性的文學」。由於思想上主動與工人階級合流，郭沫若過去那種對富人的仇恨發展到 1923 年 5 月前後開始產生質變，逐漸變成了一種無產階級和資本家階級相對抗的強烈的階級對抗意識。

1923 年 12 月，郭沫若開始預言：「長夜縱使漫漫，／終有時辰會旦；／……太陽雖只一輪，／他不曾自傷孤獨，／……已離黎明不遠」（《我們在赤光之中相見》）。翌年 5 月，他在福岡研讀和翻譯日本京都帝國大學教授、當時聞名世界的社會學家河上肇博士的名著《社會組織及社會革命》的過程中，大量地接受了作者的社會主義思想和馬克思主義的理論。

〔註 15〕初出 1923 年 5 月 27 日上海《創造週報》第 3 號。

結　語

以上圍繞郭沫若的第二部作品集《星空》，對其版本變化、作品的成立過程等進行了考察之外，還對其中的重要作品進行了定位。迄今爲止，討論《星空》的純作品論在國內已有很多。雖然各家論者的見解有些許不同，但總的認識可以說沒有太大的分歧。大多數論者將《星空》視爲郭沫若繼《女神》之後創作的第二部詩集，認爲它那種總體性的低格調表現了五四運動後作者的苦悶和彷徨。本章節的考察首先不將《星空》這部作品當作一部單一或孤立的作品來看，而採用了在考察研究對象本體的同時將同一時期創作的周邊作品群置入視野並探索它們之間的內在聯繫的多視角研究方法。首先對《星空》的版本進行了實證性研究並得出結論，然後將初版《星空》作爲研究對象。作爲本章節研究的第二個步驟，接著考察了與《星空》大致同期創作的周邊作品並包括佚詩佚文。第三個步驟是結合作品的探索結果綜合考察了同一時期郭沫若寫下的文藝評論以作品驗證其文藝觀。通過以上對《星空》的綜合研究，筆者獲得如下認識：

第一，1921 年以後，作爲創造社的組織者，在東洋留學的郭沫若爲了從事文學活動而開始頻頻回國。國內黑暗現實無情地打碎了他寄予祖國的夢幻和理想。他在殘酷的現實面前第一次感受到自己的無力和絕望。這種情緒上的急遽跌落對他這樣的詩人來說，不僅僅意味著《女神》創作時期的終結，而且同時還意味著怎樣收拾自己由於理想與現實的巨大落差而深深陷入內心矛盾的局面這一苦悶時期的到來。我們可以看到，直至 1923 年，郭沫若一直在竭盡全力欲從情緒的低谷中突圍。他進行了各種嘗試。其間他的思想也相應地發生了較爲突兀的變化。《星空》可以說就是這一時期郭沫若感情劇烈起伏的產物。

第二，《星空》時期的作品如實地反映了郭沫若苦悶、思索、決意再選擇三階段的思想變化。「苦悶」既不是《星空》所表現的唯一主題，也不能代表這一時期作品群的整體傾向。

第三，我們從 1922 年秋以後郭沫若的作品中可以觀察到他對社會的重新注目。翌年 4 月以後的作品顯示出他主動向工人階級迅速靠攏的思想意識。這一時期的詩歌大致都創作於郭沫若的人生發生重大轉變的前夜，如實地反映了其思想嬗變和進化的具體過程。

第十章　「五四」時期郭沫若的傳統文化觀論考

敘　說

> 在此我們公開宣言。我們崇拜孔子。有人說這是一種時代錯誤，那是他們的自由，但決不能盲地將我們對孔子的崇拜與玩賞古董的心態相提並論。因爲在我們的眼裡，孔子可謂兼容康德和歌德兩位偉人的天才，可謂擁有完善的人格和永恒生命的巨人。

以上是郭沫若 1922 年寫在題爲《兩片嫩葉》的文章裡的一段話，該文分上下兩篇分別刊登在 1923 年 1 月 1 日和 2 日兩天的日本大阪《朝日新聞》上。執筆創作這篇文章的時候，郭沫若還是日本九州帝國大學醫學部尚未畢業的學生。儘管如此，由於他於一年前就開始組織創造社，創刊文學季刊《創造》，並給二十年代初期的中國文壇注入了新鮮空氣，以他爲首的創造社的存在已經引起了國內外的矚目。《朝日新聞》把約請郭沫若撰寫的文章安排在 1923 年的頭兩天發表，並且放在日刊醒目的重要版面，足以說明對郭沫若這一人物的看重。該文章前付了一段類似作者簡介的文字。鑒於迄今爲止的有關論文皆未涉及這一資料，故譯出引用如下。

> 郭氏不僅作爲現代支那實力派青年藝術家、劇作家和詩人聞名遐邇，而且無論是在文學或哲學方面都具有相當深厚的造詣。……儘管立志於醫學，但作爲藝術家亦不愧爲前途無量的俊才。恐怕將來的

地位不會低於日本的森鷗外氏。本文是郭氏用日文寫作的原稿。

從內容上看，這無疑是《朝日新聞》記者爲郭文寫的《編者按》。我們從此可以獲知，留學生郭沫若作爲現代中國有爲的文學家早在 1922 年就已聞名於日本。這篇文章在日本發表後，其大意翌年 5 月由成仿吾譯成中文並發表於國內《創造週報》第 2 號。成仿吾譯文時將原文的題目改爲《中國文化之傳統精神》，一語道破此文乃郭沫若有關中國傳統文化的價值判斷。1919 年「五四」以來，反傳統、打倒孔家店和批判傳統儒學成爲中國思想界的主流。如果說郭沫若的這篇文章趣旨與中國國內的思想主潮相同或大同小異，《朝日新聞》作爲日本最大的新聞傳媒，可以說沒有任何必要將這篇由一個學醫的中國留學生寫成的哲學論文愼重其事地刊登在 1923 年元旦的重要版面上。我們僅從文章的內容上就不難推測，當時日本新聞傳媒發表此文的目的不外乎借用這篇叛逆時代潮流的文章在中國思想界引起較大的反響。

然而，儘管「五四」新文化運動蓬勃展開的時期郭沫若幾乎都不在國內而置身異國日本，但似乎任何一種資料都表明當時國內每一種新思想的提出，每一個運動的開展以及思想界的每一個新動向都無不牽扯著郭沫若的神經。那麼，在反傳統、打倒孔家店和批判傳統儒學爲重要使命的「五四」新文化運動摧枯拉朽的展開過程中，留學生郭沫若所思考的「中國文化的傳統精神」究竟以什麼爲內涵呢？

由於郭沫若本人一生中傳統哲學觀並非始終如一，加之本文篇幅有限而不能將郭沫若的一生置入視野，故在此只能對郭沫若在日留學結束以前，即 1924 年以前的傳統文化觀及哲學觀進行階段性考察。有兩個重要問題必須首先搞清楚。第一，郭沫若留日時期倡導的「中國文化的傳統精神」所涵蓋的內容是什麼？第二，郭沫若一方面以《女神》成功地表現了「五四」的時代精神，可另一方面他又受到聞一多嚴厲的批判，被指責爲「不愛中國文化」〔註 1〕。那麼這樣一個性格複雜的郭沫若又是如何評估本國傳統文化的呢？兩個問題都直接涉及到傳統文化，一個是對傳統文化的闡釋，另一個是對傳統文化的認識。只要找到了這兩個問題的答案，前面提出的關於他爲什麼在「五四」這一對反孔還是尊孔猶爲敏感的時期偏要公開提倡尊孔的問題便會迎刃而解。

〔註 1〕 聞一多：〈《女神》之地方色彩〉。初出 1923 年 6 月《創造週報》第 5 期。

第一節　少年郭沫若的傳統儒學思想的修養

郭沫若生於 1892 年（光緒 18 年）。直至 1905 年 8 月清朝廷宣佈廢黜科舉制度和導入新式學堂教育體制爲止，他一直受的是所謂「舊學」式的教育。用他本人的話說，他「自己是受科舉時代的餘波陶蕩過的人」〔註 2〕。科舉制度在中國歷史上將傳統儒學提倡的「立身出世」的實現具體化和制度化。對社會來說，它起著人材選拔過濾器的作用；對於個人，它又是使個人的自身價值得到社會認可的一種自我實現的鑒定系統。郭沫若就是在這種「立身出世」氛圍濃厚的舊式教育下被浸淫薰陶至 13 歲。

郭沫若出生在四川省樂山縣觀峨鄉沙灣鎮的一家於當地頗有名望的地主兼商人的家庭。母親是貴州省黃平州原清朝廷命官家的「千金」。雖然劫後逃生至樂山，但畢竟是大家閨秀「下嫁」商家。這種「下嫁」給沙灣郭家帶來的最大的變化是郭家本族私塾「綏山山館」的創設。「綏山山館」不僅對郭沫若的成長有著不可低估的意義，這種傳統儒學修養的薰染還直接影響到郭沫若的幾個同胞兄弟。

> 翩翩少年郎，騎馬上學堂。先生嫌我小，肚內有文章。（《我的童年》）

事實上，郭沫若在後來寫下的自傳中不止一次提及郭氏家族中對他的成長影響最大的是他的母親。爲此，他還特意將自己的母親喻爲「Augtisinuse's Mother（奧古斯丁的母親）」。幼年時代跟母親學會背誦的古詩「翩翩少年郎」，幾十年歲月流逝尚記憶猶新。母親不但啓迪了少年郭沫若的好奇心，將他引入讀書三昧的世界，還在他的心靈裏植下了一粒「學而優則仕」（《論語・子張》）的無形種子。

1897 年春天，年僅 5 歲半的郭沫若進入「綏山山館」就學。父親郭朝沛作爲一家之長，列席了意味著他第 8 個孩子邁出人生道路第一步的私塾入塾儀式。據郭沫若本人回憶，所謂幼年時代的入塾儀式，也就是面對「大成至聖先師孔子神位」叩拜 3 次，和叩拜執教先生。郭沫若自那以後一直在「綏山山館」接受舊學的薰陶，直到他 13 歲那年考中了新辦的樂山縣高等小學校爲止。「幼而學，壯而行。上致君，下澤民。揚名聲，顯父母。光於前，裕於後」，從追求名聲和社會地位，教人以爲家爲國之人倫的啓蒙經典《三字經》

〔註 2〕郭沫若：〈我的作詩的經過〉。初出 1936 年 11 月 10 日東京《質文》2-2。

開始，郭沫若在這裡熟讀《大學》、《中庸》、《論語》、《孟子》「四書」和《易》、《書》、《詩》、《禮》、《春秋》「五經」。如果說從幼年時代到少年時代在私塾讀書有什麼變化，那麼這種變化可以說是郭沫若對孔子的教誨和書上的古訓的死記硬背逐漸發展到有初步的理解。

在研究少年時期的郭沫若的時候，一般都有喜歡著重考察其反叛精神的傾向。然而，很少有論文將貫穿郭沫若一生的尊孔思想和他幼少年時期所受的儒學薰陶之間的必然聯繫納入研究視野。事實上，郭沫若自幼在家鄉濃厚的儒學精神風土的滋養中長大。不僅在「綏山山館」讀書的時期，即便是在就讀於高等小學、中學期間，郭沫若也是一邊吸收「新學」（這種「新學」與其說是來自西洋的近代思想，毋寧說更多的應該是自然科學），一邊憑藉大量的涉獵國學方面的書籍不斷加深對傳統儒學的理解。

科舉制度廢黜後的第一個春天，作爲「新式教育」設施而設置的樂山縣高等小學開始招生授課。從此至中學畢業的幾年裏郭沫若與注定要成爲他走進儒學世界的引路人的兩位優秀的國學教師相遇。一位是帥平均，另一位是黃經華。兩人皆是清末著名經學家廖井研〔註 3〕的門生。他們向郭末若傳授的基本上可以說是廖井研的學說。在當時的郭沫若眼裡，廖氏經學「多半」是「新異的創見」，故廖井研也就成了「具有革命性的一位學者」〔註 4〕。潛移默化之中，認爲孔子儒學不論東西，網羅百家學問的廖氏思想〔註 5〕以及大膽闡釋儒家經典的懷疑精神，便被兩位國學教師移植到郭沫若的頭腦之中。可以說正是從這個時期起，郭沫若開始將傳統儒學視爲一種哲學思想和人生處世哲學加以理解。在此之前，儒學對郭沫若來說，充其量只不過是一種學問而已。

1912 年 1 月，正於成都府中學就讀的郭沫若遵從父母的意志與當地一位叫張瓊華的鄉下婦女結婚。這一年郭沫若 20 歲。寒假期間，他讀了《莊子》、《楚辭》、《文選》、《史記》和嚴復譯的《天演論》。其中，他最喜愛讀的是《莊子》，原因是「喜歡他的文章，覺得是古今無兩」（《黑貓》）。長大成人後的郭沫若果然與少年時代的他不同。自幼耳濡目染、囫圇呑棗式輸入記憶

〔註 3〕廖井研（1952～1932），本名廖平，字季平，晚年號六譯居士。四川井研縣人。中國近代經學家。著述有：《古今學考》、《古文考》等。

〔註 4〕郭沫若：〈我的童年〉。《郭沫若全集》文學編第 11 卷。

〔註 5〕廖平氏在著作《孔經哲學發微》中指出：「子學爲《六經》之支裔，即爲西學之根源」。《廖平學術論述選集》（1）。

之中的傳統文化經典隨著郭沫若的成長，不斷對他起著潛移默化的感化作用。通過他中學時代寫下的舊體詩，我們不難發現在郭沫若身上發生的這種變化。

岱宗不云高，渤澥終猶淺。寸心不自恃，浩氣相旋轉。煉就堅鐵心，灼熱終不冷。（1912 年秋作）〔註 6〕

對郭沫若這樣一個年方 20 的熱血青年來說，二十世紀第一個十年裡發生在中國的外來侵略和內亂不可能等閒視之。現代知識分子強烈的憂患意識使他對「眈眈群虎猶環視，岌岌醒獅尚倒懸（《感時》1912 年冬作）」的祖國產生了一種欲將之從亡國危機終拯救出來的使命感。

幾乎在同一時期，郭沫若在另一首題爲《代友人答舅氏勸阻留學之作》的舊體詩中吐露出他青年時期的鴻浩之志。

拂霄振逸翮，國基傷未堅。胡馬騈西北，鄭羊勢見牽。巢破無完卵，編聲非弱弦。我願學歸來，仍見國旗鮮。（1912 年作）

通過這首詩，我們不難捕捉到作者於作品中自然流露出的類似「覆巢無完卵」的濃厚的憂患意識和將個人家庭以及社會三位一體化並主張個人價值的社會實現的儒學思想。「禮樂詩書選將才，英雄事能貴兼該（《寄先愚夫・八》）」的思想在他腦子里根深蒂固，並成爲他日後投考天津軍醫學校及留學日本，不放過任何機會實現立身出世救國濟民遠大理想抱負的原始推動力。

第二節　郭沫若所言「中國傳統文化的眞髓」之內涵

1921 年 5 月發行的上海《學藝》雜誌第 3 卷第 1 期上，刊登發表了一篇題爲《我國思想史上之澎湃城》的重要文章。該文郭沫若寫於 1921 年 5 月。它可以比較完整地爲我們提供一幅郭沫若 1921 年 5 月前後的傳統文化觀的概貌。這篇以未完成稿的形式發表的論文，爲我們提供了足以證實郭沫若幾乎在剛開始創造社文學活動的同時就已經開始了對中國先秦思想史進行有意識的研究。下面，本文就該論文中的兩個重要論點略抒己見。

首先，有必要對郭沫若所言及的中國的傳統文化、傳統思想和傳統精神這 3 個概念做一個較爲合理的界定。

〔註 6〕郭沫若：〈述懷——和周二之作〉。四川人民出版社 1979 年 10 月初版《郭沫若少年詩稿》。

1921 年的郭沫若，既是日本九州帝國大學醫學部就學的大學生，又是高舉藝術至上之旗給予國內文壇以巨大衝擊的創造社這一文學團體的主要領導人。他雖然置身於日本的醫科大學，但無時不密切關注著國內文壇的發展動向。當時，他不僅對於國內文壇，而且對國內思想界的「整理國故」也極爲不滿。筆者認爲，他於 1921 年上半年寫成的這篇《我國思想史上之澎湃城》，就是對國內思想界不滿而作出的反應。同時此文也可以看做創造社同人於國內嶄露頭角時提出的一種自我主張。既然如此，那麼他們究竟主張些什麼呢？要搞清楚這個問題，首先有必要涉及一下胡適所倡導的「整理國故」。

1919 年 11 月 1 日胡適曾經寫過一篇題爲《新思潮的意義》的長文。他斷言新文化運動眞正的意義在於「重定一切的價值」。在該文中，胡適提出了三個問題。第一是不應該把儒學作爲國家的道德標準，第二是要解決當今面臨的實際問題，就必須從外國輸入新的理論、新的觀念和新的學說。第三是「整理國故」，即「對我國的固有文明進行有系統的嚴厲批判並加以改造」。實際上這三個問題一環緊扣一環，觸此動彼，相互關聯。如果把胡適的這種思想用圖式表現出來，可以得到以下公式。

對傳統的否定＋工具（外國的新思想新理論）的輸入＋文明的再建

胡適把他爲中國文化的再建而設計的上述三個步驟稱之爲「中國的文藝復興運動」〔註 7〕。他所主張的「不應該把儒學作爲國家的道德標準」的問題，實際上和陳獨秀、李大釗倡導的反儒無甚差別。其內容無非是反對「舊的家庭傳統、舊的貞操觀念、舊的道德和舊的政治」〔註 8〕。「科學、民主、打倒孔家店」，「五四」新文化運動中提出的三大口號之中有兩個被胡適言及。無論是陳獨秀所批判的「忠、孝、節、義」倫理觀，還是魯迅所道破的「吃人的」「仁義道德」，都被看做「禍及萬世」之物。特別是陳獨秀把儒學的「三綱」視爲中國封建專制主義思想的核心。他指出：「君爲臣綱，則民於君爲附屬品而無獨立自主之人格矣；父爲子綱，則子於父爲附屬品而無獨立自主之人格矣；夫爲妻綱，則妻於夫爲附屬品而無獨立自主之人格矣。率天下男女

〔註 7〕胡適：〈從文學革命到文藝復興〉。江蘇文藝出版社 1995 年 9 月初版《胡適自傳》，第 261～263 頁。

〔註 8〕陳獨秀：〈本志罪案之答辯書〉。1919 年 1 月《新青年》6-1。

爲臣爲子爲妻而不見有一獨立自主之人格，三綱之說爲之也。緣此而生金科玉律之道德名詞，曰忠、曰孝、曰節，皆非推己及人之主人道德，而爲以己屬人之奴隸道德也」〔註 9〕。

如果說「五四」新文化運動的先驅者們所反對的儒學是中國傳統儒學中被視爲核心的部分——倫理觀和道德觀，那麼郭沫若等於「五四」時期公開宣稱「崇拜孔子」的思想基礎又是什麼呢？郭沫若認爲，中國文化有著幾千年的歷史。對國故進行整理固然有必要，但既不是對傳統文化的全盤否定，也不是借用外來思想對之進行改造。新文化運動的當務之急是從中華民族悠久的歷史沉澱物中正確地挖掘和把握本民族文化的眞髓。

下面將主要對郭沫若留學日本時期的尊孔思想進行考察。在此回到正題，先觀察郭沫若所認識的中國傳統文化的眞髓究竟是什麼。

在前面提到的郭沫若的《我國思想史上之澎湃城》中，作者指出：「漢以後君國專制，對於古代思想凡有不合於專制政體者，概加湮滅。學者又無創造之才能，非曲解古籍以諂媚朝政；則撰述僞書以紊亂古學。政學朋比爲奸，自由獨創之天才遂永無發現之時期；而我自由獨創之傳統精神亦遂永遭埋沒於後儒訓詁僞託之下而泯其眞相。」

這裡需要注意的是，郭沫若的這種思想直到他從日本九州帝國大學畢業後的 1924 年爲止，可以說大體上沒有什麼變化。他認爲：「自漢武以後，名雖尊儒，然以帝王之利便爲本位以解釋儒書，以官家解釋爲楷模而禁人自由思索。後人所研讀的儒家經典不是經典本身，只是經典的疏注。後人眼目中的儒家，眼目中的孔子，也只是不識太陽的盲人意識中的銅盤了。儒家的精神，孔子的精神，透過後代疏注的凸凹鏡後已經歪變了的〔註 10〕。」

在對中國文化發展進程中的「三代」以前——三代（夏、殷、周）——春秋戰國時代——秦漢以後的幾個進化階段的歷史進行綜合性考察的時候，郭沫若還將傳統文化中的儒、道、墨諸家的學說和佛教思想做過比較研究。他得出的結論是，「我國的古代精神表現得最眞切、最純粹的總當得在周秦之際（《論中德文化書》）。」他視儒、道兩家，特別是儒家思想爲中國文化傳統精神的核心，而佛教和墨家思想表示出嚴厲批判的態度。在他看來，老子、

〔註 9〕陳獨秀：〈一九一六年〉。《新青年》1-5。

〔註 10〕郭沫若：〈偉大的精神生活者王陽明〉。《郭沫若全集》歷史編第 3 卷，第 293～294 頁。

孔子或者他們以前的中國傳統思想的精髓、即「在萬有皆神的想念之下，完成自己之淨化與自己之充實至於無限，偉大而慈愛如神，努力四海同胞與世界國家之實現的我們這種合二而一的中國固有的傳統精神（《兩片嫩葉》）」具有兩大特徵。第一大特徵是「把一切存在看做動的實在之表現」；第二大特徵是「把一切事業由自我的完成出發」（《兩片嫩葉》）。

我們通過對郭沫若「五四」前後創作的文學作品，特別是對詩歌的觀察可以發現，他借文學這一形式力圖追求的是一種自我的獨立人格和個性的解放。對他來說，要想盡情舒展自由和個性的翅膀，就有必要尋找一種能夠作爲證實這種自由和個性發展的合理性參照系的傳統哲學理念。雖說他青少年時期熟讀儒學經典和老莊，但他並沒有注意到傳統思想裡的泛神論因素。當他在日本第六高等學校留學之際通過閱讀王陽明哲學而接觸到西方的歌德和斯賓諾塞時，對西方哲學中的泛神主義思想有所瞭解之後，才對老莊及孔門哲學中的泛神論有所頓悟。他認爲自己找到了中西哲學裡的泛神論的共同點，並將它作爲肯定現實以及肯定自己的有力依據。當他第一次以西方哲學思想爲鑒反觀本國的傳統文化時，一種從未有過的、對中國傳統文化的思考逐漸在他的腦子裡形成。

郭沫若首先到達的一種獨特的認識，是把中國歷史劃分爲兩個時代。即把夏殷西周劃爲「第一次之黑暗時代」；把秦漢以後劃爲「第二次之黑暗時代」（《我國思想史上之澎湃城》）。他指出：「虞夏之際，爲我國歷史上之一極大的轉換時期：古代思想由形而上學的，動的宇宙觀，一變爲神學的，固定的宗教論；而政治組織由公產制度一變爲私產制度，由民主主義一變爲神權政治 Teocracy」（出處同前）。他認爲，在三代以前的中國，「所有的山川皆被視爲神的化身，人神一體」，而「《創世紀》以爲神創一切萬匯及人，而我國則以爲人造一切萬匯，而人即是神。盤古也，天地人三皇也，有巢氏也，燧人氏也，都是半人半神的虛構人物，此點最足以表示我國自由獨創之精神」。他還指出：「我國國家之起源由民約而成，我與國俱來之思想，又爲一種平等無差別的理想主義」，「我國傳統的政治思想，可素以人民爲本位，而以博愛薄利爲標準，有不待乎唐虞之禪讓，已確乎其爲一種民主主義 Democracy 矣……不幸乃有野心家之夏禹出現而破壞之也！（出處同前）」。

如此這般，郭沫若認爲，中國傳統哲學思想裡的泛神、無神以及民約思想從三代起就已經像古代的龐培城一樣被埋沒。由於人格神的認定，「國家是神權之表現，行政者是神之代表也。一切的倫理思想也是他律的，定了無數的禮法之形式，個人的自由完全被束縛了」。這樣暗無天日的時代一直持續到老子的出現。「革命思想家老子如太陽一般升出。他把三代的迷信思想全盤破壞，極端詛咒他律的倫理說，把人格神的觀念連根都拔出來而代之以『道』之觀念」（出處同前）。在當時的郭沫若看來，「經過一千多年的黑暗時期，到了周朝中葉，政治和思想上才開始出現劇烈的動搖（《兩片嫩葉》）」。然而，在《論中德文化書》中承認自己沒有發現老子和尼采兩者思想之間根本區別的郭沫若，最終並未倒向老子而爲孔子的人生哲學所強烈吸引。當然，留學海外時期的郭沫若在老子和孔子之間所作的取捨自然有其充分的理由。

第三節　對老子和孔子的取捨選擇

我們發現，郭沫若在青少年時期並未對老子和孔子的哲學及人生觀進行取捨性選擇，而對傳統哲學的態度可以說是兼收並蓄。然而，當他意識到了兩者本體觀的不同時，他斷然選擇了孔子而割捨並排斥他膜拜已久的老子。大學時代的郭沫若認爲老子和孔子的本體觀至少有兩大不同。

第一，「在老子眼中本體是無目的的、機械的，而孔子卻以『善』爲進化之目的。」

第二，「老子否定神的觀念，而孔子認爲本體即神。」

郭沫若認爲「本體包含一切並不斷地進化、依兩種相對的性質進化。本體天天向『善』自我更新著。然而本體的這種向『善』的進化，在孔子看來並非神的意識之發露而是神之本性，即本體之必然性（《兩片嫩葉》）」。

雖然郭沫若把孔子的本體論視爲一種理想的社會進化論，但他並沒有對老子的思想進行全面否定。他認爲老子的『道』「先天地而混然存在，目不能見，耳不能聞，像『無』一樣超越一切感覺而絕無名言。然而『道』並非眞『無』，它是宇宙之實在」。在認識和評價老子的無神論的同時，郭沫若還對老子的『無爲』說進行了大膽而嶄新的解釋。

他指出：「宇宙萬有的生生滅滅乃『道』的作用之表現，『道』之作用不停地發生，沒有任何目的。試觀天空，日月巡環，雲雨陞降。試觀大地，她司掌著一切生物的成長發育，並無任何目的。人類也應該如此。做一切事情都不應有什麼目的。人類的精神已經被種種目的攪亂了。人世間的苦難也正是因這種種的『爲（wèi）』才有的。讓我們無所『爲（wèi）』去爲（wéi）一切吧！我們要像嬰兒一樣爲活動本身而活動！如此這般，人類的精神自然會變得恬淡而清靜……（《兩片嫩葉》）」

值得注意的是，郭沫若顯然在此把老子的「無爲清靜」說中的「無爲」解釋爲「無欲」。他在另一篇文學評論《論中德文化》中明確指出：「老子的無爲清靜說爲後人所誤解，誤認爲與佛教思想同科，實則『無爲』二字並不是寂滅無所事事，是『生而不有，爲而不恃（《老子》第二章）』的積極精神」。把「無爲」讀成去聲而確定其含意，這恐怕是郭沫若的獨到之處。那麼對老子的「恬靜」，他又是怎樣看的呢？

郭沫若在同一篇文章裡寫道：「人類的精神爲佔有欲望所擾，人類的一切煩亂爭奪盡都從此誕生……人能泯卻一切的佔有欲望而純任自然，則人類精神自能澄然清明，而人類的創造本能便能自由發揮而含和光大。」

如郭沫若所說的一樣，「秦以後的學者們」往往把老子的「無爲」說理解爲佛教思想那樣的出世哲學，而認爲孔子哲學則過於入世。以上郭沫若的解釋不能不說是另劈蹊徑並富有新意。當然，郭沫若認爲自己領會到了老子哲學和孔子哲學的奧義，而過去的一切闡釋當屬誤解。因爲在他看來，中國的傳統思想「是注重現實、注重實踐的」，故應該「肯定人生」，「於積極進取的動態中以求生之充實」（《論中德文化》）。所謂「於積極進取的動態中以求生之充實」和「修身、齊家、治國、平天下」，對郭沫若來說，也就是人的自我的社會實現。「否定現世以求自我的消滅」的佛教應該完全受到批判。道家哲學雖然也主張無神論，而且富有動的精神，但它畢竟「是爲己多而爲人少（《論中德文化書》）」，「道家的實踐倫理是自私自利，假使實行於世時，其極致與西方的資本主義制可以達到同一的結果」。所以郭沫若得出的結論是：「老氏入而不仁」（《偉大的精神生活者王陽明》），故不可取。

另外，對「五四」前後不少新文化運動的先驅者們所推崇的、主張「兼愛」的墨學，郭沫若也有自己的見解。他認爲墨子是「先有鬼神，後生萬物的『尊天明鬼』」的看重實利和實惠的「宗教家」〔註11〕，故也不宜視其爲中國傳統文化的真髓。這樣一來，郭沫若認爲能夠視爲中國傳統文化真髓的

〔註11〕郭沫若：〈讀梁任公「墨子新社會之組織法」〉。初出1923年6月23日《創造週報》。

「剩下的就只有儒家了」。因爲「儒家的思想本是出入無礙，內外如一，對精神方面力求全面的發展，對物質方面亦力求富庶（《偉大的精神生活者王陽明》）」。代表了儒學眞意的「孔子的人生哲學正是以個人爲本位，它的究竟是望人人成爲俯仰無愧的聖賢，能夠『博施於民而能濟眾』（《論中德文化書》）」。

從以上論述中，我們實際上已經得到了留日時期郭沫若爲何獨尊孔門一家的問題答案，並且對他所崇尚的孔門儒學的內涵也有所瞭解。下面，本文通過對郭沫若 1924 年 6 月於福岡寫下的《偉大的精神生活者王陽明》這篇重要文章的考察，試把握郭沫若在思想上急劇傾向馬克思主義之前、即 1924 年上半年的儒學意識到達的境界。

首先，郭沫若認爲王陽明所解釋的儒家精神「實際上是孔子哲學的奧義」。在此基礎之上，他再將「陽明思想的全部及儒家精神的全部」概括歸納爲以下兩點。

一、萬物一體的宇宙觀：公式——「心即理」。
二、知行合一的倫理論：公式——「去人欲存天理」；
工夫（1）「靜坐」，（2）「事上磨煉」。

筆者認爲，這兩項歸納是顯示 1924 年郭沫若儒學思想內容的重要材料。這一時期的郭沫若，腦子裡王陽明、孔子、馬克思三人串成一條直線，俄羅斯革命以後的政治和孔子的「王道」兩者之間被郭沫若劃了等號。他所理解的王陽明的「去人欲存天理」，意味著「廢除私有制而公平無私」，與孔子的「大同」、甚至近現代出現的社會主義三者處於同一延長線上。在他看來，「理」乃宇宙第一因原。「理」是天，是道，是本體，是永遠變化不定的普遍的存在。「這個存在混然自存，動而爲萬物，萬物是它的表相。它是存在於萬物之中，萬物的流徙便是它的動態。就如水動爲波，波是水之表相，水是顯現在波中，波之流徙便是水之動態一樣。所以理不在心外，心即是理（《偉大的精神生活者王陽明》）」。

郭沫若認爲，「知行合一」這一陽明學的基本命題，指的是努力做到「去人欲存天理」，體驗「天地萬物一體之仁」，努力到達「致良知」的境地。按「良知」即「天理」，「致」即「行」的思惟邏輯，那麼「知理即行理」，故謂「知行合一」。

關於提高人格素質的具體方法，郭沫若在此確認爲身體力行的實踐。這種實踐分兩個步驟實施。即「一方面靜坐以明知，一方面在事上磨煉以求仁，不偏枯，不獨善，努力於自我的完成於發展」。「靜坐」即瞑想，「事上磨煉」意即社會實踐。

通過《三葉集》，我們可以得知郭沫若和他的文友宗白華、田漢以及《少年中國》的康白情等人都非常看重提高自己的人格素質〔註 12〕。然而，在提倡自由發展自我和個性的同時，從最初就把提高人格素質和自我的社會實現聯繫在一起加以思考的卻只有郭沫若一人。

第四節　郭沫若所確認的孔子人生哲學的真髓

一、郭沫若對孔子的人格評價

我們通過閱讀《三葉集》，不難發現留日時期的郭沫若是一個天才論者。他將天才劃分爲 AB 兩個類型。所謂 A 型天才，即「以他一種特殊的天才爲原點，深益求深，精益求精，向著一個方向漸漸展延」的「直線形」天才；而 B 型天才，指的是「將他所具有的一切天才，同時向四方八面，立體地發展了去」的「球形」天才。前一類多爲純粹的哲學家、科學家、教育家、藝術家和文學家；後一類「球形」天才郭沫若認爲天底下只出現了兩個。一個是德國的歌德，另一個是中國的孔子（《1920.1.18 致宗白華信》）。

郭沫若爲什麼將中國的孔子與德國的歌德相提並論，並稱其爲天才呢？他的這種說法又是基於怎樣一種思考呢？

首先郭沫若認爲「定要說孔子是個『宗教家』，『大教祖』，定要說孔子是個『中國底罪魁』，『盜丘』，那就未免太厚誣古人而欺來者」。因爲在他看來，「孔子也不過是個『人』。」他「對於南子是要見的，『淫奔之詩』他是不刪棄的……恐怕他還是愛讀的！」而且，郭沫若認爲孔子「是主張自由戀愛（人情之所不能已者，聖人不禁）實行自由離婚（孔氏三世出其妻）的人！」這樣的「孔子同歌德」才是「人中至人」。可以看出，郭沫若對聖人的理解，並不是把他視爲完美無缺的抽象的存在，而是活生生的、有血有肉的人。對這樣的孔子，郭沫若毫不掩飾地加以崇拜是因爲他認定「孔子這位大天才要說他是政治家，他有他的『大同』底主義；要說他是哲學家，他也有他 Pantheism

〔註 12〕《1920 年 1 月 3 日宗白華致郭沫若信》，收《三葉集》。康白情《新詩底我見》。《少年中國》第 1 卷第 9 期。

底思想；要說他是教育家，他也有他的『有教無類』、『因材施教』底 Kinetisch（動態的）教育原則；要說他是科學家，他本是個博物學者，數理底通人；要說他是藝術家，他本是精通音樂的；要說他是文學家，他也有他簡切精透的文學。」對這樣以爲博才多藝的孔子，郭沫若可以說是頂禮膜拜了。孔子刪《詩》、《書》，筆削《春秋》，郭沫若認爲僅就孔子文學上的成就而論，「這種事業非是有絕倫的精力，審美的情操，藝術批評的妙腕，那是不能企冀得到的」（出處同前）。

僅根據以上引用的文字，就不難看出郭沫若對孔子五體投地的崇拜。對他來說，既然孔子是這樣一位「同時向四方八面立體發展」的「球形天才」和「人中至人」，那麼即便處在「五四」前後國內反孔思潮高漲時期，他在國內出版的《三葉集》裏高談闊論尊孔並斷言「孔子的存在，是斷難推倒的（《1920.1.18 致宗白華信》）」便不難理解了。

二、郭沫若所信奉的泛神主義是「循環論」還是「進化論」？

必須指出，迄今爲止已經有不少論及郭沫若與泛神主義的關係的文章和論著，甚至在我看來，80 年代以後國內學界還出現過論郭沫若必談泛神論爲時髦的現象。儘管如此，「五四」時期的郭沫若與泛神論的關係仍然還有不少重要課題尚待深入研究。本文在此僅就其中的一個問題進行質疑。

「泛神即無神、萬物即神。我即自然、我即神」式泛神論思惟模式孕育了郭沫若的樂觀主義人生觀。持這種觀點的不僅僅是在研究郭沫若與泛神論的問題上對泛神主義持肯定態度的人，即便是對泛神主義持否定態度的人也不否認這一事實。然而，後者認爲郭沫若的泛神論只是一種和進化論意趣迥異的自然循環論。關於循環論與進化論的問題，梁啓超曾有過論述。「宇宙間之現象有二種：一曰爲循環之狀者，二曰爲進化之狀者。何謂循環？……周而復始，如四時之變遷，天體之運行是也。何謂進化？……進化者往而不返也，進而無極也，凡學問之屬於此類者，謂之歷史學」〔註 13〕。對泛神主義持否定態度的人，無疑從梁任公的這一論述中得到了啓示。他們之所以否定泛神論，主要是因爲他們認識的基點在於歷史的不可重複性。而這種歷史的不可重複性恰好是現代人最大悲劇產生的搖籃。在他們看來，泛神論者眼裡

〔註 13〕梁啓超：《史學之界說》，北京大學出版社，1984 年第 1 版《梁啓超哲學思想論文選》，第 104 頁。

的宇宙運動只是一種圓型運動，自然與生命永遠地依照「誕生、消滅、誕生」的運動規律簡單地重複。所以他們的結論是：「冬天既然來了，春天還會遠嗎？」這一自然循環思維模式既然代表了郭沫若等人的思維定式，那麼他們的樂觀主義思想裡面必定沒有現代人所具有的悲劇意識。即便有，那也是僞悲劇〔註 14〕。

然而，郭沫若的泛神論果眞只是一種簡單的自然循環論嗎？

筆者在另一篇題爲《異文化的衝突與融合——郭沫若的《女神》及其時代》〔註 15〕的論文中提出，留日時期郭沫若的泛神論實際上是一種熔西方的斯賓諾塞、歌德、東方的泰戈爾、老莊、孔子思想爲一爐的融合之物。其核心表現爲對自然的崇拜、對現世中人的存在的肯定、對自己人格的不斷完善以及對大的、新的東西的動態的、鍥而不捨的追求。換句話說，也就是對物質運動和進化的追求。正如郭沫若所強調的一樣，「天理的運行本是無善無惡，純任自然，然其運行於自然之中有一定的秩序，有一定的歷程，它不僅周而復始，在作無際的循環，而它的循環曲線是在逐漸地前進。它在不經意之中，無所希圖地化育萬物。萬物雖天理之流行是逐漸在向著完成的路上進化」(《偉大的精神生活者王陽明》)。我們從這段話裡可以看到孔子的「一陰一陽之謂道，繼之者善也，成之者性也。……富有之謂大業，日新之謂盛德」(《易・繫辭上傳》）的進化論思想。按照郭沫若的理解，「本體含有一切，不斷地進化著，依兩種相對的性質進化著。本體天天在向『善』自新著」(《兩片嫩葉》)。既然如此，那麼郭沫若所提倡的泛神論的奧義、即郭沫若理解的本體運動的必然性規律就應該是這種「向『善』的進化」，而不是「簡單的自然循環」。

郭沫若指出：「孔子的人生哲學是由他那動的泛神的宇宙觀出發，而高唱精神之獨立自主與人格之自律」。他舉將孔子的教誨傳向後世的《大學》一書裡奉古代銘文寫成的自我完成的標語：苟日新，日日新，又日新」爲例，認爲「孔子視人類的個性爲神之必然表現。如像神對於他並非完美無缺一樣，人性原來的姿態他也決不以爲是善。孔子承認人類有許多的缺陷。如想使人性完善向上，首先必須學習神之『日新』。」(《兩片嫩葉》)

〔註 14〕韓毓海：《新文學的本體與形式》，遼寧教育出版社，1993 年 8 月初版，第 206～207 頁。

〔註 15〕拙文《異文化的衝突與融合——郭沫若的「女神」及其時代》，日本九州大學大學院比較社會文化研究科紀要，1998 年 3 號。

郭沫若是這樣認識孔子，而且自己也是以此爲座右銘在人生道路上爲追求新的變化和進步不斷地「勉勵自己、使自己向上、使自己得到更新」的。這可以說是郭沫若人生觀裡極爲重要的部分。「冬天既然來了，春天還會遠嗎？」是一種信念。而且對文學家郭沫若來說，是一種在黑暗中追求光明的艱難時刻激勵自己戰勝黑暗的信念。即將到來的春天，必定比已經過去了的春天更爲美好。如果認爲這是一種帶著樂觀主義面具的自然循環論，而批評郭沫若式現代中國知識分子的意識形態帶有缺乏現代人眞正的悲劇意識的致命傷，那麼這種見解本身首先就陷入了宿命論的怪圈。

三、中國傳統文化精神的虛相與實相

「五四」前後，在重新評估中國傳統文化的問題上，出現了一批主張借鑒西洋文化這塊「他山之石」的啓蒙主義者。他們那種借用西洋近代合理主義和進化論對中國傳統哲學精神進行改造，力圖早日躋身世界強國之列的構想作爲思想界的主流不僅在當時影響甚廣，它無形中造成了一種思維定式，可以說在相當大的程度上影響了一大批青年對人生道路的選擇。這一批早期啓蒙主義家的代表人物李大釗曾在一篇題爲《東西文明根本之異點》的文章中指出：「東西文明有根本不同之點，即東洋文明主『靜』，西洋文明主『動』是也」。他思考出的拯救中國傳統的「良藥」是「竭力以受西洋文明之特長，以濟吾靜止文明之窮，而立東西文明調和之基礎」〔註 16〕。在郭沫若留日期間，儘管不能與李大釗這樣的早期啓蒙主義家提出的中國文明改造論相提並論，但仍然有像《三葉集》的作者之一、郭沫若的理解者宗白華那樣認爲儒家、佛門、道家的『靜觀』和西洋的『進取』恰好相反的青年知識分子〔註 17〕。

面對傳統否定論和傳統改造論爲主要傾向的國內思想界，置身日本的留學生郭沫若以《論中德文化書》爲題，大膽地將自己的不同見解公開發表在 1923 年 6 月發行的《創造週報》上。郭沫若認爲，如果對世界文化進行大致劃分，「（一）中國，（二）印度，（三）希伯來，（四）希臘。……印度思想與希伯來思想同爲出世的，而中國固有的精神與希臘思想則同爲入世的。加入靜指出世而言，動指入世而言，則中國的固有精神當爲動態而非靜觀」（《論

〔註 16〕李大釗：〈東西文明根本之異點〉，人民出版社，1984 年 10 月第 1 版《李大釗文集》，第 557 頁。

〔註 17〕《民鐸》2-5 載文《宗白華致李石岑信》。

中德文化書》)。郭沫若把「出世」或「入世」作爲判斷是「靜」或「動」態文化特質的標準。按照他的想法,「佛氏出而不入,老氏入而不仁。孔氏所以異於二氏的是出而能入,入而大仁」。而當時思想界之所以批判孔子批判儒學,主要是因爲「崇信儒家,崇信孔子的人只是崇信的一個歪斜了的影像。反對儒家,反對孔子的人也只是反對的這個歪斜了的影像。(《偉大的精神生活者王陽明》)」的緣故。

如果說過去人們所理解的孔子的形象和傳統儒學的內容是一種被歪曲了的、或者說是一種人爲製造出來的虛相的話,那麼「看破」了這一點的郭沫若所捕捉到的孔門儒學的眞意又是什麼呢?而且,他所指出的中國傳統文化精神之中的那種「動」的精神和「進取」精神又是怎樣反映出來的呢?

郭沫若在《論中德文化書》一文中這樣寫道:「我國的儒家思想是以個性爲中心,而發展自我之全圓於國於世界,所謂『修身、齊家、治國、平天下』,這不待言是動的,是進取的」。在用日文寫成的《兩片嫩葉》中,他曾指出過,《易・乾象傳》中的「天行健,君子以自強不息」充分體現了孔子人生哲學中『動』的因素。然而,爲人們所理解的、在中國漫長的歷史中爲爲政者所利用的儒家思想的核心並不是「以個性爲中心而發展自我」。過去人們認爲儒家思想最爲重要的部分是它的家庭倫理觀。靠血緣維繫的家庭內的家長制,將其放大即成爲類似「君君臣臣」那樣靠絕對服從維繫的封建大一統秩序。「五四」時期傳統儒學的反對派提出「打倒孔家店!」的口號,可以說爲的是奪回被儒學倫理道德觀所抹殺了的、屬於個人的「倫理上的獨立人格」和「法律上平等的人權」。一言以蔽之,也就是儒學的社會倫理觀的成立是以犧牲個人的自由和個性爲前提條件的。這可以說是「五四」時期提倡反儒學的最基本的認識。我們研究郭沫若留日時期的思想時首先注意到的就是他所理解的傳統儒學和同時代的「覺醒者」們所批判的儒學之間的不可銜接性。無論是郭沫若所認識的孔子的形象,還是傳統儒學的眞髓,都與同時代的儒學否定派的認識發生錯位。這種錯位現象雖然是本文極爲關注的問題,但由於本文的主旨不在追究哪一方的認識爲虛相而對此問題不能深入追究。本文在此力圖通過考察澄清的是郭沫若對個人與集團(小而言之爲個人與家庭,大而言之則爲個人與國家)的關係的認識和見解。這一問題雖然不大引人注意但卻非常重要。如果說把「仁」視爲孔子人生哲學的核心,那麼要獲得「仁」的社會實現、或者到達「仁」的境地的過程中,個人的作用將怎樣體現?個人的位置又在哪裡？個人和集團又是怎樣一種關係呢？筆者認爲，尋找這一系列的問題的解答是研究郭沫若思想的關鍵。

前文中已經提到，一方面在郭沫若看來，「孔子的人生哲學是由他那動的泛神的宇宙觀出發，而高唱精神之獨立自主與人格之自律」(《兩片嫩葉》)。孔子承認人類有許多的缺陷，故指出完善人性的途徑是學習神之『日新』。

另一方面，郭沫若把「克己復禮」看做孔子倡導的「仁道之根本義」。依照他所理解的孔子儒學看來，「眞的個人主義者才能是眞的人道主義者」。孔子所說的『禮』，「決不是形式的既成道德」，而是「在吾人本性內存的道德律」(《兩片嫩葉》)。在此，尤其值得注意的是郭沫若對孔子的『禮』的解釋。在那之前，孔子所倡導的『禮』一直被解釋爲爲恪守封建等級社會秩序而設立的倫理觀和道德標準。其道德規範被認爲是「君君臣臣、父父子子」，其行爲規範被視爲「非禮勿視、非禮勿聽、非禮勿言、非禮勿動」(《論語・顏淵》)。然而郭沫若對此卻作出了嶄新的解釋。他指出：所謂『禮』，就是「內在於人性之中的道德律」。他的解釋實際上等於在這種「內在於人性之中的道德律」和康德的「心中的道德律」和「良心的最高命令」之間劃了等號。換個說法，『禮』也就是從精神方面對人進行制約的「人的自我意識」。郭沫若認爲，康德所說的那種「常使你的行動之原理謂普遍法而行動」的「良心的命令」實際上與孔子提倡的「非禮勿視、非禮勿聽、非禮勿言、非禮勿動」是一回事。儘管孔子的這句名言被作爲扼殺人個性的封建思想的具體反映自「五四」以來一直受到嚴厲的批判，但「五四」時期的郭沫若對此卻另有見解。按照他的解釋，孔子所說的「非禮勿視、非禮勿聽、非禮勿言、非禮勿動」，其意思應該指的是「君子動而世爲天下道，行而世爲天下法，言而世爲天下則」(《兩片嫩葉》)。另外，郭沫若還將『克己』解釋爲「取正當的方法調節官能的欲望」的行爲，並把這種解釋和歌德所說的「能克己者方能由拘束萬物之力脫出」等同起來，認爲『克己』是提高人格素質過程中不可欠缺的重要因素。

除了對以上孔子的言論有獨自的見解以外，郭沫若對「天行」的解釋也不能不讓人深思。郭沫若在《兩片嫩葉》中闡釋道：「淨化自己，充實自己，表現自己，這些都是天行」。不過，他認爲「天能自然而然，吾人便要多大的努力」。可以看出，郭沫若從「天行」中總結出來的是人的進取精神。他認爲，所謂「人的努力，其堅韌不拔的意志」即孔子所言及的『勇』。孔子指的『勇』有二層意思。一層意思是「不自欺和知恥」。即低層次的『勇』。另一層意思是在低層次的『勇』之基礎之上「進而以天下爲己任，爲拯救四海同胞而殺身成仁的誠心，將自己的智慧發揮到無限大，與天地的偉大作用相比而無愧，最終達到於神無多讓的那種崇高的精神，便是眞正的『勇』的極致」（《兩片嫩葉》）。

郭沫若在 1923 年 1 月 1 日和 2 日的日本大阪《朝日新聞》上發表《兩片嫩葉》時，曾經在文中描繪過自己理解的孔子人生哲學的全係圖。後來成仿吾在將此文的大意譯爲中文的時候刪去了這幅圖。筆者認爲原圖從某種程度上反映了 1922 年前後郭沫若的儒學思想的結構，故在此補充引用日文報刊登載的原圖。

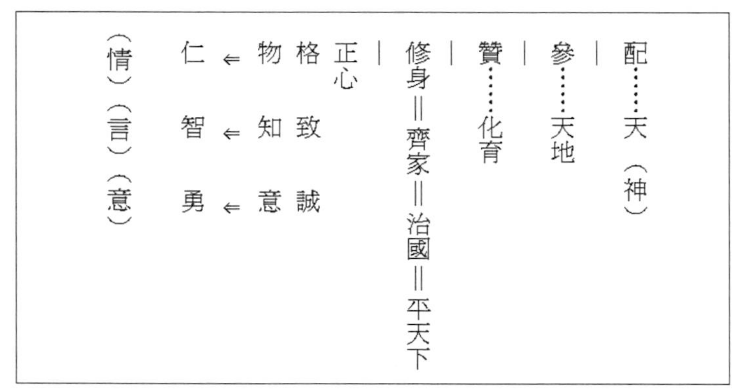

（引自 1923 年 1 月 2 日大阪《朝日新聞》）

不難看出，這幅示意圖揭示的是反映孔子儒學「天人合一」思想的「配天、參天」和「修身」意識。這種人生哲學強調的是人與外部世界的調和，而不是人與外部世界（自然）的對立。在此，儒家的「天人合一」被視爲一種人倫道德的最高境界。這裡面的思惟邏輯是「格物後知致。知致後意誠。意誠後心正。心正後身修。身修而後家齊。家齊而後國治。國治而後天下平」〔註 18〕，故「壹是皆以修身爲本」——即通過人倫道德的修煉，首先使自己變得「聖賢」，然後以「仁者欲立己而立人，欲達己而達人」（《論語・雍也》）爲手段以求「齊家、治國、平天下」的個人抱負的社會實現。從「修身」的內容包含「知」、「仁」、「勇」三者這一點看，郭沫若在此沿襲了《中庸》的

〔註 18〕《禮記・「大學」》。

精神。可以看出，郭沫若所理解的孔子人生哲學的極致，實際上是一種所謂「內聖外王一體，上天下地同流」（《我的作詩的經過》）的「內聖外王」。而這種境界他早在岡山六高留學時期就以王陽明爲媒介親自體驗過。「內聖」與人的思想、修養有關，所謂「內聖」即提高個人的修養、情操和思想素質，使人格更加完善。「外王」是對人的社會作用提出的要求，即積極參加社會實踐，以完成個人所肩負的社會使命。

值得注意的是，這幅浸透儒學思想、充分顯示出個人人格的完善和個人與集團關係的係圖中郭沫若關於「配天」和「參天地」兩個部分的解釋。傳統儒學的「天人合一」原只是一種形而上學的社會倫理學。一般認爲它所涵蓋的倫理道德既是人性的表現，同時又是「天道」的內容。無論是王陽明的「去人欲存天理」，還是孔子的「則天」和「知天命」，強調的都是對作爲天道內容的倫理道德的順從。郭沫若在此就「配天」和「參天地」雖然沒有涉及到這一點，但他在 1924 年 6 月寫下的「偉大的精神生活者王陽明」一文中明確地提出過「天理」的「理」即「宇宙第一源，即天，即道，即本體，即永遠變化不定的普遍的存在」的觀點，並認爲「天理不在心外、心即是理」、「『良知』即『天理』」、「絕對的『善』即『天理』」。儘管這些都只能說是比較抽象的解釋，但我們可以感覺到當年吸引郭沫若的，與對儒學經典的闡釋相比，成分更多的是王陽明的「去人欲」和孔子謂之「克己」的那種「修身」及「正心」的手段。郭沫若的觀點是：「無目的、無打算地隨性之自然努力向完成的路上進行，這便是天行，這便是至善」。至於孔子儒學中「則天」部分，或許 1924 年的他已經對其封建保守性有所認識而故意對此部分的闡釋含糊其辭吧。

四、孔子的「大同」社會與郭沫若的文化重構方案

1921 年 5 月，郭沫若在論文《我國思想史上之澎湃城》中寫道：「大道之行也，天下爲公，選賢與能，講信修睦；故人不獨親其親，不獨子其子，使老有所終，壯有所用，幼有所長，矜孤寡獨疑疾者有所養，男有分，女有歸；貨惡其棄於地也，不必藏於己；力惡棄不出於身也，不必爲己；是故謀閉而不興，盜竊亂賊而不作，故戶外而不閉，是謂大同」。

「大同」是儒家提出的通過「天下爲公」的社會實踐所追求的一種理想的極致。孔子和孟子等認爲最爲理想的社會形態模式在古代的堯、舜時代。

然而到了近代以後，康有爲寫下《禮運注》和《大同書》，並披露一種認爲人類社會的進化必須經過三個階段才能實現的思想，即先由亂世向「昇平世（小康）」進化，再向「太平世（大同）」發展的社會進化論。康有爲所設想的人類理想社會不在古代而在未來，這一點與在先的傳統儒學認識意趣迥異。他的「大同社會」必須是「天下爲公、無有階級、一切平等」(《大同書》)。與其類似的思想，我們還可以在譚嗣同的《仁學》、孫中山的《孫文學說》裡看見。無論是從前者主張的廢黜君臣制度和階級，建立「大同之象」那樣沒有貧富差別的平等社會，還是從後者倡導的「民生主義」，都或多或少地帶著近代西方的社會主義或共產主義學說的影子。

本書在前面考察了郭沫若留學日本時期曾爲孔子的人生哲學所傾倒的問題。如果說我們對郭沫若的傳統文化觀已經有了一定程度的認識，那麼接著本文將考察與此有關的最後一個問題，即郭沫若所思考的重新構建中國傳統文化的方案是什麼的問題。郭沫若在《偉大的精神生活者王陽明》一文的附論中正式提出過這一問題。此文證明對此郭沫若不僅有思考，而且還曾將自己的觀點公之於眾。

郭沫若在該文中指出：「東西文化可以開出一條通路，而在我國目前的新舊思想之爭也可以折衝樽俎了。我的想法是：在個人的修養上可以體驗儒家精神努力於自我的擴充以求全面發展，而在社會的興革上則依社會主義的指導努力吸受科學文明的恩惠，使物質的生產力增加，使物質的分配平等，使個人的精神都得以遂其全面發展」。

這便是郭沫若提出的就傳統文化重建問題的具體的方案，也可以說是他給內患外擾的祖國開出的救國的「處方箋」。從內容上看，郭沫若提出的重振中華民族文化的方案不過是一種在以孔子的人生哲學爲代表的社會道德倫理學基礎至上添加了從西洋吸收的社會主義政治體制及近代西方科學文明的東西文化的混合物。用圖式表示出來，即：

（孔子）儒學的精神文明＋社會主義＋科學

對 1924 年的郭沫若來說，要振救祖國於亡國之危，首先必須廢除和消滅掉的是私有制，而不是在當時受到猛烈聲討批判的中國傳統倫理道德。他在許多作品中都明確地表露過他的信念，即只要廢除了私有制，發掘出漫長的封建時代被歪曲，和像澎湃城一樣被埋沒的孔子儒學的眞諦，再借鑒西方社會主義體制和科學的力量，中華民族的傳統文化的重建必定可以實現。

結　語

郭沫若雖說一生尊孔，但也並非恪守如一，從不動搖。他自幼深受傳統儒學的浸淫薰陶，青少年時期耽讀孔孟和老莊。然而，在他留學日本岡山第六高等學校時接觸陽明學以前，這一切對他來說只是一種學問，一種修養和實用處世哲學。偶然的機會使他通過靜坐和研讀陽明學豁然認識到西洋文明和中國傳統思想的共通點。雖然郭沫若並未以研究者的姿態對陽明學進行更深入的探索，但他卻把這種偏重感性的對傳統思想的思考作爲了他學習研究中國先秦哲學思想的起點。儘管他關注傳統文化思想爲時頗早，但正式展開史學研究卻是在 1928 年亡命日本以後。30 年代初期於日本開展的實證性研究使得他這方面的知識結構發生了較大的變化。靠科學考證獲得的認識逐漸取代了不少留學時期的感性認識。大學時代他在《女神》中雖然自稱「偶像的破壞者」，但卻固守尊孔這一最後的精神城堡。然而到了 30 年代，學生時代的略顯偏執的尊孔意識漸漸上昇爲一種科學的懷疑精神。在尊孔還是反孔問題上郭沫若思想上出現的這一次僅有的嬗變，雖然爲時不長，其足跡都如實地記載在當時寫下的史學專著《中國古代社會研究》等作品之中。1935 年以後，郭沫若接連寫出並出版了《十批判書》和《青銅時代》等單行本，開始恢復對孔子的人生哲學及儒學的全面評估。當然，這種思想上的變化並不是發生在文學家郭沫若或者史學家郭沫若身上的變化，更不應該看做是早期感性認識的歸復。如果說郭沫若留學時期對孔子的崇拜主要是對孔子的聖人人格及自我磨練修身學說的傾倒，那麼 1935 年以後在日本政治流亡時所高度評價的孔子儒學的核心應該說是「以人民爲本位」的民生主義思想。這一點應該說是郭沫若思想上發生的非常重要的變化。

在留學日本九州帝大的 4 年半的時間裡，郭沫若曾經圍繞中國傳統文化的諸問題創作過不少論文。然而這些論文都有一個共同的特徵，即並非像哲學家和史學家那樣「以客觀的分析去求智欲的滿足」，而是「以徹底的同情去求身心的受用」〔註 19〕。郭沫若的告白道出了留學時期的他認識傳統文化的方法論。正是由於這種方法論的緣故，儘管他力圖對傳統文化作整體性把握，但實際上卻長久停留在依據他自己的個性主義思想的需要來取捨選擇對象的感性認識上原地踏步。另外值得注意的是，郭沫若的「個性主義」這一概念

〔註 19〕同注 10，《郭沫若全集》歷史編第 3 卷，第 290 頁。

和西方近代個性主義的概念有很大的不同。西方近代的個性主義與西洋哲學自古就有的二元對立的思維方式、自有意識等等有關。個人是擁有獨立自由人格的、不可代替的個人。他和集團（國家、民族、社會等）保持一種對立而不是調和和順從的關係。追求個人的絕對的自由可以說是西方個性主義最大的特徵。個人的存在凌駕於一切之上，集團終究是一種爲了個人的存在。與此相對，郭沫若雖然在《論中德文化書》中認爲「我國的儒家思想以個性爲中心發展自我」，在《兩片嫩葉》中主張「眞正的個人主義者才是眞正的人道主義者」，但他所說的以「個人主義」和「個性」爲主的「自我發展」實際上是一種儒學的人本主義。因爲提倡「仁者人也」的儒學原則上把整合的集團的人放在首位而往往忽視作爲個人的人。即便是個人的修身，也必須在謂之「君臣、父子、夫婦、兄弟、師友」的「五倫」之中實現。圓滑地維持這種無比複雜的人際關係的精神支柱可以說就是以犧牲個人和個性爲前提的「克己復禮」的「仁」學。個人的修身雖然也得到重視，但個人的權利、個人思考的自由以及個性的發展等卻都在以集團意識爲標準進行協調的過程中被忽略甚至犧牲掉。這樣的中國傳統儒學的社會倫理觀尤其於 1923 年前後在留學生郭沫若頭腦中占支配地位。我們雖然可以在《女神》中看到他受西洋近代個性主義思想的影響而放歌高唱自我的解放和個性的自由發展。然而在《星空》以後，那種西方個性主義式的思維方式逐漸地消失，取而代之的是一種與之根本不同的東方儒學的人本主義思想。

附錄一：在日郭沫若研究文獻詳細目錄

解說／關於日本的郭沫若研究

本目錄的製作基於1996～1997年筆者於日本全國範圍內展開的大規模資料調查的結果，按作品發表的時間順序輯錄了截止1995年有關郭沫若的日語論文（包括在日本國內以及舊殖民地公開刊載的用中文寫成的論文）、隨筆、回憶錄、書評、研究專著、郭沫若各類作品的日文翻譯、有關研究文獻的日文翻譯以及郭沫若本人的日文作品等文獻資料。為了便於檢索查閱，本目錄將收錄文獻分為以下五大類。

（一）作家、作品論

（二）翻譯作品

（三）郭沫若的日文作品

（四）其它

（五）日本權威辭書收錄的有關條目

在此，首先就在日郭沫若研究的動向及展開的軌跡作一個概述。

筆者認為，日本對郭沫若的研究，其重點主要放在對以激烈動蕩的中國現代歷史為背景的、文學家兼政治家郭沫若的生涯的跟蹤研究上。如果按照郭沫若所走過的人生道路來劃分時期，應該把自1914年1月至1924年11月總共10年餘的留日生涯和從1928年2月到1937年7月為止在日亡命的10年歲月視為第一階段；爾後把1937年7月隻身秘密逃離日本歸國抗日至1949年10月中華人民共和國誕生為止的一段時期視為第二階段；最後將新中國成立到 19778 年郭沫若去世的那段時期視爲第三階段比較合適。日本的郭沫若研究史儘管大致可與這三個階段相對應，但筆者認爲作爲研究史的時期劃分，還有必要加上郭沫若逝世以後到現在這一段時期。以下按這四個時期對各階段的文獻進行內容上的再分類。

爲了避免過於繁瑣，所屬類別目錄中概不逐一表記。

A 類——作家簡介、創作活動、作家動向等。

B 類——作家採訪記、問答錄、對談錄、回憶錄、有關隨筆等。

C 類——作品概要簡介、書評、作品論等。

D 類——作家論（包括專家學者著作家論）等。

E 類——翻譯作品（郭沫若的作品及有關論文的日文翻譯等）。

下面按作品分類概述各時期的研究情況。

第一時期：（截止 1937 年 7 月逃離日本歸國抗日）

本目錄輯錄此時期研究文獻共 20 項（其中載於報刊的短文和書評 6 項）、翻譯作品 42 項。其中 A 類：8 項；B 類：7 項；C 類：5 項；D 類：0 項；E 類：42 項。這一時期日本的郭沫若研究有 3 件事令人矚目。

第一件事是 1919 年 10 月於天津公開發行的日文雜誌《日華公論》6-3 上刊載了郭沫若的《抱和兒浴博多灣》和《鷺鷥》兩首新詩的日文翻譯。可以說這兩首詩是現階段得到確認的郭沫若作品最早的日文翻譯。

第二件事是 1923 年 1 月 1 日和 1 月 2 日兩天的日本《朝日新聞》連續登載了郭沫若用日文寫作的論文《兩片嫩葉》。此文後來由成仿吾譯成中文並另以《中國文化之傳統精神》爲題發表在 1923 年 5 月 20 日的《創造週報》上。

第三件事是 1925 年 7 月日本出版的《世界人名百科辭典》（荒正人等編）收入了「郭沫若」這一詞條，第一次在日本國內權威辭書中對中國人郭沫若進行簡要介紹。筆者認爲不妨把《日華公論》1919 年 10 月對郭沫若新詩的介紹看做是對其詩人地位的肯定。1921 年在日結成創造社這一文學社團以後，郭沫若以其代表的姿態出現。雖然當時他置身日本，但日本學界一直視其爲中國現代新文學的代表人物。

第二時期：（自 1937 年 7 月秘密逃離日本至新中國成立）

本目錄輯錄此時期研究文獻共 28 項、翻譯作品 19 項。其中 A 類：5 項；B 類：9 項；C 類：6 項；D 類：8 項；E 類：19 項。這一時期日本的郭沫若研究有二件事令人矚目。一是郭沫若的親屬和友人（如佐藤富子及日本作家村松梢風等）撰寫的回憶錄的公開發表。二是須田禎一、小野忍等第一批郭沫若研究者和翻譯家的出現。

第三時期：（自新中國成立至 1978 年 6 月郭沫若逝世）

本目錄輯錄此時期研究文獻共 110 項、翻譯作品 64 項。其中 A 類：0 項；B 類：27 項；C 類：50 項；D 類：33 項；E 類：64 項。

從以上數據可知，這一時期日本的郭沫若研究，其重點已經轉移到學術價值較高的作家研究及作品論方面來了。這一時期郭沫若基礎研究的成果，應當首推小峰王親的《郭沫若年譜》、中島翠的《郭沫若著譯繫年目錄稿》。此外，還有須田禎一翻譯的《郭沫若歷史劇全集》4 卷（日本講壇社 1972 年出版）和日本郭沫若選集刊行委員會編《郭沫若選集》（日本雄渾社）的出版，都可以稱得上日本郭沫若研究史上的大事。

第四時期：（自郭沫若逝世至 1987 年；單行本補至 1993 年）

本目錄輯錄此時期研究文獻共 33 項、翻譯作品 31 項。其中 A 類：0 項；B 類：12 項；C 類：13 項；D 類：8 項；E 類：31 項。

這一時期郭沫若研究史上的重大事件是郭沫若的逝世。該事件不僅導致了大批追悼文章和回憶錄的問世，事實上還加速了日本國內《郭沫若選集》的系列出版。該選集自 1976 年開始出版以來，由於各種各樣的原因只出版發行了第一、二、五、六、七、八、十三、十五共 8 卷。筆者咨詢負責該選集出版的日本雄渾社得知，日本郭沫若選集刊行委員會編《郭沫若選集》出版了 8 卷以後因爲資金方面的原因而中止了繼續出版的計劃。郭沫若選集刊行委員會從七十年代起一直活躍到八十年代中期，具體分擔了郭沫若選集共 17 卷的規劃、選編、翻譯以及校訂等大量的工作。雖然先前計劃的 17 卷選本最終只出版了 8 卷，但筆者認爲有必要在本目錄中如實反映當初郭沫若選集刊行委員會制定的出版內容。這一時期，郭沫若選集刊行委員會 7 名委員中淺川謙次、倉石武四郎、須田禎一 3 位重要人物的相繼去世堪稱郭沫若研究史上的大事。淺川、倉石二人是自 1972 年中日邦交正常化恢復以後直接參與日文版《郭沫若選集》的刊行準備和翻譯作品選定工作的中心人物。就郭沫若文學作品的翻譯而論，僅從數量上看，須田禎一堪稱貢獻最大的一人。此外，這一時期引人注目的還有實力派女學者中島翠在郭沫若作品論方面的精湛論述。

本目錄所輯錄的有關郭沫若的資料文獻共計 398 種。其中翻譯的單行本占 67 種（論文集除外）之多，而研究專著竟然全無。此外，本目錄還收錄作家論 49 種；翻譯作品（含單行本）156 種；純作家簡介 13 種；回憶錄、對談、採訪記、隨筆等 55 種；郭沫若的日文作品 24 種；於日本舊殖民地公開發表刊行的研究文獻 5 種以及日本出版的權威辭書中所收錄的有關詞條 22 條。所謂作家論，就本目錄所收作品而言，說得更準確些應該說大多數是針對政治活動家郭沫若的。而且，書評和作品論一項 74 種之中書評占一半以上。根據以上統計數據，我們可以大體上把握近幾十年來日本的郭沫若研究的發展脈絡和軌跡。在此，筆者想要指出的是，這期間日本的研究者群在組織譯介郭沫若的文藝作品、尤其是歷史劇、自傳等方面注入了大量的心血。

據筆者的調查，最早被翻譯成日文的郭沫若的作品是 1919 年 9 月 11 日發表在《時事新報》副刊《學燈》欄的新詩作品《抱和兒浴博多灣》和《鷺鷥》。郭沫若本人曾經披露，另一首新詩《死的誘惑》「或許是中國的口語詩被日本人翻譯的第一首」〔註 1〕，而且國內學者指出這首詩「被譯成日文刊在大阪的一家日報上，得到了廚川白村的稱讚」〔註 2〕。根據筆者的考察，既然《死的誘惑》這一作品正式刊載於 1919 年 9 月 29 日發行的《時事新報》副刊《學燈》，那麼它的譯本只能出現在 1919 年 9 月 29 日以後。爲了證實究竟最早被譯成日文的是哪個作品，筆者特意對 1919 年 9、10 兩個月的大阪版《朝日新聞》和《每日新聞》進行了仔細的查閱，結果未能發現《死的誘惑》的日文翻譯。得到的答案是，迄今爲止郭沫若的作品最早被翻譯成日文的仍然是《抱和兒浴博多灣》和《鷺鷥》。發表《死的誘惑》的時候郭沫若還是無名詩人。筆者認爲，日本人直接從郭沫若尚未發表的作品手稿翻譯的可能性可以幾乎沒有。

從作品被翻譯的時間上看，郭沫若在《學燈》上發表新詩不久就引起了日本研究界和翻譯家們的注意。這與許是由於日本早期譯介者從郭沫若的新

〔註 1〕郭沫若：〈躉進文藝的新潮〉。原載《文哨》1-2，1945 年 7 月發行。

〔註 2〕龔繼民・方仁念合編：《郭沫若年譜》（上），天津人民出版社，1992 年 10 月發行，第 50 頁。《郭沫若傳》（著者同），北京十月文藝出版社，1992 年 6 月第 3 版，第 56 頁。前者文中作「被譯成日文刊在大阪的一家日報上」，後者文中作「《朝日新聞》」，不僅根據不詳，而且兩者皆未道明具體刊載日期和譯者姓名。

詩中讀出了與舊文學截然不同的新意的緣故。

以上僅針對郭沫若研究在日本的展開進行了簡單的概述。總而言之，長期以來日本的郭沫若研究受到動蕩的中國現代史、中日兩國關係史以及文化大革命的左右和干擾。到了 1976 年以後才逐漸變爲學者們客觀冷靜研究的對象。

凡　例

一、本目錄收集的內容以 1910 年至 1990 年 80 年間於日本國內公開刊載、出版或發表的有關郭沫若的研究資料文獻（圖書、學術雜誌、大學紀要等所收有關論文）、書評以及有學術價值的新聞報導等爲對象。

二、收錄文獻以日本國內發表的郭沫若研究的日文文獻資料和有關資料的日文翻譯爲主，此外盡可能輯錄了日本舊殖民地（臺灣、滿洲國）的中國人對郭沫若的研究成果以及發表在臺灣和滿洲國出版發行的報刊雜誌上的日本人撰寫的有關論文。

三、本目錄順序依照文獻發表的時間（年月日）排列。報刊雜誌類採用『』符號。單行本均標有☆記號。

四、各項記載依照文獻題目、著者（編、譯者）、刊載雜誌（報刊）、卷號（期）、發行所（出版社）的順序。　五、凡屬另收入研究論文集的作品，皆注明「×××論文集收錄」。

五、製作本目錄以佔有原始資料爲大原則。至少對所收文獻有所瀏覽過目。有一部分原始資料實在無法見到，故本目錄暫時引用了第二手資料，並於該末尾以 1～5 符號標明了該項參照了以下二手資料。

1. 『現代中國文學研究文獻目錄』增補版（1908～1945）
   飯田吉郎編，汲古書院 1959.2
2. 二十世紀文獻要覽大系 9『中國文學研究文獻要覽』戰後編（1945～1977）
   石川梅次郎監修，吉田誠夫等共編　日外アソシェーツ 1979.10.5
3. 『中國現代文學研究の深化と現狀——日本における中國文學（現代／當代）研究文獻目錄』（1977～1986）阿部幸夫、松井博光共編，東方書店 1988.2.29
4. 『近代中國關係文獻目錄』（1945～1978）

近代中國關係文獻目錄刊行委員會編　中央公論美術出版 1980.2

5. 『日本翻譯中國書籍綜合目錄』　實藤惠秀監修、譚汝謙主編、小川博編輯，香港中文　大學中國文化研究所書目引得叢刊（二），（香港）中文大學出版社 1981

六、爲了便於查閱，本目錄採用日文原文。

七、以上第二手資料多不注明刊載報刊雜誌名。爲了避免由於同名雜誌造成的疏誤，本目錄製作時對此作了不完全的添補。

文獻目錄

作家論、作品論

（單行本、論文、隨筆、回憶錄、書評、書誌、報導等等）

0001　連臺戲・新劇・電影☆　菅原英　『劇』（有對郭沫若的介紹）新進社 1926.4 ①

0002　上海見聞錄　谷崎潤一郎　『文藝春秋』4-5　文藝春秋社　1926.5

0003　支那の二作家を訪ねて　山田清三郎　『戰旗』1-3（成仿吾・郭沫若訪問記）全日本無產階級藝術聯盟本部　1928.7

0004　中國の新興文藝運動　藤枝丈夫　『戰旗』1-3（介紹郭沫若等）　全日本無產階級藝術聯盟本部　1928.7

0005　世界左翼文化戰線の人々——中國　『國際文化』2-1（陳獨秀、瞿秋白、蔡和森、郭沫若等之傳略）　國際文化研究所　1929.1

0006　支那の小說二三　山口愼一　『滿蒙』10-8（論述魯迅「阿 Q 正傳」・郭沫若「行路難」・楊村人「女捕虜」・蔣光慈「鴨綠江上」）　中日滿蒙文化協會　1929.8 ①

0007　郭沫若氏と語る　大內隆雄　『書香』17　滿鐵大連圖書館　1930.8

0008　郭沫若の近業　晃陽　『滿州評論』1-9　滿州評論社（大連）1931.10.24

0009　中國革命作家郭沫若の道　中山曠　『帝國大學新聞』432（「海外作家の動き」6）　帝國大學新聞發行所　1932.5.16

0010　現代中國文壇一面　大高岩夫　『上海週報』833　上海週報社 1932.8.10 ①

0011　郭沫若「創造十年」　山口愼一　『書香』46　滿鐵大連圖書館　1933.1
0012　支那文人側面談（中國文人側面奇談）　古城隱士　（郭沫若、張資平、郁達夫、田漢、魯迅等介紹）　『同仁』7-2、4、5　同仁會　1933.2、4、5
0013　支那文壇の飆風時代　波多野乾一　『支那』25-9（郭沫若半自傳「創造十年」之一節）　東亞同文會調查編纂部　1934.9
0014　中國現代文人の素描郭沫若傳　松井武男　『傳記』2-2　南光社　1935.2 ①
0015　文藝時評（3）身邊小說の興味　森田草平　（郭沫若「武昌城下」）『朝日新聞』　朝日新聞社　1935.5.3
0016　身近か報告か　貝殼彈劾　（郭沫若の「武昌城下」）『東京日日新聞』東京日日新聞社　1935.5.12 ①
0017　郭沫若の近業　西尾禮　（「改造」發表の「武昌城下」についてのべる）『滿州評論』8-18　滿洲評論社（大連）　1935.5.4
0018　支那を描け　藤森成吉　（郭沫若にふれる）『文藝』4-6 改造社　1936.6
0019　蔣氏を悼む往年の政敵（涉及郭沫若）『時事新報』記事時事新新報社　1936.12.16
0020　現代支那の政治と人物☆　波多野乾一　（瞿秋白傳及び郭沫若「創造十年」・老舍「小坡的生日」の梗概を收める）改造社　1937.8
0021　時變と文化　曉曉天禪　（涉及郭沫若）『報知新聞』報知新聞社　1937.9.12 ①
0022　現地報告の價值　東天紅（涉及郭沫若）『報知新聞』夕刊　報知新聞社 1937.9.30 ①
0023　郭沫若・スーラン・陳獨秀　波多野乾一『中央公論』52-10 中央公論社　1937.10
0024　支那事變——北支之卷——☆　山本實彥　（有「郭沫若」項）改造社　1937.10
0025　香港のひと月　大宅壯一　（涉及郭沫若）『文藝』6-2　改造社　1938.2
0026　支那へ歸った郭沫若　佐藤トミ　『新女苑』2-4　實業之日本社　1938.4 ①
0027　沫若素描　佐藤利行　『炬火』27　東京外國語學校文藝部　1938.6 ①

0028 對知識人問題——抗日支那の文化政策　嘯風子　（涉及郭沫若、魯迅、周作人）『都新聞』　都新聞社　1938.7.2 ①

0029 郭沫若と郁達夫の印象　古谷綱武　『中國文學月報』44　中國文學研究會 1938.11

0030 憶中國的朋友　村松梢風　『華文大阪毎日』　大阪毎日新聞社 1938.12.15 ①

0031 郭沫若と郁達夫——創造社の二詩人——　小田嶽夫『文藝春秋』17-6（〈時局增刊〉18）　文藝春秋社　1939.3

0032 私の夫郭沫若　佐藤富子著　小池毅譯　『日本學藝新聞』（「大美晚報」より、第3章まで）　日本學藝新聞社　1940.4.25

0033 中國文化界を解剖す　（〈現地ジャーナリスト座談會〉、魯迅、林語堂、郭沫若にふれる）　『揚子江』3-7　揚子江社　1940.7 ①

0034 愚行集☆　高橋新吉　（郭沫若ら小說にふれる）　山雅房　1941.1 ①

0035 揚子江文學風土☆（郭沫若らにふれる）小田嶽夫・武田泰淳　龍吟社 1941.12 ①

0036 支那語になった日本語☆　倉石武四郎　（〈國語文化講座〉「國語進出篇」所收、郭沫若の「幼き日」を引用）　朝日新聞社　1942.1 ①

0037 きのふけふ　谷崎潤一郎　『文藝春秋』20-6～11　文藝春秋社 1942.6～11

0038 中國を擔う人々（1）郭沫若　須田禎一　『隨筆中國』1　日華文化會 1947.4 ②

0039 郭沫若の蘇聯紀行　吉田東祐　『中國文化』1　中國文化協會　1947.6 ④

0040 郭沫若の最近の業績「青桐時代」と「十批判書」　山口一郎『中國研究所所報』5　東亞新報社中國研究所　1947.8 ②

0041 中國作家の自傳☆（上）外來文化への望み——魯迅、郭沫若、郁達夫、胡適——自國の舊道德へ深い憎惡　岡崎俊夫　『アサヒ・ニュース』（文化）1947.8

0042 理想と現實　千田九一　『隨筆中國』2　日華文化會　1947.9 ②

0043 郭沫若　小野忍著〈中華六十名家言行錄〉　弘文堂　1948.2

0044　郭沫若と「青銅時代」と「十批判書」　阪本德松『中國資料』3.4　中日文化研究所　1948.2 ②
0045　動亂中國の二作家——郭沫若と郁達夫のこと——　小田嶽夫『新生』復刊 4 號　新生社　1948.4
0046　沸羹集・天地玄黃（紹介）　岡崎俊夫　『書評』4-3 日本出版協會　1949.3
0047　郭沫若と林語堂　魚返善雄　『國文學解釋と鑒賞』155　至文堂　1949.4
0048　ある時期の郭沫若　豬俣莊八　『中國語雜誌』5-4 帝國書院　1950.7
0049　新中國教育文化建設の展望——郭沫若の報告　齋藤秋男『新しい教室』5-8　中教出版　1950.10 ②
0050　郭沫若——作家介紹　大芝孝　『華僑文化』31　華僑文化經濟協會　1951.6 ②
0051　郭沫若　齋藤秋男　『近代文學』6-6　近代文學社　1951.6
0052　中國を擔う人々（2）郭沫若　池田・鹿地亙・M.S　『中國事情』20　1951.7 ②
0053　郭沫若の活躍　さねとうけいしゅう　『早稻田文學』6　早稻田文學社　1952.4
0054　私は文化の先頭にたたん（書志）　『中國文學藝術通信』12　1952.6 ②
0055　『屈原』（書評）　山之內一郎　『中國事情』33　日本中國友好協會　1952.9 ②
0056　屈原と阿 Q　工藤　篁　『現代中國』15　現代中國學會（東京）　1953.1 ②
0057　郭沫若☆（『現代史講座』2 所收）上原淳道　創文社　1953.7
0058　『屈原』の譯者として　須禎田一　『中國文藝』18　中國文藝社　1953.8 ②
0059　郭沫若に會ったとき　野原四郎　『圖書』49　岩波書店　1953.10
0060　郭沫若論序說　佐藤一郎　『三田文學』43-8　三田文學會　1953.10
0061　郭沫若副總理と語る　中村右衛門　『テアトロ』130 號　河童書房　1954.1

0062　郭沫若の小說　服部隆造　『天理大學學報』5-3　1954.2
0063　郭沫若の「女神」について☆　陣ノ內宜男　『東洋文學研究』2（早大）同論文『中國近代詩論考』（櫻楓社 1976.6）所收。　1954.3
0064　郭沫若の作品より——孔子、孟子、老子　田仲益見著『横浜大學論從』6　別冊　1954.12 ④
0065　郁達夫と郭沫若——東京にいたころの二人　高杉一郎『朝日新聞』（學藝）　1955.1
0066　一九二四年頃の郭沫若　中田喜勝　『中國文藝座談會ノート』4 九大中國文學研究會　1955.5
0067　郭沫若　山口一郎　『理想』 253　理想社　1954.6
0068　掛劍の情——郭沫若先生の墓参　小林勇　『圖書』75　岩波書店　1955.12
0069　「郭沫若先生特集號」　九大醫報第 25 卷第 3 號　1955.12
0070　六高時代の郭先生（郭沫若の思い出）　倉田貞美　同上刊載
0071　愉快な思い出　（郭沫若の思い出）　內山完造　同上刊載
0072　中國留學生の思い出（郭沫若の思い出）瀨尾愛三郎　同上刊載
0073　同期生・郭開貞氏　（郭沫若の思い出）有澤　保　同上刊載
0074　私たちの先輩郭沫若先生（郭沫若の思い出）問田直幹　同上刊載
0075　郭沫若選集の自序　目加田誠　同上刊載
0076　忘れ得ぬ中國の人々（會見記）　南原　繁　同上刊載
0077　郭先生の印象　（會見記）　岡本順一　同上刊載
0078　郭沫若さんを迎へる詞　安倍能成　『心』9-2　平凡社　1956.2 ②
0079　郭沫若の言を讀んで　長與善郎　『心』9-2　平凡社　1956.2 ④
0080　文學者としての郭沫若先生　武田泰淳　『新日本文學』103 新日本文學會　1956.2
0081　郭沫若の「虎符」と中國史劇　升屋治三郎　『新中國』2　實業の日本社 1956.2 ②
0082　郭沫若先生の印象　杉本要吉　『大安』4　大安株式會社　1956.2
0083　郭沫若一行を迎えて　羽仁說子　『教育』6-3　國土社　1956.3
0084　郭沫若の戲曲　田中岩　『漢文學紀要』5　廣島支那學會　1956.6 ④
0085　屈原あれこれ　須田禎一　『圖書』86　岩波書店　1956.11

0086　十九世紀のわが社會主義——郭沫若先生の一指謫への關說　長谷川博『社會勞動研究』6　法政大社會學部學會　1956.12 ④
0087　郭沫若と福井準造の「近世社會主義」　向阪逸郎『圖書』90　岩波書店　1957.3
0088　郭沫若の日本留學時代☆　（『アジア文化の再認識』に所收）實藤惠秀　朝日新聞社　1957.5 ④
0089　生命力について——郭沫若の一面　桑原武夫　『新潮』54-7　新潮社　1957.7
0090　ロマンティシズムとリアリズム——「紅旗」3　『前衛』149 前衛藝術家同盟 1959.1 ②
0091　郭沫若の歷史劇　竹內實　『文學界』13-9　文學春秋社　1959.9
0092　郭沫若（現代中國の劇作家たち－5）　梁夢迴 『新劇』6-12　白水社　1959.10 ②
0093　郭沫若（中國近代史研究の手引－22）須田禎一　『大安』6-1 大安株式會社 1960.1 ②
0094　郭沫若の「蔡文姬」　芝田稔　『關西大學文學論集』9-8　關西大學　1960.2 ②
0095　民國以後の文藝☆　藤野岩友、佐藤一郎『玉川百科大辭典 15』(日本・東洋文藝）　誠文堂新光社　1960.9
0096　屈原　（『中國の名著』所收）　尾上兼英　勁草書房　1961.10
0097　歷史文學における史實とフィクション——郭沫若の史劇論から清水榮吉　『中文研究』(天理大）2　1962.1 ④
0098　郭沫若の詩集「女神」についての私見　橫山永三『山口大學文學會會志』13-2　1962.12 ④
0099　郭沫若年譜　小峰王親　『法政大學教養部研究報告』7　1963.3 ④
0100　中國人と日本——郭沫若　高橋和己　『朝日ジャーナル』5-37 朝日新聞社　1963.9.15
0101　歷史劇における郭沫若の創作態度の變化について　高田昭二 『岡山大學法文學部學紀要』17　1964.3
0102　中國文字改革の新段階階——郭沫若の所論を中心にして　實藤惠秀『文學』32-7　岩波書店　1964.7

0103　郭沫若先生の思い出を語る　杉原莊介『アジア經濟旬報』585　中國研究所 1964.8
0104　郭沫若と郁達夫☆　小田嶽夫（同氏『文學青春群像』收錄）南北社 1964.10 ④
0105　郭沫若詩集「女神」の成立過程☆　秋吉久紀夫　〈目加田誠博士還厲紀念中國學論集〉所收。　東京大安　1964.11
0106　漂泊の中國作家（言及郭沫若等人）　小田嶽夫　『宴』3-7　宴の會 1964.12 ④
0107　門司での郭沫若　秋吉久紀夫　『かけはし』13 號　1965
0108　郭沫若☆（『中國語と中國文化』所收）　小峰王親　光生館　1965.5
0109　郭沫若の作品は燒かねばならぬか　須田禎一『エコノミスト』44-21 每日新聞社　1966.5
0110　郭沫若の自己批判と文化革命——包圍される中國歷史學　竹內實『朝日ジャーナル』8-21　朝日新聞社　1966.5.22
0111　郭沫若の自己批判　荒　正人　『文藝』7 月號　改造社　1966.7
0112　郭沫若の歷史劇について　竹內實　『新日本文學』21-7　新日本文學會　1966.7
0113　頌歌の時代——文化革命と郭沫若　山內悠『現代の理論』3-12　現代の理論社　1966.12 ②
0114　近代中國の思想と文學☆　東京大學文學部中國文學研究室編　大安 1967
0115　郭沫若のロマンチシズムの性格　秋吉久紀夫『近代中國の思想と文學』　大安　1967.7
0116　「魂にふれる」とはなにか？——郭沫若氏にきく文化大革命影山三郎『朝日ジャーナル』9-28　朝日新聞社　1967.7
0117　儒・道・墨と作家——魯迅と郭沫若の發想（『近代中國の思想と文學』所收）尾上兼英　大安　1967.7
0118　郭沫若の初期文學論　中島みどり　〈吉川博士退休紀念中國文學論集〉所收。築摩書房　1968.3
0119　郭沫若の歷史研究　鈴木啓造　『社會科學討究』36（早大）　1968.2 ④

0120　郭沫若——亡命前後　增田涉　『中國』65　中國の會　1969.4
0121　日中の大橋・郭沫若先生　白石凡『朝日アジアレビュー』4　朝日新聞社　1970.12
0122　中國文人の印象　（郭沫若〔現代中國文學 3〕所收）　橋本文三　1971.
0123　郭沫若論　中屋敷宏　『築紫女學園短期大學紀要』6　1971.3
0124　郭沫若先生・亡命十年の點描　菊地三郎　『朝日アジアレビュー』5　1971.3
0125　白虹貫日のために——郭沫若の史劇について　須田禎一『アジア經濟旬報』825　中國研究所　1971.4
0126　郭沫若の近著「「李白と杜甫」を讀む　中島みどり『朝日アジアレビュー』10　1972.
0127　「瓶」・「前茅」時代の郭沫若——抒情から政治へ　鈴木義昭『東洋文學研究』（早大）20　1972.3
0128　中國の現代文學☆　（涉及郭沫若）　小野忍　東京大學出版會　1972.6
0129　書評：郭沫若『李白と杜甫』　中島みどり　『飆風』2　飆風の會　1972.6
0130　現代の中國文學☆　（涉及郭沫若）　相浦杲　NHK ブックス 168　1972.10
0131　郭沫若史劇論・序論　中島みどり　『飆風』3　飆風の會　1972.10
0132　「李白と杜甫」を裸にする——郭沫若　「李白と杜甫」論評の 1——王章陵　『問題と研究』12 月號　海風書店　1972.11
0133　郭沫若氏新年詩　吉川幸次郎　『讀賣新聞』　1973.1.1（『吉川幸次郎全集』22 卷に收錄されている）。築摩書房　1975.9.20
0134　新しい中國と古典——屈原について　舞田正達　『國際商科大學論叢』7　1973.1
0135　須田禎一譯『李白と杜甫』を評す　中島みどり　『飆風』4　飆風の會　1973.1
0136　郭沫若の杜甫觀——百草園　入谷仙介　『野草』10　中國文藝研究會　1973.1
0137　創造社と郭沫若・郁達夫　丸山昇　『世界の文學』I　汐文社　1974.7

④

0138 郭沫若の小說——1920 年代を中心に☆　中島みどり　〈入矢教授・小川教授退休紀念中國文學語學論集〉所收。　築摩書房　1974.10

0139 魯迅と郭沫若の日本留學時代——救國、實學、留學、そして文學　上垣外憲一　『比較文學研究』26（東大）　1974.11

0140 郭沫若『女神』——模索と到達點　鈴木義昭『早稲田實業學校研究紀要』9 1974.12 ④

0141 郭沫若「女神」とホイットマン——有島武郎を軸として　鈴木義昭『中國古典研究』20（早大）　1975.1

0142 郭沫若の意識の變革について——杜甫解釋を通して　中島利郎　『千里山文學論集』13　關西大學大學院文學研究科院生協議會 1975.4 ④

0143 理智と情感——中國現代知識人の軌跡☆　今村與志雄　築摩書房 1976.5

0144 郭沫若著譯繫年目錄稿（一）　中島みどり『四天王寺女子大紀要』9 1976 12

0145 郭沫若氏と福岡　目加田誠　〈郭沫若選集　讀者のしおり 1〉雄渾社 1977.　「郭沫若と福岡」という題で『目加田誠著作集第 8 卷』に收錄。　1986.9.20

0146 六高時代と郭先生　黑田壽男　〈郭沫若選集讀者のしおり 1〉　雄渾社　1977.

0147 郭沫若先生と河上肇博士　白石凡〈郭沫若選集讀者のしおり 2〉雄渾社　1977.7.15

0148 市川市在住時の郭沫若先生　市川正〈郭沫若選集讀者のしおり 2〉雄渾社 1977.7.15

0149 沫若先生と魯迅　菊池三郎〈郭沫若選集讀者のしおり 4〉雄渾社 1977.12.25

0150 郭沫若著譯繫年目錄（二）　中島みどり『四天王寺女子大紀要』10 1977.12

0151 評傳：革命に生きた知識人　吉田實　『朝日新聞』夕刊　1978.6.13

0152 革命に生き拔いた文人——若者を愛し、生涯のロマンチシスト　吉川幸次郎　『每日新聞』夕刊　1978.6.14

0153 郭沫若の文學:　時代への詩人的直感——革命文學へ急激に轉換　中島みどり　『朝日新聞』夕刊　1978.6.14

0154 郭沫若に學ぶ　尾崎秀樹　『サンケイ新聞』　1978.6.15 ③

0155 日中文化のきずな郭沫若氏　竹內實　『讀賣新聞』　1978.6.17

0056 日中文化のきずな郭沫若氏——河上肇との交友、中國語辭典の恩惠を思う　竹內實　『讀賣新聞』夕刊　1978.6.17

0157 草木には今昔あり、人情には變遷なし——故郭沫若氏の詩詞と墨書　土岐善麻呂　『朝日新聞』夕刊　1978.6.20

0158 郭沫若氏を悼む　中島みどり　『飆風』11　飆風の會　1978.7

0159 「大知識人」郭沫若　齋藤秋男〈郭沫若選集　讀者のしおり 3〉雄渾社 1978.7.25

0160 郭さんの思い出　松枝茂夫〈郭沫若選集　讀者のしおり 3〉雄渾社 1978.7.25

0161 郭沫若を追悼する——かけがえのない人を失う　中島健藏　『エコノミスト』56-29　1978.7.18

0162 郭沫若氏のこと　丸山昇　『中國研究』94　日中出版　1978.8 ③

0163 詩と革命——郭沫若が生きた中國　竹內實　『中央公論』93-8 中央公論社 1978.8

0164 郭沫若と魯迅の詩　今村與志雄　『第三文明』211　第三文明社 1978.9

0165 琢磨と唱和:毛澤東と郭沫若の〈滿江紅〉　阿部幸夫　『New Energy』30　邊鼓社　1978.9 ③

0166 郭沫若：その一面　丸山昇　『朝日アジアレビュー』35　1978.9

0167 郭沫若先生への追悼の言葉 拓植秀臣〈郭沫若選集讀者のしおり 4〉雄渾社 1978.12.25

0168 郭沫若先生と鑒眞和上　松本大圓〈郭沫若選集讀者のしおり 4〉雄渾社 1978.12.25

0169 郭沫若先生と魯迅　菊地三郎　〈郭沫若選集讀者のしおり 4〉雄渾社 1978.12.25

0170 中國の文學論☆（郭沫若「革命と文學」その他——創造社左旋回の先聲）　伊藤虎丸、横山伊勢雄編　汲古書院　1978.9

0171 中國・激動の世の生き方☆　城山三郎　毎日新聞社　1979.2　③

0172 郭沫若著譯繫年目錄（三） 中島みどり 『四天王寺女子大學紀要』11 1979.3

0173 郭沫若の假寓（散文） 拓殖秀臣 『圖書』5 月號 岩波書店 1979.5

0174 日本を愛した中國人：陶晶孫の生涯と郭沫若 岡田英弘 『中央公論』95-12 中央公論社 1980.12

0175 日中の懸橋——郭をとみと陶みさを（昭和史のおんな） 澤地久枝 『文藝春秋』4 月號 文藝春秋社 1981.4

0176 中國人の妻として昭和を生きた日本人姊妹（續）——日本の懸橋——郭をとみと陶みさを 澤地久枝 『文藝春秋』5 月號 文藝春秋 1981.5

0177 ポール・ドミエヴイユと郭沫若 山内正博〈郭沫若選集讀者のしおり 5〉1982.3.30

0178 郭沫若と學生とわたし 奧崎裕司〈郭沫若選集讀者のしおり 6〉1983.2

0179 郭沫若と昆明 牧田英二〈郭沫若選集讀者のしおり 6〉 1983.2

0180 詩歌の運命、歌曲の運命：田漢のこと、郭沫若のこと 阿部幸夫 『New Energy』57 邊鼓社 1983.3 ③

0181 郭沫若の歸國と郁達夫 鈴木正夫 『野草』32 中國文藝研究會 1983.12

0182 郭沫若の歷史小說 伊藤虎丸 『東洋文化』65（東大） 1985.3

0183 郭沫若の『蔡文姬』 立間祥介 〈郭沫若選集讀者のしおり 4〉 1986.1

0184 郭沫若の妻アンナのこと 1 藤本雪幸三〈郭沫若選集讀者のしおり 4 〉1986.1

0185 創造社同人の文學(その一)郭沫若の戲曲をめぐって 立松昇一 『麗澤大學紀要』42 1986.7

0186 郭沫若「革命と文學」その他：創造社左旋回の先聲☆ 小谷一郎 伊藤虎丸等『中國の文學論』所收汲古書院 1987.9

0187 都立中央圖書館所藏郭沫若關係中國圖書書志目錄（稿） 迫田けい子 東京都立圖書館 1988.3

0188 研究ノート：增井經夫先生藏・文求堂あて郭沫若書簡集の編集について 伊藤虎丸 『東京女子大學比較文化研究所紀要』36-1 1989.10

0189　郭沫若年譜☆「創造社と日本・ある精神のプロローグ・日本留學期（1914～1923）の郭沫若」　顧偉良　富士ゼロックス小林節太郎紀念基金編刊　1992.2

0190　增井經夫氏藏　郭沫若致文求堂　田中慶太郎書簡刊印緣起　伊藤虎丸　『東京女子大學比較文化研究所紀要』53　1992.1

0191　古川直君　郭沫若詩軸を圖書館に寄贈　森本憲治　『學士鍋』85 號　九州大學同窗會　1992.

翻譯作品

0192　支那の新口語詩郭沫若「児を抱いて博多灣に浴す」「鷺」などの翻譯）譯者名不祥　『日華公論』6-3　天津日華公論社　1919.10 ①

0193　文學革命と白話新詩☆　郭沫若著　大西齋、共田浩編譯（支那叢書第1編・胡適、蔡元培、康白情等著「現代の白話詩」的章節裡收錄有郭沫若的作品。）（北京）　東亞公司　1922.7 ①

0194　函谷關に戻った老子　郭沫若著　共田浩譯『新天地』4-10　新天地社　1924.10 ①

0195　牧羊少女　郭沫若著　柳田泉譯　『文章俱樂部』10-9　新潮社　1925.9

0196　王昭君（戲曲）　郭沫若著　譯者名不祥　『改造』8-8　改造社　1926.7

0197　卓文君　郭沫若　柳湘雨譯『滿蒙』82、84、85　中日文化協會　1927.2、4、5 ①

0198　牧羊哀話　郭沫若著　外園譯　『北京週報』262　極東新信社　1927.6.26 ①

0199　煉獄　郭沫若著　山口愼一　『日支』1-4　日支問題研究會　1928.9 ①

0200　戰取　郭沫若著　黃瀛譯　『若草』4-12　寶文館　1928.12 ①

0201　支那豔詩選－現代戀愛詩篇－☆　胡適、郭沫若ほか著　編譯者不詳　東京支那文獻刊行會　1928.⑤

0202　岐路　郭沫若著　大內隆雄　『新天地』9-4 新天地社（大連）　1929.4 ①

0203　譯詩數編　松井秀吉譯『支那哲文雜誌』5　東京帝大支那哲文學生會　1929.8 ①

0204 郭沫若詩抄　黃瀛譯　『詩と詩論』5　厚生閣　1929.9

0205 支那社會の歷史的發展段階　郭沫若著　賴貴富譯　『思想』97　岩波書店 1930.6

0206 世界現代詩抄選☆（中國）　黃瀛譯　（郭沫若等人詩譯）　金星堂 1930.9 ①

0207 岐路　郭沫若著　けんぽう譯　『同仁』4-12　同仁社　1930.12

0208 金剛山にて　郭沫若著　榛原繁樹譯　『同仁』5-1　同仁社　1930.1

0209 歸へりの函谷關　郭沫若著　一二六落生　『同仁』5-4　同仁社 1931.4

0210 飄流插曲（小說）郭沫若著　淺川謙次譯　『同仁』5-7　同仁社 1931.7

0211 其の後の老子　郭沫若著　M.キョクタンスキ譯　『炬火』13　東京外國語學校　文藝部　1931.7 ①

0212 王昭君（戲曲）　郭沫若著　山本宗次譯　『滿蒙』12-10　東東洋協會　1931.10 ①

0213 函谷關　郭沫若著　小林政治譯『支那哲文雜誌』11　東大支那哲文學生會 1931.12 ①

0214 支那古代社會史論☆　郭沫若著　藤枝丈夫譯　內外社　1931.12

0215 莊子（小說）　郭沫若著　大高岩夫譯　『同仁』6-6　同仁會　1932.6

0216 萬引　郭沫若著　細田三喜夫譯『支那哲文雜誌』12　東大支那哲文學生會　1932.8 ①

0217 後悔　郭沫若著　大高岩夫譯　『同仁』6-10　同仁會　1932.10

0218 夕暮　郭沫若著　奧平定世譯　『支那雜誌』1-1、2　春陽堂　1932.10～11 ①

0219 岐路　郭沫若著　高島楢夫譯『咲耶』12　大阪外國語學校校友會文藝部　1933.2 ①

0220 支那古代社會史☆　郭沫若著　藤枝丈夫譯　成光館　1933.

0221 王昭君　郭沫若著　西村修一譯　『明日』3　明日の會　1933.4 ①

0222 現代支那文學史（3）☆　松枝茂夫〈漢文學講座〉4、（收有胡適、周作人、謝冰心、郁達夫、徐志摩、郭沫若等人的作品）共立社　1933.8

0223 王昭君（戲曲）　郭沫若著　柳嘉秋譯『同仁』7-10、11　同仁會

1933.10～11

0224 葉羅提の墓　郭沫若著　大高岩譯　『同仁』8-8　同仁會　1934.8

0225 函谷關　郭沫若著　武田博譯　『支那語』4-1、3、6、7　外語學院出版部　1935.1、3、6、7 ①

0226 青銅器研究要纂☆　郭沫若著　田中震二譯〈支那學翻譯叢書〉(1) 文求堂 1935.4 ⑤

0227 孟子妻を出す　郭沫若著　廣野武敏譯　『白楊』1-4　白楊社　1936.5 ①

0228 中國の演劇運動 楊村人著　菊池勇譯　『上海日報』　上海日報社 1936.5.26～30 ①

0229 項羽の自殺　郭沫若著　（譯者不詳）　『歷史科學』5-9　白楊社 1936.9 ①

0230 支那印度短編集☆　佐藤春夫編　〈世界短編傑作全集〉6（郭沫若「函谷關」武田泰淳）　河出書房　1936.9 ①

0231 「國防文學」について（評論）　郭沫若著　飯島清吉　『文學案內』2-11　文學案內社　1936.11

0232 支那人の見た日本人☆　郭沫若ほか著　信濃優人著　魚返善雄譯 青年書房 1937.⑤

0233 達夫の來訪　郭沫若著　土居　治譯、解說『中國文學月月報』27 中國文學研究會 1937.6

0234 「もののあはれ」に就て　郭沫若著　五城康雄　『星座』3-8 星座社 1937.8 ①

0235 日本を去る　郭沫若著　山上正義譯『改造』19-13　改造社臨時增刊號 1937.11

0236 濱陽門外　郭沫若著　佐藤利行譯　『炬火』26　東京外國語學校文藝部 1937.12 ①

0237 北伐☆　郭沫若著　松枝茂夫譯　改造社　1938.2

0238 支那現代文學叢刊☆・第一輯　中國文學研究會編　（收郭沫若「黑貓」岡崎俊夫譯；「自敘傳」吉村永吉等）　伊藤書店　1939.10 ①

0239 後悔　郭沫若著　小池高志譯『支那及支那語』1-11　寶文館　1939.12 ①

0240　創造十年☆　郭沫若著　豬俣莊八譯（〈現代支那文學全集〉1.「創造十年」。「レーベニヒトの塔」、「芭蕉花」、「中國の勇士」、「三詩人の死」收錄）　東成社 1940.1
0241　郭沫若著　創造十年　豬俣莊八譯　『日本學芸新聞』80　1940.2
0242　雞　郭沫若著　吉村永吉譯　『中國文學月報』59　中國文學研究會 1940.2
0243　海棠香國☆　郭沫若著　村田孜郎譯　興亞書局　1940.11 ①
0244　新詩について　胡適著　伊地智善譯　『支那及支那雜誌』3-1　（〈詩〉專號、有譯詩集一項）　寶文館　1941.1 ①
0245　郭沫若著　伊地智善　『支那及支那語』3-2　寶文館　1941.2 ①
0246　項羽の最後　郭沫若著　中條康彰譯『上海』1005、1006 上海雜誌社 1941.4～5 ①
0247　現代支那文學傑作集☆　小田嶽夫譯　（收郭沫若「かるめら乙女」武田泰淳譯等）　春陽堂書店　1941.7 ①
0248　成仿吾への手紙☆　郭沫若著　譯者不詳　東方文化研究所　1944.①
0249　漂流三部曲☆（岐路、煉獄、十字架）郭沫若著　村田孜郎譯　聖光社 1946.
0250　マルクス孔子に會ふ　實藤恵秀譯　『中國文學』95 號　生活社 1946.5
0251　郭沫若論　沈從文著　豬俣莊八譯　『中國文學』96 號　生活社 1946.6
0252　我が思い出　村田孜郎譯　（中國文藝叢書）　聖光社　1947.②
0253　歷史小品☆　郭沫若著　平岡武夫譯　岩波書店　1950.11
0254　訪ソ紀行　郭沫若著　千田九一譯　日本出版協同　1952.10
0255　現代中國短編集☆（郭沫若「波」）　菊地三郎譯　創藝社　1952.
0256　現代中國小說集☆（郭沫若「波」）　中國文化研究所編譯　啓文館 1952.12
0257　屈原　郭沫若著　須田禎一譯 未來社てすぴす叢書　1952.7
0258　毛澤東のはたじるしの下でいつまでも文化の一先兵とならん　幸明廣通譯　『中國文藝』2 中國文藝社　1952.9 ②
0259　郭沫若詩集☆　郭沫若著　須田禎一譯　未來社　1952.10

0260 毛澤東思想と創作方法——延安文藝講話發表十週年紀念論文集　茅盾、郭沫若等著　中國文學藝術研究會訳ハト書房　1953.
0261 亡命十年（海濤）　郭沫若著　岡崎俊夫譯　築摩書房　1953.2
0262 郭沫若作品集・上☆　小峰正親、桑山龍平譯　青木書店　1953.12
0263 郭沫若作品集・下☆　小峰正親、桑山龍平譯　青木書店　1953.12
0264 虎符——信陵君と如姬　郭沫若著　須田禎一譯　未來社　1953.6
0265 日本國民に訴える——新しい愛國主義☆（各種演講及び報告）　郭沫若著　平野義太郎譯　三一書房　1953.2
0266 文學藝術の繁榮のために☆（中國文學、藝術工作者第二回代表大會報告集）　郭沫若ほか著　中國文學藝術研究會　駿臺社　1954.8
0267 現代中國文學全集第 2 卷☆（郭沫若篇）松枝茂夫ほか譯　河出書房新社　1954.6
0268 詩二篇　飯冢朗譯　『北大中國文學』1-1　1954.9 ②
0269 詩二篇　宇田　禮譯　『北斗』1-2　中國文學會（東京）　1954.12 ②
0270 行路難　郭沫若著　小西昇等共譯　『九大醫報』25-3　1955.12
0271 郭沫若「高遠」第一輯☆（中日文化交流）　早稻田大學科外講演部 1956.1
0272 魯迅禮贊　郭沫若著　編集部譯　『日中文化』39 日中文化　編集委員會準備會　1956.5
0273 少年時代　編集部譯注　『中國語』12　江南書院　1956.6
0274 黑貓☆（現代世界文學全集第 42 卷の中）郭沫若著　岡崎俊夫譯　新潮社　1956.9
0275 郭沫若☆（岩波文庫 C929「屈原」）　須田禎一譯　岩波書店　1956.10
0276 中國古代の思想家たち（上）☆　郭沫若著　野原四郎ほか譯訳　岩波書店　1953.8
0277 中國古代の思想家たち（下）☆　郭沫若著　野原四郎ほか譯　岩波書店　1957.7
0278 抗日戰爭回憶錄　岡崎俊夫譯　『中央公論』73-10，1958.10；73-11 1958.11
0279 日本亡命記☆　郭沫若著　小峰王親譯　法政大學出版局 1958.11
0280 抗日戰回想錄☆（洪波曲）　郭沫若著　岡崎俊夫譯　中央公論社

1959.5

0281 蔡文姬☆　郭沫若著　須田禎一譯　東京　新讀書社　1959.

0282 日米軍事同盟條約に反對する日本國民の正義の鬥爭を支持する☆　毛澤東、郭沫若、廖承志著　譯者不詳　北京外文出版社　1960.⑤

0283 郭沫若☆（岩波文庫 C1072「創造十年」「續・創造十年」）　郭沫若著　松枝俊夫譯　岩波書店　1960.8

0284 中國現代文學選集・郭沫若☆　15 卷記錄文學集　岡崎俊夫譯　平凡社　1962.

0285 中國現代文學選集 19☆（詩・郭沫若等著）　秋吉久紀夫ほか譯　平凡社　1962.11

0286 中國現代文學選集 5☆（「私の幼年時代」、「辛亥革命前後」、「南昌の一夜」）郭沫若著　松枝俊夫等譯　平凡社　1962.12

0287 東洋文庫第 6 卷☆（則天武后ほか）郭沫若著　須田禎一譯　平凡社　1963.11

0288 郭沫若自己批判書（全文）　藤本幸三譯　『現代の眼』7-7 現現代評論社 1966.7

0289 棠棣の花・屈原☆（郭沫若歷史劇集 1）　郭沫若著　須田禎一譯東東京海燕社 1966.

0290 東洋文庫第 101 卷☆（郭沫若自傳 1・・「私の幼少年時代」）　小野忍、丸山昇共譯　平凡社　1967.10

0291 丁玲の肅清と郭沫若☆　ヘプナーE・著　英夫譯　『自由』9-1　自由社自由編輯委員會（東京）　1967.1 ②

0292 東洋文庫第 126 卷☆（郭沫若自傳 2・「黑貓」「創造十年」）　小野忍、丸山昇譯　平凡社　1968.11

0293 東洋文庫第 153 卷☆（郭沫若自傳 3・「續・創造十年」）　小野忍、丸山昇譯　平凡社　1969.12

0294 東洋文庫第 178 卷☆（郭沫若自傳 4・「北伐の途上で・他」）　小野忍、丸山昇譯　平凡社　1971.1

0295 東洋文庫第 199 卷☆（郭沫若自傳 5・「續・海濤集」「歸去來」））　小野忍、丸山昇譯　平凡社　1971.11

0296 現代中國文學第 3 卷☆「(「北伐途次」「海濤集」「歸去來」「抗日戰回

想錄」） 岡崎俊夫、松枝茂夫譯 河出書房新社 1971.3

0297 中國の革命と文學 3 卷☆『郭沫若・郁達夫集』 松枝茂夫譯 平凡社 1972.

0298 郭沫若詩集☆ 須田禎一譯 未來社 1972.

0299 郭沫若史劇全集 1☆ 郭沫若著 須田禎一譯 講談社 1972.3

0300 郭沫若史劇全集 2☆ 郭沫若著 須田禎一譯 講談社 1972.3

0301 郭沫若史劇全集 3☆ 郭沫若著 須田禎一譯 講談社 1972.3

0302 郭沫若史劇全集 4☆ 郭沫若著 須田禎一譯 講談社 1972.3

0303 郭沫若『李白と杜甫』1.李白は中央アジアの碎葉に生まれた 『李白と杜甫』翻譯集團譯『飆風風』創刊號 1972.3

0304 郭沫若『李白と杜甫』2. 李白の家族 同上翻譯 『飆風』2 1972.6

0305 郭沫若『李白と杜甫』3. 李白の政治活動における最初の大失敗 同上翻譯 『飆風』3 1972.10

0306 郭沫若『李白と杜甫』4.李白の政治活動における二度目の大失敗 同上翻譯 『飆風』4 1973.1

0307 郭沫若『李白と杜甫』5.李白が夜郎に遠流になったころ 同上翻譯『飆風』5 1973.6

0308 李白と杜甫☆ 郭沫若著 須田禎一譯 講談社 1973.11

0309 東洋文庫 224 卷☆自傳 6「抗日戰回想錄」小野忍、丸山昇譯 平凡社 1973.10

0310 由王謝墓誌的出土論到蘭亭的眞僞 郭沫若 今井淩雪譯『書品』243 東洋書道協會 1974.

0311 郭沫若『李白と杜甫』6.李白の道教盲信とその覺醒 『李白と杜甫』翻譯集團譯 『飆風』6 1974.4

0312 日本亡命記☆（教養選書） 郭沫若著 小峰王親譯 法政大學出版局 1974.4

0313 郭沫若『李白と杜甫』7.李白と杜甫との詩歌における交わり 『李白と杜甫』翻譯集團譯 『飆風』7 1975.1

0314 郭沫若『李白と杜甫』8.杜甫の階級意識 同上翻譯 『飆風』8 1975.10

0315 郭沫若『李白と杜甫』9.杜甫の門閥觀念 同上翻譯 『飆風』9

1976.10

0316　郭沫若選集 1☆（少年時代）和田武司他譯　郭沫若選集刊行委員會編　雄渾社 1976.6

0317　郭沫若選集 2☆（創造十年）和田武司他譯　郭沫若選集刊行委員會編　雄渾社 1986.1

0318　郭沫若選集 3☆（革命春秋）和田武司ほか譯　同上編　雄渾社（未刊）

0319　郭沫若選集 4☆（洪波曲、抗日戰回想錄）同上譯　同上編　雄渾社（未刊）

0320　郭沫若選集 5☆（郭沫若詩集）　須田禎一譯　同上編　雄渾社 1977.7

0321　郭沫若選集 6☆（史劇 I 棠棣の花、屈原）須田禎一譯　同上編　雄渾社　1978.12

0322　郭沫若選集 7☆（史劇 II 虎符、蔡文姫、則天武后）須田禎一譯　雄渾社　1986.9

0323　郭沫若選集 8☆（屈原研究）　稻田耕一譯　同上編　雄渾社　1978.7

0324　郭沫若選集 9☆（李白と杜甫・上）須田禎一譯・杉本達夫校訂　雄渾社 （未刊）

0325　郭沫若選集 10☆（李白と杜甫・上）須田禎一譯・杉本達夫校訂　雄渾社 （未刊）

0326　郭沫若選集 11☆（中國古代社會研究・上）上野惠司譯　雄渾社 （未刊）

0327　郭沫若選集 12☆（中國古代社會研究・下）上野惠司譯　雄渾社 （未刊）

0328　郭沫若選集 13☆（青銅時代）　中村俊夫譯　雄渾社　1982.3

0329　郭沫若選集 14☆（奴隸制時代）　鈴木健之譯　雄渾社　（未刊）

0330　郭沫若選集 15☆（歷史人物）　牧田英二譯　雄渾社　1983.2

0331　郭沫若選集 16☆（歷史研究論文集）　上原淳道譯　雄渾社　（未刊）

0332　郭沫若選集 17☆（郭沫若評論集）　押川雄尾・櫻田芳樹譯　雄渾社（未刊）

0333　杜甫の功名欲：郭沫若「李白と杜甫」10「李白と杜甫」　翻譯集團譯『飆風』10　1977.10

0334　杜甫と地主生活：郭沫若「李白と杜甫」11　同上譯　『飆風』11

1978.7

0335 創造社資料全 10 卷☆　別卷一卷　伊藤虎丸編　アジア出版 / 汲古書院　1979.2

0336 郭沫若日本脫出記☆　殷塵著　さねとうけいしゅう　第一書房　1979.11

0337 郭沫若『李白と杜甫』12.杜甫の宗教信仰　同翻譯集團譯　『飆風』12　1980.4

0338 魯迅と論戰した郭沫若　單演義・魯歌著　田中裕子譯　『アジアクォーターリ』12（2.3）　毎日新聞社　1980.6

0339 魯迅と論戰した郭沫若・再論　單演義・魯歌・單元莊著　竹內實譯　『アジアクォーターリ』12（2.3）　毎日新聞社　1980.6

0340 歷史小品☆　郭沫若著　平岡武夫譯　岩波書店　1981.6

0341 對譯郭沫若詩集☆　郭沫若著　彭銀漢譯　花曜社　1982.6

0342 行路難☆（郭沫若著）　牧山敏浩編譯　自費出版　（收錄行路難・山中雜記・年譜）　1982.10

0343 郭沫若『李白と杜甫』13.杜甫は終生酒が好きだった　『李白と杜甫』翻譯集團譯　『飆風』　1983.11

0344 日本回憶：夏衍自傳☆　阿部幸夫譯　東方東店　1987.3

0345 郭沫若『李白と杜甫』14.杜甫と嚴武　同上翻譯　『飆風』　1987.3

0346 郭沫若・日本の旅☆　劉德有著　村山孚譯　サイマル出版社　1992.10

0347 蘭亭序論爭譯注☆　郭沫若・商承柞著　谷口鐵雄・佐々木猛編譯　中央公論美術出版　1993.2

郭沫若的日文作品

0348 芽生の二葉（上、下）　郭沫若　大阪朝日新聞　1923.1.1-2

0349 我等の新文學運動　郭沫若　『北京週報』70　極東新信社　1923.6、24 ①　（揭載未完、原名「Our New Movement in Literature」英文・大阪毎日）

0350 革命と文學　郭沫若　『大調和』10 號「亞細亞文化研究號」春秋社　1927.10

0351　ある月夜のアクシデント　郭沫若　『北京週報』282 極東新信社 1927.11、27 ①
0352　支那文學革命と我等のイデオロギー　郭沫若『滿蒙』11-8 中日文化協會　1930.8 ①
0353　現代支那政治論　郭沫若　『改造』15-10　改造社　1933.10
0354　自然への追懷　郭沫若　『文藝』2-2　改造社　1934.2
0355　自然の追懷　郭沫若　『上海』922　上海雜誌社　1934.6.5 ①
0356　天の思想－先秦思想の天道觀——☆　郭沫若　（〈岩波講座・東洋思潮〉のうち　「東洋思想の諸問題」所收）　岩波書店　1935.2 ①
0357　「易」の構成時代　郭沫若　『思想』155　岩波書店　1935.4
0358　武昌城下　郭沫若　『改造』17-5　改造社　1935.5
0359　武昌城下　郭沫若　『日文研究』1　日文研究社　1935.7 ①
0360　經濟學批判序言　郭沫若　『日文研究』2　日文研究社　1935.9 ①
0361　中日文化の交流　郭沫若　『東洋』38-12　東洋協會　1935.12 ①
0362　萬寶山　郭沫若　『日本評論』11-1　日本評論社　1936.1
0363　日本文學の題材・母國　郭沫若　『文藝』4-6　改造社　1936.6
0364　魯迅を弔ふ　郭沫若　『帝國大學新聞』644　1936.10.26
0365　日本人の支那人に對する態度　郭沫若　『日本評論』12-10　日本評論社　1937.9
0366　日本軍怖るるに足らず　郭沫若　『文藝春秋』15-17 事變第五增刊 1937.12
0367　戰時下の支那人生活　郭沫若　『日本評論』13-11　日本評論社 1938.10
0368　經濟・文化の交流と平和共存　郭沫若　『世界』 122　岩波書店 1956.2
0369　十八年ぶりの日本（對談）　郭沫若・南原繁　『中央公論』71-2　1956.2
0370　中日文化の交流　郭沫若　『國民の科學』11　新小說社　1956.2 ②
0371　日本訪問記　郭沫若　『世界周報』37-6　時事通信社　1956.

其它 I（郭沫若於臺灣發表的作品・中文）

0372　魯迅傳中的誤謬　郭沫若　『臺灣文藝』2-2（增田涉「魯迅傳」で、「阿

Q正傳」 に對するロマン・ローランの批評文が創造社の手に入り、にぎりつぶされた とのべたことに對する反論） 臺灣文藝聯盟（臺中） 1935.2 ①

其它 II（日本舊殖民地發表刊行的郭沫若研究文章・中文）

0373 郭沫若先生訪問記蔡嵩林 『先發部隊』1-1 臺灣文藝協會出版部（臺北） 1934.7 ①

0374 郭沫若先生的信 賴明弘 『臺灣文藝』2-2 臺灣文藝聯盟（臺中） 1935.2 ①

0375 訪問郭沫若先生 賴明弘 『臺灣文藝』2-2 臺灣文藝聯盟（臺中） 1935.2 ①

0376 讀郭沫若先生著「屈原」 黃得時 『臺灣文藝』2-8 同上 1935.8 ①

百科全書・權威大辭典等所收有關條目

0377 世界人名百科辭典 荒 正人等編 青溪書院 1925.7

0378 プロレタリア文藝辭典 山田清三郎、川口浩編（有「郭沫若」項）白揚社 1930.8

0379 世界文藝大辭典 第二卷 「「郭沫若」項由辛島驍執筆 中央公論社 1936.1.28

0380 支那事情辭典 大宅壯一編 （有郁達夫、郭沫若、蕭軍、陳獨秀、丁玲、文學革命、林語堂等解說） 今日の問題社 1939.8

0381 新百科辭典 三省堂編修所編 三省堂 1953.3

0382 世界名著大辭典 4 （有『女神』の項） 平凡社 1961.

0383 世界大百科事典 4 佐藤一郎 平凡社 1965.2

0384 新潮文學小辭典 「郭沫若」項由須田禎一執筆 新潮社 1966.5

0385 現代中國人名辭典 （1966 年版）外務省アジア局監修 霞山會 1966.10

0386 學研新世紀大辭典 渡部博等編 學習研究社 1968.2

0387 大日本百科事典 4 「郭沫若」項由須田禎一執筆 小學館 1968.8

0388 現代中國事典 中國研究所編 岩崎學術出版社 1969.9

0389 萬有百科大事典 1 （文學） 相賀徹夫編 小學館 1973.8

0390 國民百科事典 3 「郭沫若」項由丸山昇執筆 1976.12
0391 現代人物事典 「郭沫若」項由西園寺一晃執筆 朝日新聞社 1977.3
0392 中國學藝大辭典 近藤春雄 大修館 1978.10
0393 ラールス世界文學事典 河盛好藏監修 角川書店 1983.6
0394 大百科事典 3 「郭沫若」項由中島みどり執筆 中下弘編 平凡社 1984.11
0395 中國現代文學辭典 「郭沫若」項由丸山昇執筆 丸山昇、伊藤虎丸、新村徹共編 東京堂出版 1985.9.30
0396 日本大百科全書 5 「郭沫若」項由丸山昇執筆 渡邊靜夫編 小學館 1994.1
0397 近代中國人名辭典 「郭沫若」項由高橋伸夫執筆 山田辰雄編 霞山會 1995.9.1
0398 中國文化界人物總鑒 橋川時雄纂 名著普及會復刻版 1982.3.20

附錄二：郭沫若在日留學時期創作文學作品一覽（1914～1924）

東京第一高等學校特設予科時期

1914.8.——《鏡浦平如鏡》、《飛來何處峰》、《白日照天地》

（以上舊體詩作於日本房州海岸——千葉縣境內）初出 1933.3.4《時事新報》副刊《星期日學燈》70 期所載回憶錄《自然底追懷》。昭和 9 年 2 月號の日本《文藝》刊物上發表的創作日期爲 1933.11.30 の日語文章《自然への追懷》屬作者自己的譯文。

1915.秋——《落葉語》（五言舊體詩）

初出 1915.7.20.致父母信，四川人民出版社 1981 年刊行《櫻花書簡》收錄。

1915.5.7～10——《哀的美頓書已西》（七言舊體詩）

赴日留學後第一次回國作於上海。初出《創造十年》，上海現代書局 1932.9 初版。

岡山六高時期

1915.9.——翻譯海涅《歸鄉集》第 16 首

初出《三葉集》1920.5 初版。

同年秋——《晚眺》（五言舊體詩）

初出《自然的追懷》

《新月》（五言舊體詩）

初出《兒童文學之管見》1921.1.15 上海《民鐸》第 2 卷第 4 號。

1915.12——《月下》《蔗紅詞》

初出回憶錄《離滬之前》。1933.11～1934.1 上海《現代》月刊 4 卷 1～3 期。

1916.2.19——《葉葉寄兒心》

初出《櫻花書簡》1916.2.19 致父母信。

同年春——《與成仿吾同遊栗園林》

初出《離滬之前》。

同年夏——《憑弔朱舜水先生墓址》（五言舊體詩）

初出《自然的追懷》。

1916.8～10——《死的誘惑》（郭沫若最早的口語新詩）

初出 1919.9.29《學燈》。

《新月》、《白雲》（口語新詩）

初出 1919.10.2《學燈》。

1916.10——《遊操山》（五言舊體詩）

初出《自然的追懷》。

1916.12.25——（無題）（獻給安娜的英文散文詩）。

1922.7.3 譯成中文加題爲《「辛夷集」小引》。

初出《辛夷集》，上海泰東書局 1923.4。

同年 12 月——《Venus》（口語新詩）

初出《女神》上海泰東書局 1921.8.5 初版。

同年——《尋死》（舊體詩）

初出《三葉集》中 1920.1.18 致宗白華信。

1917.3——《離別》（舊體）

初出 1920.1.7《時事新報・學燈》。

《牧羊歌三首》（舊體詩）

初出《牧羊哀話》（1919.2～3 月間所寫的小說）。1919.11.15 北平

《新中國》月刊第 1 卷第 7 期。

1917.8——《泰戈爾詩選》（英漢對譯之嘗試）

與國內商務印書館及中華書局交涉出版未能如願以償。

1918 年——《夜哭》（五言舊體詩）

初出 1920.2.1《學燈》。

同年夏——翻譯《海涅詩選》

出版交涉失敗。其中僅一首《悄靜的海濱》成爲鉛字。

初出《三葉集》中 1920.3.3 致宗白華信。

福岡九州帝國大學時期

1918 年秋～冬——《骷髏》（小說）

向上海《東方雜誌》投稿未被採用，退回後被作者憤然付之一炬。

《解剖室中》（口語新詩）

初出 1920.1.22《學燈》。

同年 12 月——《十里松原四首》（舊體詩）

初出上海現代書局 1932.9 初版《創造十年》。

同年——《博多灣水碧留黎》《管公不世才》

《正逢新雨我重來》（舊體詩）

初出《自然的追懷》。

《怨日行》（舊體詩）

初出《牧羊哀話》。

1919.1.——《新月與晴海》（舊體詩）

初出 1920.2.24《學燈》。

1919.1.30——《春節偶得五首》（七言絕句）

初出《櫻花書簡》中 1919.2.2 致父母信。

1919.2～3 月——《牧羊哀話》（第一篇公開發表的小說）

初出同年 11 月 15 日北平《新中國》月刊第 1 卷第 7 期。

1919.3～4 月——《春愁》（口語新詩）

初出初版《女神》。

1919.7 月——翻譯歌德原著《浮士德》第一卷《夜》

初出同年 10 月 10 日《時事新報・學燈增刊》。

8 月 25 日——《箱崎弔古》（舊體詩）

初出 1920.1 月上海《黑潮》月刊第 1 卷第 3 期。

同年の夏～秋——《鷺鷥》《抱和兒浴博多灣中》（口語新詩）

初出 1919.9.11《學燈》。

同年 9 月——《浴海》 （口語新詩）

初出同年 10 月 24 日《學燈》。

《立在地球邊上放號》（口語新詩）

初出 1920.1.5《學燈》。

同年 10 月——《兩對兒女》（口語新詩）

初出同年 10 月 18 日《學燈》。

《某禮拜日》（口語新詩）

初出同年 10 月 20 日《學燈》。

《夢》（口語新詩）

初出同年 10 月 22 日《學燈》。

10 月——《火葬》、《晚步》（口語新詩）

初出同年 10 月 23 日《學燈》。

《同文同種辯》（評論）、《抵制日貨之究竟》（評論）、《風》（口語新詩）

初出 1919.10 月《黑潮》第 1 卷第 2 期。

11 月 6 日——《一個破了的玻璃茶杯》（口語新詩）

初出 1920.2.4《學燈》。

11 月 9 日——《致陸友白信》（書簡）

初出 1920.1 月上海《黑潮》第 1 卷第 3 號。

11 月 14 日——受梅特林克《青鳥》影響試創作兒童詩劇《黎明》

初出同日《學燈》。

11 月 24 日——《輟了課的第一點鐘裏》（口語新詩）

初出同日《學燈》。

12 月 3 日——翻譯惠特曼詩《從那滾滾大洋的群眾裡》（原作 Out of the Rolling Ocean Croud）

初出同日《學燈》。

12 月 20 日——《夜步十里松原》（口語新詩）

初出同日《學燈》。

12 月 31 日——《地球，我的母親！》（口語新詩）

初出 1920.1.6《學燈》。

12 月——《讀 Carlye：「The Hero as Poet」的時候》（口語新詩）

初出 1920.1.10《學燈》。

12 月——《匪徒頌》（口語新詩）

初出 1920.1.23《學燈》。

同年——《死》（口語新詩）

初出 1920.1.13《學燈》。

《三個 Pantheism》（口語新詩）

初出 1920.1.5《學燈》。

同年——《春寒》（舊體詩）

初出《三葉集》中 1920.1.18 致宗白華信。

同年——改譯同學錢潮初譯《茵夢湖》（T.Storm 原作）。

1920.1.4——《晨安》（口語新詩）

初出同日《學燈》。

1920.1.6——《他》（短篇小說習作）

初出同年 1 月 24 日《學燈》。

1920.1.8——《演奏會上》（口語新詩）

初出同日《學燈》。

1920.1.10——《鼠災》（小說）

初出同年 1 月 24 日《學燈》。

1920.1.18——《致宗白華的信》

初出同年 2 月 1 日《學燈》。

1920.1.20——《鳳凰涅槃》（口語新詩）初稿寫成。

初出同年 1 月 30-31 日《學燈》。

1920.1.25——《心燈》（口語新詩）

初出同年 2 月 2 日《學燈》。

1920.1.26——《致宗白華的信》

初出同年 2 月 4 日《學燈》。

1920.1.29——《芬陀利華（白蓮花）》（口語新詩）

初出同年 2 月 5 日《學燈》。

1920.1.30——《岸》《天狗》（口語新詩）

初出同年 2 月 7 日《學燈》。

1920.1.31——《登臨——一名〈獨遊太宰府〉》（口語新詩）

初出同年 3 月 6 日《學燈》。

同年 1 月——將李白《日出入行》譯爲口語新詩

初出《三葉集》中 1920.1.18 致宗白華信。

1 月～2 月——《爐中煤——眷念祖國的情緒》（口語新詩）

初出 2 月 3 日《學燈》。

同年 2 月 15 日——《致田漢信》

初出《三葉集》。

《致宗白華信》

初出《三葉集》。信中發表《歎逝》（口語新詩）。

翻譯歌德原作《浮士德》中《Zueignung》。

初出同日致宗白華信。

2 月 16 日——《致宗白華信》

初出同年 2 月 24 日《學燈》。

2 月 23 日——《生命底文學》（評論）

初出同日《學燈》。

2 月 25 日——《致田漢信》

初出《三葉集》。

2 月 29 日——《日出》（口語新詩）

初出同年 3 月 7 日《學燈》。

1920.3.6——《致田漢信》

初出《三葉集》。

3 月 15 日——《〈歌德詩中所表現的思想〉附白》

初出 1920.3.15 北平《少年中國》月刊第 1 卷第 9 期。

3 月——翻譯歌德《藝術家的夕暮之歌》。

翻譯歌德《掘寶者》。

翻譯歌德《暮色》。

初出 1927.10.15 上海創造社出版部初版《德國詩選》。

3 月 19 日——《光海》（口語新詩）

初出同日《學燈》

3 月 20 日——翻譯歌德《風光明媚的地方——〈浮士德〉悲壯劇中第 2

部之第 1 幕》
初出同日《學燈》。
3 月 22 日——《梅花樹下醉歌》（口語新詩）
初出《三葉集》中 1920.3.30 致宗白華信。
3 月 30 日——《致宗白華信》
初出《三葉集》。
翻譯雪萊《百靈鳥曲》（雪萊原作《Ode to a sky lark》
初出 3 月 30 日《致宗白華信》。
創作《淚之祈禱》（口語新詩）。
初出 3 月 30 日《致宗白華信》。
4 月 17 日——《電光火中》（口語新詩三首）
初出 4.26《學燈》。
4 月 18 日——《巨砲的教訓》（口語新詩）
初出 4.27《學燈》。
1920.5 月——《新陽關三疊——宗白華兄硯右》（口語新詩）
初出 7 月 1 日《學燈》。
5 月～6 月——《我是個偶像崇者》（口語新詩）
初出 1921.2.14《學燈》。
6 月——《筆立山頭展望》（口語新詩）
初出 7 月 11 日《學燈》。
《金字塔（其一と其二）》（口語新詩）
初出 1921.2.13《學燈》。
7 月 11 日——《無煙煤》（口語新詩）
初出同日《學燈》。
7 月 26 日——《春蠶》（口語新詩）
初出同日致陳建雷信。
《岸（其一）》（口語新詩）
7 月 27 日——《岸（其二）》（口語新詩）
7 月 29 日——《岸（其三）》（口語新詩）
初出 8 月 28 日《學燈》。
8 月 23 日——《宇宙革命底狂歌》（朱謙之作《革命哲學》之序詩）

初出 1921.9 上海泰東書局出版單行本《革命哲學》。

8 月 24 日——《論詩》(致陳建雷信)

初出 1920.10.1《新的小說》第 2 卷第 2 期。

9 月 7 日——《雷雨》《霽月》《晴朝》《香午》(口語新詩)

初出同日《學燈》。

9 月 23 日——《棠棣之花》(詩劇)

初出 10 月 9 日《學燈》雙十節增刊。

9 月 30 日——《葬雞》(口語新詩)

初出 10 月 16 日《學燈》。

10 月 2 日——《鳴蟬》(口語新詩)

初出 2 月 17 日《學燈》。

10 月 10 日——《狼群中一隻白羊》(口語新詩)

初出 2 月 20《學燈》。

10 月 13 日——《勝利的死(其一)》(口語新詩)

10 月 22 日——《勝利的死(其二)》(口語新詩)

10 月 24 日——《勝利的死(其三)》(口語新詩)

10 月 27 日——《勝利的死(其四)》(口語新詩)

初出同年 11 月 4 日《學燈》。

10 月 17 日——《司健康的女神》

初出同日《學燈》。

11 月 23 日——《蜜桑索羅普之夜歌》(口語新詩)

初出 1921.3.15《少年中國》季刊第 2 卷第 9 期。

12 月 20 日——《我的散文(四首)詩》(口語新詩)

初出同日《學燈》。

12 月 27 日——《湘累》(詩劇)

初出 1921.4.1 上海《學藝月刊第 2 卷第 10 期。

12 月——《未央》(長篇小說之序章)

(1922.9.18 將之改爲短篇小說),初出 1922.12《創造》季刊第 1 卷第 3 期。

1921.1 月上旬——《致李石岑信》

初出 1921.1.15《學燈》。

1921. 1.11——《兒童文學之管見》（評論）

譯泰戈爾詩歌《Baby's world》。

初出同年 1 月 15 日上海《民鐸》月刊第 2 卷第 4 期。

1 月 18 日——《致田漢信》

初出 1930.3.20 上海《南國月刊》第 2 卷第 1 期。

1 月 24 日——《致張資平信》

初出同年 4 月 1 日上海《學藝》月刊第 2 卷第 10 期。

1 月 29 日——《屠爾格涅甫之散文詩》（編譯）

初出同年 2 月 16 日《學燈》。

1 月 30 日——《女神之再生》（詩劇）脫稿。

初出同年 2 月 25 日上海《民鐸》第 2 卷第 5 期。

2 月 1 日——《太陽禮贊》（口語新詩）

初出同日《學燈》。

2 月 16 日——《自然》（譯詩）

初出同日《學燈》。

2 月 25 日——《藝術之象徵》（評論）

初出同年 5 月 30 日《學藝》第 3 卷第 1 號。

2 月 26 日——《春之胎動》（口語新詩）

初出 1921.8.5 泰東書局初版《女神》。

2 月 28 日——《日暮的婚筵》（口語新詩）

初出 1921.8.5 泰東書局初版《女神》。

1921.4.1——於歸國途中作《歸國吟》（口語新詩）。

初出 4 月 23 日《學燈》。

1921.6 月初——《淚浪》（口語新詩）。

初出同年 7 月 3-4 日《學燈》。

6 月 14 日——《致鄭振鐸信》

初出 6 月 30 日上海《時事新報・文學》。

6 月 30 日——《蘇武與李陵・楔子》（歷史劇）

初出上海《學藝》月刊第 3 卷第 2 號。

9 月 6 日抵福岡。

9 月——校穆木天譯《王爾德童話集》

完成《少年惟特之煩惱》（歌德原作）之翻譯。

10 月 4 日——《夕陽時分》（口語新詩）

初出《海外歸鴻》，1922.5.1《創造》季刊第 1 卷第 1 期。

10 月 6 日——《致郁達夫信》

《夕陽》（散文）

初出《海外歸鴻》，1922.5.1《創造》季刊第 1 卷第 1 期。

10 月 8 日——《創造者》（口語新詩）

初出《海外歸鴻》，1922.5.1《創造》季刊第 1 卷第 1 期。

10 月 10 日——《致郁達夫信》

《南風》（口語新詩）

初出《海外歸鴻》，1922.5.1《創造》季刊第 1 卷第 1 期。

10 月 13 日——《白雲》（口語新詩）

10 月 14 日——《新月》（口語新詩）

10 月 20 日——《雨後》（口語新詩）

10 月 24 日——《天上的市街》（口語新詩）

初出《海外歸鴻》，1922.5.1《創造》季刊第 1 卷第 1 期。

11 月 6 日——《致郁達夫信（海外歸鴻二）》

翻譯歌德《放浪者的夜歌》《對月》

初出 1922.5.1《創造》季刊第 1 卷第 1 期。

12 月 8 日——《洪水時代》（口語新詩六首）

初出 1922.1.30 上海《學藝》月刊第 3 卷第 8 號。

1921 年冬——《好像是但丁來了》（口語新詩十首）

初出 1923.2 月《創造》季刊第 1 卷第 4 期。

1922. 1.23——《〈少年惟特之煩惱〉序引》

初出 1922.5.1《創造》季刊第 1 卷第 1 期。

2 月 4 日——《星空》（口語新詩）

初出 1922.8《創造》季刊第 1 卷第 2 期。

2 月 6 日——《無題詩一首》

初出初出 1922.8《創造》季刊第 1 卷第 2 期。

2 月 10 日——《今津遊記》（自敘散文）

初出 1922.8《創造》季刊第 1 卷第 2 期。

3 月 10 日——《歌德對於自然科學之貢獻》（評論）

初出 3 月 23 日《學燈》〈歌德紀念號〉。

4 月 1 日——《殘春》（自敘傳小說）

初出 1922.8《創造》季刊第 1 卷第 2 期。

4 月 2 日——《廣寒宮》（童話詩劇）

初出 1922.8《創造》季刊第 1 卷第 2 期。

5 月 1 日——《棠棣之花（第二幕）》（歷史劇）

初出《創造》季刊第 1 卷第 2 期。

6 月 24 日——《批判〈意門湖〉譯本及其它》（評論）

初出 1922.8《創造》季刊第 1 卷第 2 期。

7 月 2 日——歸國途中作《白鷗》（口語新詩）

初出 1922.8《創造》季刊第 1 卷第 2 期。

1922. 9 月上旬返福岡。

9 月 12 日——《致郁達夫信》

初出 1922.11《創造》季刊第 1 卷第 3 期。

9 月 19 日——《哀時古調》（舊體詩九首）

初出 1922.11.15 上海《孤軍》第 1 卷第 3 號。

9 月 20 日——《彷徨詩十首》（口語新詩）（《黃河中的哀歌》《仰望》《吳淞堤上》《夜別》《海上》《歸來》《江灣即景》《贈友》《燈臺》《拘留在檢疫所》）

爲陶晶孫的短篇小說《木犀》作《附白》。

初出 1922.11《創造》季刊第 1 卷第 3 期。

9 月 23 日——《哀歌》（口語新詩）

初出 1928.6 上海創造社出版部版《沫若詩集》。

9 月 30 日——《譯詩一百首》（根據 Umar Khaiyam 原作《魯拜集》英譯本譯出），並創作譯序《波斯詩人莪默伽亞謨》。

初出 1922.11《創造》季刊第 1 卷第 3 期。

10 月 3 日——《反響之反響》（評論）

初出 1922.11《創造》季刊第 1 卷第 3 期。

10 月 9 日——《背著兩個十字架》

初出 1923.10.10 上海《中華新報・創造日》。

11 月 11 日——爲趙邦傑的短篇小說《可憐的少女》作《附白》。

初出 1923.2《創造》季刊第 1 卷第 4 期。

11 月 12 日——《黃河與揚子江對話》(口語新詩)

初出 1923.1 上海《孤軍》月刊第 1 卷第 4、5 合刊。

11 月 23 日——《孤竹君之二子》脫稿(詩劇)

初出 1923.2《創造》季刊第 1 卷第 4 期。

1922 年 12 月 4 日——《〈雪萊的詩〉小序》

初出 1923.2《創造》季刊第 1 卷第 4 期。

12 月 24 日——《〈星空〉獻詩》(口語新詩)

初出 1923.10 上海泰東書局初版《星空》。

《〈牧羊哀話〉附記》

初出 1931 年上海光華書局出版單行本《山中雜記》。

12 月——《雪萊年譜》

初出 1923.2《創造》季刊第 1 卷第 4 期「雪萊紀念專題」。

日文創作論文《芽生の二葉》(兩片嫩葉)

初出大阪《朝日新聞》1923 年「新年特號」。此文被成仿吾編譯爲中文,改題爲《中國文化之傳統精神》。

初出 1923.5.20 上海《創造週報》第 2 號。

1923 年 1 月 19 日——《致四川草堂文學研究會信》

初出 1982.2《四川大學學報叢刊》第 13 輯。

2 月 1 日——翻譯雪萊詩歌《西風歌》《歡樂的精靈》《拿波里灣畔書懷》《招『不幸』辭》《轉徙》《死》《曼衍言》七則

初出 1923.2《創造》季刊第 1 卷第 4 期

2 月 19 日——《我們的花園》(口語新詩)

初出 1923.5《創造》季刊第 2 卷第 1 期。

2 月 28 日——《卓文君》(歷史劇)

初出 1923.5《創造》季刊第 2 卷第 1 期。

1923 年 3 月 3 日——《批評與夢》(評論)

初出 1923.5《創造》季刊第 2 卷第 1 期。

1923 年 4 月 1 日——《留別日本》(口語新詩)

初出同年 5 月《孤軍》月刊 8、9 號合刊。

同日結束在日留學生活舉家歸國。

1924 年 4 月 1 日重返福岡。

1924 年 4 月 18 日——《致成仿吾信》

初出 1924.5.19 上海《創造週報》52 號。

5 月下旬——翻譯《社會組織與社會革命》（河上肇原作）

其中一部分（如《社會革命與政治革命》、《社會革命與社會政策》章節初出同年 8、12 月上海《學藝》月刊第 6 卷第 4、6 期。

單行本

初出 1925.5 上海商務印書館（有《附白》）。

6 月 8 日——《菩提樹下》（散文）

初出 1925.4.12 北京《晨報副刊》。

6 月 9 日——《致梁俊青信》

初出上海《時事新報・文學》週刊 125 期。

6 月 17 日——《偉大的精神生活者王陽明》（序跋附論 1-4）

初出 1925.1.15 上海泰東書局初版《陽明全集》。

6 月——《盲腸炎與資本主義》（評論）

初出同年 8 月 20 日上海《洪水》週刊第 1 期。

7 月 1 日——《〈社會組織與社會革命〉附白》

初出 1925.5 上海商務印書館初版《社會組織與社會革命》。

7 月 2 日——致《文學》週刊編輯者信

初出同年 7 月 21 日上海《時事新報・文學》131 期。

7 月 22 日——《致何公敢信》

初出 1926.2.5《洪水》雙週刊第 1 卷第 10、11 期合刊。

7 月 23 日——《致滕固信》

初出上海《獅吼》雙週刊第 3 期。

8 月 8 日——根據德譯本重譯屠格涅夫小說《處女地》、改名爲《新時代》

初出 1925.6 上海商務印書館初版。

8 月 9 日——《致成仿吾信》

初出 1926.4 上海《創造》月刊第 1 卷第 2 期。

8 月 12 日——《〈新時代〉解題》

初出 1925.6 上海商務印書館初版《新時代》。

8 月 14 日——《路畔的薔薇》（散文）

初出同年 12 月 28 日北京《晨報副刊》。

《三詩人之死》（小說）

初出 1925. 3.4-6 北京《晨報副刊》。

8 月 15 日——《陽春別》（小說）

初出 1925 上海《孤軍》月刊第 2 卷第 8 期。

8 月 17 日——《夕暮》（散文）

初出同年 12 月 29 日《晨報副刊》。

8 月 18 日——《喀爾美蘿姑娘》（小說）

初出 1925.2 上海《東方雜誌》第 22 卷第 4 期。

8 月 20 日——《芭蕉花》（散文）

初出 1925.4.1 北京《晨報副刊》。

8 月 21 日——《鐵盔》（散文）

初出 1925.3.1 北京《晨報副刊》。

8 月 26 日——《Lobenicht 的塔》（小說）

初出同年 11 月上海《學藝》月刊第 6 卷第 5 期。

9 月 10 日——《雞雛》（散文）

初出 1925.7.12 北京《晨報副刊》。

9 月 12 日——《人力以上》（自傳小說）

初出 1925.4.27、28 北京《晨報副刊》。

9 月 19 日——《萬引》（小說）

初出 1925.1 月上海《學藝》月刊第 6 卷第 7 期。

9 月 28 日——《水墨畫》（散文）

初出同年 12 月 30 日北京《晨報副刊》。

10 月 3 日——《採栗謠》（舊體詩三首）、《日之夕矣》

初出 1925.4.10、25 上海《東方雜誌》第 22 卷第 7-8 號。

10 月 12 日——《山茶花》（散文）

初出同年 12.31 北京《晨報副刊》。

《墓》（散文）

初出 1925.1.6 北京《晨報副刊》。

10 月 16 日——《葉羅提之墓》（小說）

初出 1926.1 上海商務印書館初版《塔》。

10 月 17 日——《曼陀羅華》（小說）

初出 1926.6 上海《創造》月刊第 1 卷第 4 期。

《賣書》（散文）

初出 1925.3.20 北京《晨報副刊》。

10 月 20 日——《白髮》（散文）

初出 1925.1.7 北京《晨報副刊》。

10 月——《行路難》（自傳小說）

初出 1925.4.10、25 上海《東方雜誌》第 22 卷第 7、8 期。

《紅瓜》（散文）

初出 1926.6.1《洪水》第 2 卷第 6 期。

1924 年 11 月 16 日歸國。

後　記

筆者自 20 世紀 90 年代初應日本國立九州大學之聘旅日任教。時光荏苒，二十餘載大事無成，白髮徒增，實在令人汗顏。

既然筆者的「職場」是大學，必然與書有某種不解之緣。讀書對本人來說可謂一大享受。時喜時悲，時怒時樂，或有所思，或有所感。靜下來時，免不了技癢，於是就泡圖書館蹲資料室，十日半月必有所得。於是便有文章要做。此乃讀書三昧。

說起中國人在海外搞中國文學研究，聽上去總覺得有點彆扭。說白了就有點像中國人不遠萬里跑到外國的大學去念中文系。即便別人不在背後指指戳戳，自己也每每藉以自嘲不禁。因爲無論是研究的條件及環境還是研究成果本身的積纍及具有專業水平的讀者人數，僅就中國現代文學研究而言，中國國內加上台灣，肯定遠遠優越於國外，這一點毋須多言。其實，筆者從事中國現代文學研究的場所不在國內而在東瀛日本實屬無奈。爲此，幾十年來盡力在做一些同行們在國內反而由於環境限制不能做或者難以做成的事情。事實上這些年在日本從事有關郭沫若以及創造社其它作家的考察和研究，無論是發表論文還是出版專著，主要還是針對華文地域圈內的讀者。至少這是筆者的主觀願望和期待。

回想起來，20 世紀 70 年代末至 80 年代後半國內的「郭學」研究雖然一度轟轟烈烈，但總體上給人一種感覺，就是未能擺脫郭沫若自傳鴻篇巨著的無形羈絆。從這個意義上來講，就郭沫若研究而論，立足於科學實證的文學基礎研究非但沒有達到飽和，而只能說是剛剛起步。無論是作家傳記研究還是作品本文研究，都應該找得到新的視角和新的切入口。

郭沫若在日二十年這一研究課題，說是筆者在日本隨手撿來的也不算過分。因爲閱讀70年代中期以前的日本學者所撰寫的有關郭沫若的研究論文，可以輕而易舉地發現不少半途被擱下的課題。說起來簡直讓人難以置信，這些誘人的課題在70年代末以後的日本可以說是基本上無人問津。日本的中國文學研究者，無論是研究古典的還是現代的，一律重實證輕論說，而且大多喜歡一個猛子紮到底，刨根問底往往一輩子就死咬著一個研究對象不放，不大象不少中國研究家那樣不斷地變更研究課題，結果往往是有了廣度缺少深度，量得到了積纍而質沒有得到提升，久而久之便習慣了淺嘗輒止，故學問做得比較浮躁。日本學者這種求實的姿態和注重學術質量的風氣的確値得我們學習。然而，筆者在跟日本人文社會科學研究界進行較多的接觸和交流過程中，發現他們在中國現代文學研究問題上似乎顯露出某種總體性的好惡傾向。這種好惡尤其體現在對研究對象的選擇上。一方面他們有著規模龐大的陣容去組織研究魯迅，同時對在中國被視爲「親日派」的周作人、錢稻孫、張資平和「知日派」的郁達夫、陶晶孫那樣的文學家表示出濃厚的興趣，另一方面卻對創造社領袖人物郭沫若表示出極端的冷淡。尤其令人不解的是竟然不大有文章提及這背後的原因。各種各樣的學術研討會上，學者們非常積極認眞地研討中國現代文學史上的種種問題，從五四到社會主義新中國建立，從京派到海派，從白話文運動到延安文藝座談會上的講話，可是就是不談郭沫若！教授們不做這方面的研究，也不見就讀博士課程的研究生們在會上作相關的研究報告。彷彿中國現代文學史上郭沫若這個人物根本就不存在。問題還不止這些，事實上學術界這種對某特定歷史人物嗤之以鼻恨不得繞道而走的風氣，給日本的郭沫若研究人爲地造成了不必要的障礙。有幸的是，筆者選定郭沫若留日二十年這一課題得到了九州大學比較社會文化研究院博士生導師岩佐昌暲教授的理解和支持。本書所針對的郭沫若留日十年研究，就是筆者花費了三年時間做出的第一期研究成果。能夠以學術專著的形式同讀者見面，首先要感謝岩佐教授的厚愛。

本書寫在日本九州的博多灣。內容上大體根據筆者的日文版博士論文幾經補充改寫而成，書中有關郭沫若留學日本一高的考證以及對其早期傳統文化思想的論考，曾錄入朱壽桐、武繼平主編的《創造社作家研究》（中國現當代文學研究資料叢刊2，日本中國書店1999年2月8日初版）之中。其它內容如《郭沫若在福岡》、《女神》論、《星空》論以及《郭沫若早期文學論考》

等曾先後用日文發表於日本九州中國學會會刊《九州中國學會報》及日本九州大學學術刊物《比較社會文化研究》。

衷心感謝日本九州大學大學史料室、岡山縣立圖書館、福岡市綜合圖書館鄉土室爲本課題研究提供了珍貴的史料和大量的舊報紙微縮膠片。此外，日本岡山大學學者名和悅子女士、九州大學工學部小野寺龍太郎教授、東京的菅一老先生等知友不吝贈與私人珍藏的歷史照片，在此一併深表謝意！

學術價值和較強的可讀性，這似乎是兩個難以兼顧的對立因素。然而筆者相信，本書前篇詳細考證的單調感覺，將會在後半部分的文學作品本文分析的閱讀中得到一定的補償。

作者　謹記於日本博多灣

2000 年 8 月 22 日初稿

2016 年 3 月 16 日改稿